改訂

考える福祉

酒井 潔・岡野 浩 編

東洋館出版社

改訂版まえがき

　2010年に学習院大学総合基礎科目「福祉」の講師全員の創意と熱意の結晶として世に送り出した本書であったが，以来授業の受講生の増加もめざましく，現在では550名余，２クラス開講となっている。また他大学や研修会等でもテクストに採用していただいている。

　このたび書肆より品切れとの連絡を受けたことを機に，また初版からすでに５年を経たため，法律，制度，時代状況などの変化(この間に日本社会は３．11を経験した）を反映させた改訂版を刊行することにした。幸い今回も各講師には改訂版の趣旨にご理解をいただき玉稿をお寄せいただいた。また編集の実務上のことでは初版時に続いて東洋館出版社編集部の大場亨さんにお世話いただいた。皆様にあつくお礼申し上げます。

　　2015年夏

　　　　　　　　　　　　　　　　　　　　　　　　　　　　　　　編　者

初版まえがき

　「福祉」は誰でも知っている言葉である。選挙の公約にも，政府や自治体の指針にも「福祉」という言葉がないときはない。「福祉」関係への就職を希望する人も少なくない。特に一昨年の世界同時不況以来，新しい雇用の受け皿としても「福祉」は期待されている。私たちの生活にとって切っても切れないもの，それが福祉だ。それでは福祉とはそもそもどのような意味なのであろうか。

　「福祉」という語はもともと「幸せ」を意味し，「厚生」「幸福」とも言い換えられうる。福祉がその訳語である welfare（英語）（Wohlfahrt 独語）の語源はwell＋fare，つまり「よく・進む」，つまり「幸せに生きる」という意味である。「進める」とは，さらに言えば，福祉は実践されねばならないということである。実践の伴わない，理論だけの福祉というものはない。

　人間はしかし一人で生きているのではなく，社会の中でくらす。幸せの形も内実も個人だけでは達成できないことが多い。だから社会でそのための方策を考えねばならない。福祉とは「社会福祉」なのであって，「個人福祉」とは決して言わないのである。

　2000年4月日本の福祉政策で画期的といわれる介護保険がスタートしてから，はや10年近くが経とうとしているが，それ以来，よく「介護サービス」という言葉を耳にする。しかし「サービス」といっても，安楽を意味しない。福祉は楽をさせることではなく，まさに「幸せ」を追求するのである。「福祉を学ぶ」とは「幸せを問う」ことだ。これまで一般に近代の学問では，「幸せ」のような概念は主観的とされ，客観的学問の対象にはならないとされてきた。だからその意味でも各自の幸せを追求する福祉学の登場は画期的な出来事といえる。

　「幸せ」とは単に楽をすることではない。そうだとすれば，「幸せとは何か」が問題となる。高度経済成長期までの日本の福祉は，まず，最低限の衣食住を保障する政策から始まったといってよい。その後平成に入ると，そうした保護にとどまらず，経済的，身体的，社会的自立に向けた支援がめざされるように

iii

なる。しかしまたそれだけでも私たちは満たされない。人間は社会的に認められたい、（なんらかの意味で）人の役に立ちたいという欲求をもつからである。これが、「生きがい」といわれるものだろう。今後の福祉にとって、この「生きがい」としての幸福をどのように考え、実現できるのかということも重要な課題となるだろう。

　大事なのは、「福祉」とは、私たち一人ひとりにとって、また社会全体にとって、何も特別のことではないという点である。むろん福祉は悪いことではない。しかし福祉とは、何かそれで私たちが美徳を積み、賞賛を得るものと考えるべきものでは本来ない。心や身体の、経済の、あるいは社会的なハンディを背負った人々を、「かわいそうな人」と見るような同情は禁物である。哲学者ニーチェ（1844-1900）が看破したように、「同情」とは実は他者の「誇りを苛酷に傷つける」行為にほかならないからである（『ツァラトゥストラはこう語った』第二部「同情者たち」）。

　福祉の見方とは、それゆえ、健常者による上からの視線でもなければ、特に表彰されるような徳行でもない。極言すれば、「人によくしてあげる」というものではない。そうではなく、社会的な相互扶助により、不利やハンディを埋めさえすれば、誰でも他の多数の人間と同じようにくらすことができ、各人の自己実現をめざすことができるはずだ、という考え方である。そして、その障害となっている偏見や差別を取り除くことが福祉の実践の最も主たる内容なのである。これが、バンク＝ミケルセンによって1959年以降提唱された「ノーマライゼイション」の考え方にほかならない。地域や会社や学校で、誰でも「ノーマルに」、すなわち特段の支障もなくくらせるために、私たちがなすべき、そしてなしうる発想の転換、視点の切り替えのヒントは至るところにある。一例をあげれば、駅の階段の傾斜を緩め、公共施設や店の入口の段差をなくし、横断歩道の信号を長くし、あるいは食堂のスプーンの形を少し工夫するだけでも、障害者のハンディがハンディでなくなる可能性が開かれてくるだろう。

　ハンディをもった人もそうでない人もそれぞれ幸福への希望をもち、また希望をもつことができる社会でなければならない。そうした個人の希望と、それに対応した価値観や文化、そしてもちろん制度が保障されている社会こそ、人間が「共に生きる」ことのできる社会である。「共生」こそ、これからの福祉

を導くキーワードといわれる所以である。

　そもそも古代および中世においては，個人や宗教団体による慈善行為（信仰や善意）が行われていた。「慈善」(caritas)はキリスト教が重んじる徳目の一つであって，多くの聖人が知られる。また仏教でも鎌倉時代の忍性のように病人や老人の救済に努めた僧がいた。しかし近代国家の形成とともに，慈善は社会事業として，国家により組織的に行われ，また，学問の進歩と並行して合理的に行われるようになった。しかし20世紀の民主主義国家においては，福祉は単に経済や健康などに関する保障というだけでなく，社会的・文化的要因も含めた権利，すなわち「人権」に属する，という考え方が出てくる。

　日本国憲法第25条「すべて国民は，健康で文化的な最低限度の生活を営む権利を有する。／2　国は，すべての生活部面について，社会福祉，社会保障及び公衆衛生の向上及び増進に努めなければならない」。

　福祉とは，かつての慈善のようないわば偶然の善意や美徳ではなく，人間の最も普遍的な権利であり，相互に承認し合う「べき」ものである。なぜ「べき」なのかといえば，それは私たちが人間であり，人間は社会的存在だからである。人間は社会を必要とする，社会なしには生きてゆけない。だからこそ福祉が必要なのである。そしてその福祉とは幸せのための方策を立て，絶えざる努力をすることである。

　私たちは，共に生活し，労働し，成長してゆく。それぞれが，どのような状況になっても，共に人間として地域の中でくらし，自己を実現していこうというのが，「ノーマライゼイション」あるいは「共生」の理念にほかならない。

　今日の日本では，かつての共同体の宗教，慣習，紐帯はほぼ失われた。人々の幸せの形は地方でも都市でも急速に多様化している。何が幸福か，誰が幸せかを決める基準なるものはもはやない。多様化というほどの積極的な文化にも至らず，単なる液状化ともいえそうな急激な，ボーダーレスな変化である。それだけに，私たちは幸せを求める視点について自覚的であることが，そして場合によっては大胆に転換する勇気ももたねばならない。幸せとは，とどのつまり，めいめいが自分で感じ取る充実感である。したがって福祉は自分が主体的に考えるよりほかない。さもなければ，今日の福祉はたちまち内容空虚と化し，万人の万人に対する欲求不満を醸成しかねないのである。

初版まえがき　v

1990年代に入り，日本もついにグローバルな新自由主義経済の波にあらわれることになった。企業が熾烈な国際競争で生き残るために，さまざまな規制を緩和し，伝統的な保護を撤廃する，いわゆる「構造改革」が断行され，「痛みを伴う改革」のスローガンのもと，それが深刻な雇用不安そして格差拡大を招いたことは周知のとおりである。これに加えて，日本は，出口の見えないデフレ・構造不況，急激な少子高齢化，農業の衰退，医療の荒廃，年金崩壊などの危機に特に瀕している。そこへ2008年11月のアメリカの金融危機に発する世界同時不況が直撃したのである。多くの派遣・契約・時間労働者が失業し，路上にしみ出た。NPOの人たちによる「年越し派遣村」の炊き出し・救援事業は記憶に新しい。しかしまたこのような状況では，政府は何にもまして景気対策を優先し，企業は延命のためにさらなる人員・コストの削減を講じ，失業者は増えこそすれ減る兆しはない。

　「福祉」はいま大きな岐路にさしかかっている。「福祉切り捨て」と言えば誰もが反対するだろうが，「市場経済」や「小さな政府」という言い方の裏で，社会的弱者や中小零細企業の切り捨て，福祉予算の削減がさらに行われている。「セーフティネットの構築」もかけ声倒れにならないという保証はない。また「成長なくして福祉なし」という政策は，その意味するところを酌むなら，要するに「福祉がほしければもっと働け」ということではないのか。とかく評判の悪い「後期高齢者医療制度」のような政策は，たしかにその原点には，高齢者数の急増と医療の高度化という現実に，経済力と提供サービスに応じた負担を求めて対処したいという動機も存在したが，しかしそれが実際に及ぼしたさまざまな混乱は，ソ連をはじめとする社会主義勢力と対峙した冷戦時代の日本ならありえなかったであろう。人間の寿命が延びれば（それは本来慶事であるはずだ），同時に高齢者も増え，高齢者の医療費も増えるのは当然である。長生きした人は社会全体で支えてしかるべきであり，長生きした人自身に払わせるのかと言われても仕方のない結果を招いたことは残念である。

　また「福祉」そのものの見直しが急務であるとも，異口同音に叫ばれている。次々と到来する現実の諸問題は，個人にも社会にも否応なく対応や決断を迫る（たとえば，医療・介護，保険・年金等）。しかしまがりなりにもキリスト教的価値観を根本とする欧米の場合とは異なり，それに匹敵するような意味での思想

的・宗教的伝統をまったくといってよいほどもたない日本の場合，「福祉」という概念はすでに空洞化・形骸化されている。いまこそ，福祉を単なる行政や制度と同一視するような，まして個人の善意や努力に委ねるような見方を克服し，同時に，安易な自己責任論をも克服しつつ，人間がこの社会において共に生きるという視座から「福祉」の内実について考える必要がある。そしてそのような新たな可能性を提示する勇気が，そして希望が私たち一人ひとりに求められるであろう。

　本書の編纂に至る道はいわば偶然とともに始まった。1999年度に，編者の勤務する学習院大学で総合基礎科目として「福祉」が新設されることになり，その担当者を求めて哲学科にも照会が来たのである。西洋哲学専攻の編者は当時「福祉」に経験はなかったが，社会倫理の観点から関心自体はあったので，思い切ってオーガナイザーを引き受けることにした。当初倫理学者や哲学者を招いて「なぜ福祉なのか」の理論的考察を主としたが，やはり福祉を語るには実践からのアプローチが不可欠と考え至った。試行錯誤を重ねながら，しかし，理論と実践の二分法に立って，１年をたとえば前半，後半に分けるのではなく，１年間さまざまな現場の実態と課題をくぐりながら，そのつど福祉とは何かを学生諸君に問い，共生の形と内実を考えてもらうというスタイルに定着した。多くの方々の教示や協力に助けられ，今日では，福祉の各領域を専攻する大学教員に加え，ソーシャルワーカー，医師，スーパーヴァイザー，相談所員の方々をも招き，総勢12名の講師陣からなるオムニバス授業となっている。学生は，貧困・ホームレスから，生活保護，エイズ，高齢者医療，介護，女性，家庭内暴力，父子家庭，児童，不登校，保険などさまざまな分野を見ながら，少しずつ福祉のテーマの核心に分け入っていくのである。学部や学年を問わず，毎年150名前後の学生が受講しており，中には社会人や他大学の学生も見える。

　本書は，各講師に，福祉のそれぞれの領域の問題について，講義内容をもとに，新たに論文ないしコラムを執筆していただき，これらに編集上の必要最小限の修正・加筆を行い，これを第Ⅱ部とし，その前後に第Ⅰ部と第Ⅲ部を配して１巻としたものである。すなわち，第Ⅰ部は，編者＝オーガナイザーの１人である岡野浩による序論であって，これにより読者は，そもそも「福祉」とは

初版まえがき　vii

何かということについて，その一つの視点に誘われるであろう。12名の講師全員と1名の元講師が順にそれぞれの領域の福祉について語る第Ⅱ部の後に，それらの個別の論考を踏まえ，有志の5人の講師からなる座談会の形式をとり，2009年夏という時点の日本社会において，福祉がいかなる状況にあり，どのような困難そして課題を抱えているのかを，そして「一切の価値が転倒する」ような劇的な変化がリアルタイムで進行する混迷期に生きるわれわれにとって，希望はどこに見出されうるのかを熱っぽく語ってもらった。これにより読者は，それぞれ身近な問題へ，そして自身の問題へ目を開かれ，あるべき福祉を各自が考えるための補助線が得られるように思われる。

　本書が，講義の息づかいを残しながら，同時に時間空間の制限を超えて問題をわれわれに投げかけ，これからの「福祉」を一人ひとりが，ほかでもない自分のこと，あるいは自身の幸福の形として，自らも求め再構築する，という喫緊の課題へ向け，いささかでも寄与できれば，編者としてこれにまさる喜びはない。

　　2010年春

編　者

■ 目　次

改訂版まえがき

初版まえがき

第Ⅰ部　福祉を考える—その一つの視点—　　　1

私たちのくらす〈この国のかたち〉とは（わが国における共生・福祉の在り方，その〈グランドデザイン〉をめぐる問題）／世界の中での日本，その果たすべき責務とは（国際社会における共生・福祉をめぐる問題）／「臓器は公共財!?」—わが国における臓器移植の推進をめぐる問題—／「福祉的行為」を成立させる根拠の問題（社会福祉の原理と理念）／現代社会における「福祉的行為」のもつ〈広がり〉

第Ⅱ部　福祉の現状と課題　　　29

第1章　格差・貧困・ホームレス—社会の根幹をゆるがすもの—　………30

1　ある人生—太郎さんの場合—

2　貧困とは何か

3　貧困を防止するために

4　ホームレス問題から見る現代の貧困問題

5　成熟した社会とは

コラム　六郷の小さな旅　六郷フィールドワーク
　　　　—多摩川河川敷でくらす人たちとの出会い—　………………50

第2章　エイズをめぐる諸問題　………………………………52

1　HIV：21世紀の大課題

ix

2　エイズの発見とスティグマの発生

3　HIV 感染の仕組み

4　予防の難しさ—性の健康の促進に向けて—

5　HIV と人権

6　課題の克服に向けて—HIV 陽性者と共に—

第3章　老人医療と福祉 ……………………………………………65

1　生活を支える医療

2　医療と福祉の接点

3　老年科医の不足

4　ハンセン病の歴史と高齢者ケア論

5　職業としての医療専門職

第4章　高齢社会と制度 ……………………………………………78

1　高齢化する社会

2　高齢社会の現状と背景

3　高齢社会の制度・政策

第5章　介護保険制度—負担と給付の現状と課題— ……………94

1　介護保険制度の目的と理念

2　介護保険制度の仕組み

3　介護保険制度の改正

4　介護保険制度と地域包括ケアシステム

5　高齢者介護をめぐる現状と課題

第6章　老人問題の現場から
　　　　—私が出会った方たちから教えていただいたこと— ……………114

1　私がこだわってきた老人問題—老いの変貌と老人問題の登場—

2　私が出会った老人たちから刺激を受け，教えられたこと

第7章　女性福祉……………………………………………………127

　　1　女性が置かれている状況

　　2　社会福祉における女性福祉の位置づけ

　　3　女性の生活問題

　　4　女性福祉確立に向けて

　　コラム　"女性福祉"考 …………………………………………138

　　コラム　婦人保護事業の現場から …………………………………140

第8章　家族福祉から「共生」を考える

　　　　―マイノリティのマイノリティ　父子家庭の解放へ向けて― …………142

　　1　問題の所在

　　2　マジョリティとしての「結婚」

　　3　「結婚」という制度・文化の排他性

　　4　マイノリティのマイノリティ―悩める父子家庭―

　　5　「ワンペアレント・ファミリー」へ向けて
　　　　―母子家庭でも，父子家庭でもなく―

　　6　展望

第9章　児童福祉―「親子」を考える― ……………………………………158

　　1　児童福祉とは

　　2　児童福祉に求められる観点

　　3　わが国における児童福祉の展開

　　4　現代における親子関係の問題

　　コラム　子どものしあわせについて考える
　　　　―「子どもの最善の利益」「特別養子縁組」― ………………172

第10章　障害児・者福祉 …………………………………………………174

　　1　障害児・者福祉概論―個別サービスの質の向上へ―

目　次　xi

2　障害福祉における個別支援の方法―行動療法について―

3　放課後等デイサービスにおける個別支援の実際

第11章　経済の視点から見た医療政策 ……………………………194

1　経済状況と医療

2　経済成長と医療費の関係

3　医療費抑制策の再検討

第12章　社会正義の実現と個人の自由をめぐる問題
　　　　―〈個人の尊重〉をめぐる2つの視点，その対立を超えて― …………206

1　自由な社会の基本原則…「他者危害の原則」

2　「個人の尊重」をめぐる2つの視点―ロールズ対ノージック―

3　国家は国民の「幸福」を約束するものではない
　　　　―カントにおける法秩序の形成と「幸福」をめぐる問題―

第Ⅲ部　希望のもてる社会をめざして
―3.11以降の社会と福祉―
219

「絆」現象を問い直す／二極化する社会の中で／「自己責任」の行方／抱え込む家族／家族関係は，今／家庭から地域へ，地域から社会全体へ／草の根から進む「共生」／寛容であるということ／個から広げ，社会を変えていく

推薦図書

初版あとがき

改訂版あとがき

索　　引

第 I 部

福祉を考える
―その一つの視点―

社会全般に壊滅的ともいえる打撃を与えた敗戦を経験しながらも，わが国は国民の弛まぬ努力と国際社会からの援助，また国際情勢上の幾多の幸運にも恵まれることで，短時日の内に奇跡的な経済復興を成し遂げ，いわゆる「高度経済成長」を経て世界で１，２を争う先進経済大国となることができた。一時は「一億総中流」ともいわれ，世界の多くの人々から〈豊かで，安心してくらせる国〉との羨望の対象であった日本，しかし近年，〈その姿〉が少しずつ変わりはじめてきている。

　本格的な少子・高齢化社会の到来に加え，いわゆる「バブル経済」の崩壊以降，経済の構造的な低成長，深刻な雇用不安等に見舞われているわが国では，かつてはごく当たり前のように享受されてきたその〈豊かさ〉や〈安心〉は，もはや過去のものになりつつあるのかもしれない。

　順調な経済成長と十分な労働人口によって支えられ機能してきた国民皆保険，皆年金制度に代表されるわが国の社会保障システムは，深刻な財政危機の中で〈根本的な見直し〉を迫られている。特に経済のボーダレス化とそれに伴う産業構造の転換を背景に，いわゆる〈日本型雇用形態〉の典型であった年功序列型の正規・終身雇用から，景気変動に即応できる非正規・期限付きの雇用形態（いわゆる派遣労働やパートタイム，アルバイト等）への大幅な移行によって，これまでわが国の基幹産業であった製造業を中心に雇用の流動化，またそれに伴う生活の不安定化傾向が進み，今では多くの人々にとって，かつて可能であったような平凡ではあるが堅実な生活設計，生涯像を描くこと自体が困難な状況となっている。

　いわゆる「階層化」と呼ばれる状況が徐々に進行しつつあることに対する危機感からか，少しでも社会的に有利なポジションを確保すべく大学への進学率は依然として上昇し続けている。しかし一方ではかつてのように「努力すれば，相応の豊かさや安心を手に入れることができる」といった社会生活に対する

〈素朴で健全な期待感〉を抱くことが次第に難しくなる中で，特段の才能や幸運に恵まれているわけではない多くの子どもたちや若者たちにあっては，その学習意欲や勤労意欲が低下の一途をたどるという深刻な事態も生じている。はたして彼らに，いや，この社会に〈共に生きる〉私たちすべてにとって，再び〈希望〉を取り戻し，〈活力ある社会〉を再生することは可能であろうか。

　平成23年３月11日，午後２時46分。三陸沖を震源とする東北地方太平洋沖地震が発生，わが国はマグニチュード9.0の観測史上最大の地震とこれに伴う大津波により，死者１万9,225人，行方不明者2,614人，住宅の全半壊40万3,637棟（平成27年３月１日現在）という未曾有の大惨事に見舞われることになった。また，東京電力福島第一原子力発電所では，津波により全交流電源が喪失，原子炉の冷却機能が働かなくなったことから，炉心が損傷，さらには建屋が水蒸気爆発により破壊されたことで，大量の放射性物質が環境中に放出されるという深刻な事態が発生，半径20キロ圏内のすべての住民が，住み慣れた郷土を追われ避難生活を余儀なくされることとなった。

　震災から早４年，電気，ガス，水道，そして道路，橋梁，鉄道をも含め，多くのライフラインの復旧も進み，かつては無数の瓦礫に覆われていた被災地域も，大規模な復興事業により見違えるような広大な造成地へと変貌しつつある。しかし，失われたものはあまりにも大きい。大切な家族，友人，仕事，そして，それらを含み込んでごく当たり前のように展開する日々のくらし，そうした〈かけがえのない日常〉を，住み慣れた郷土の風景と共に永遠に奪いとられてしまった人々にとって，復興の具体像を描くことは決して容易なことではない。誰もがそれぞれに生活再建に向けた努力を続けつつも，はたして本当にかつてのような〈普通のくらし〉を取り戻すことができるのであろうか。安心してくらすことのできる〈わが町〉〈ふるさと〉を再建することができるのであろうか。多くの人々が今なお不安の中，日々を送っているというのが現状である。

　しかしながら，私たちはこうした深刻な状況に〈直面〉することを，もっぱら悲劇とのみとらえ，悲観の内に留まり続けることはできない。上述のような大災害に対する対処はもとより，先に述べた社会保障制度や雇用，教育をめぐる問題のみならず，今日ますます深刻化しつつある地球規模での環境問題，さらには医療技術の進歩によってもたらされた死と生命をめぐる選択の問題等，

第Ⅰ部　福祉を考える　**3**

私たちはその誕生から人生の終焉に至る間の実にさまざまな問題に，今改めて目を向け〈根本的に考える〉ことを迫られている。とすれば，こうした深刻な状況は私たちにとって各人が自らの生き方，社会の在り方を改めて見直す〈一つの機会〉であり，またそれは新たなる豊かさと安心の構築への〈大きな転換点〉とも見ることができ，私たちは今，新たなる一歩を踏み出すべき地点に立っていることにもなるからである。

そこで以下ではまず私たちの身の回りの「福祉」をめぐるいくつかのトピックを手がかりに，「福祉」という言葉のもつ意味，またその歴史，にも眼を向けつつ，「福祉」を「人間共生論」として考えていく上での〈基本的な視点〉を提示してみたい。

▶ 私たちのくらす〈この国のかたち〉とは（わが国における共生・福祉の在り方，その〈グランドデザイン〉をめぐる問題）

少子・高齢化の急速な進展に加え，経済の構造的な低成長，深刻な雇用不安等に見舞われたわが国では，将来の年金，医療費負担，高齢者介護等について，今〈改めて〉社会保障制度の在り方が根底から問い直されている。

社会保障の在り方，その〈グランドデザイン〉について考える場合，基本となる視点として〈公私の役割分担〉，すなわち〈どこまでを公的な保障の対象とし，どこからが個人の責任において対処すべき領域となるのか？〉という問題がある。

社会保障の基本的な機能としては，所得の移転を通じてその社会の全成員に一定以上の生活水準を確保しようとする「所得の再分配」（→平等・公平性を志向）と，疾病や失業，事故等予測される生活上のリスクに対してその社会，集団の成員が連帯・共同して備えようとする「リスクの分散」（→効率性を志向）とが挙げられるのが一般である。そして制度がこのいずれに重点を置くかは，社会保障の〈基本的なかたち〉である〈公私の役割分担〉の在り方にも深くかかわりながら，その国の社会保障制度の基本的性格を規定することになる。たとえば，その社会が「平等」を強く志向し「所得の再分配」に重点を置いて制度設計を行う場合には，その主たる財源は税（租税他）に求められることで社会保障における「公費」の占める割合も大きなものになろうし，またあくまで

「リスクの分散」を主眼とするものであれば，その制度は「保険」（社会保険，民間保険）を基本として運営されることになり，いわゆる「公的負担」の割合も前者に比べれば一般に小さなものとなる，というようにである（ただし，社会保障の基本的な考え方とその規模や保障水準とは，厳密には次元の異なる問題であり，国民所得に対する社会保障費の比率を表す「国民負担率」を見る限りでも，「社会保険」に重点を置く制度を採用している国が，「平等」志向の制度を採用する国よりも高い保障水準を実現している場合もある）。

　ではわが国の社会保障制度はこのいずれに重点を置いているのであろうか。このように問われる場合，その答えは必ずしも明確ではない。というのも，わが国の社会保障制度の基本的な特徴としてまず挙げられるのが，「保険と税の渾然一体性」という性格づけであるからである。広井良典は『日本の社会保障』の中で，「市場への政府の介入の度合い」を座標軸とする社会保障の基本的モデルを次ページの表のように3つの類型に分け，それとの関係を通してわが国の社会保障制度の特質を描き出している。

　この分類が示すようにAの「普遍主義モデル」に近づくにつれて，「所得の再分配」，あるいは「平等」志向は強まり，「公的な介入」の度合いも大きくなるのに対し，逆に「自由」を志向するCの「市場重視モデル」に近づくにつ

＊〈市場への政府の介入の度合い〉を基本的座標軸とした社会保障・福祉国家モデル（広井（1999）の図をもとに筆者が若干加筆したもの）

	特徴	例	公的介入の度合い
A 普遍主義モデル	・租税中心 ・全住民対象 ・平等志向	北欧（スウェーデン等） イギリス	大（→平等） ↑ ↓ 小（→自由）
B 社会保険モデル	・社会保険中心 ・職域（被雇用者がベース） ・所得比例的な給付	ドイツ，フランス等	
C 市場重視モデル	・民間保険中心 ・最低限の国家介入 ・自立自助やボランティア	アメリカ	

れ「市場」に対する依存度は大きくなり，したがって「公的な介入」の占める割合は小さなものとなる。つまり，アメリカに代表されるＣの「市場重視モデル」においては公的部門の介入が最低限に抑えられている（→いわゆる〈小さな政府〉）のに対し，ＡおよびＢのヨーロッパ型の社会保障制度では，それぞれ「租税」を財源に，全住民を対象に均一給付を行う「普遍主義モデル」であれ，被雇用者層を対象に「保険」をベースに所得比例型の給付を行う「社会保険モデル」であれ，制度の運用にあたっては政府や公的機関が一定以上の積極的な役割を果たす（→いわゆる〈大きな政府〉）ことになるのである。

　広井によれば，これまでのわが国の社会保障制度は，Ａの「普遍主義モデル」とＢの「社会保険モデル」の折衷型とされる。社会保障制度の根幹をなす年金と医療保険について見てみると，まず年金については，１階に全国民共通の年金である基礎年金，２階に所得比例型の厚生年金をのせたいわゆる「二階建て構造」であり，その内基礎年金部分の２分の１が国庫負担（税）で賄われる仕組みとなっている。また医療保険についても自営業や，非正規雇用者，退職者等を対象とする国民健康保険の３分の１強は国庫負担（税）であり，その不足分を被雇用者（サラリーマン層）対象の組合健保，政管健保，共済健保からも補充するといった構造をもっている。したがって，こうした「税」と「保険」との錯綜した構造を見る限り，社会保障制度の根幹となる趣旨が「所得の再分配」（→〈公平性〉の観点に重点を置くもの）にあるのか，あるいは，「リスクの分散」，市場の失敗の是正（→〈効率性〉に重点を置くもの）にあるのか，は必ずしも明確ではなく，その財源についても，支出についても，文字どおり「保険と税の渾然一体」というのが現状となっているのである[1]。

　社会保障の在り方，その〈グランドデザイン〉を考えるということは，必ずしも上記の２つの趣旨（方向性）のうちいずれか一方を選ばなければならないということを意味するわけではない。冷戦構造もすでに過去のものとなった今日，私たちに求められているのは，「自由」と「平等」をめぐるイデオロギー上の対立や，いわゆる「大きな政府」，あるいは「小さな政府」といった〈素朴な大枠〉についての二者択一ではなく，したがってまたそれは必ずしも上記の３類型のいずれかに収斂するような選択でもない。「保険と税の渾然一体」を特徴とするわが国の社会保障制度は，わが国の社会的，文化的風土を背景と

しつつ近代化の歴史的経緯を通じて形成されてきたものである。とすればその
〈新しい姿〉もまた，私たちが共にくらす〈この社会にとってふさわしいもの〉
でなければならない。

　誰もがそれぞれに自らの求める〈豊かさ〉を追求する自由を享受し，これを
実現していくことができる社会，しかしそれはまた同時に，誰もがそのような
〈希望〉を奪われることなく，それぞれの仕方でその目的を追求していくこと
のできる社会，すなわち，そうした社会的活動を行う上で欠くことのできない
〈基本的な必要〉（衣食住や，医療そして教育の機会等）についての最低限の保障
（→〈安心〉）が担保されている社会でもなければならない。わが国の社会制度
の根本規定である「日本国憲法」，特にその13条（個人の尊重と公共の福祉），25
条（生存権・国の社会的使命）等[2]を共に戴く私たちにおいては，この点について
はおそらく異論の出ることはないであろう。しかしその上で私たちは改めて次
の問いを問わねばならないのである。

　「どこまでを公的な保障の対象（社会の全成員による〈共同の努力〉によって維持，
運営されるべきもの）とし，どこからが個人の責任において対処すべきもの（個
人の自由な裁量に任されるべきもの）であるのか？」

　この問いを通じていま私たちには，こうした〈豊かさ〉や〈安心〉の具体的
で，実質的な基準（それは同時にその代わりに私たちが負うことになる〈負担〉の基
準でもある）を定める上での基盤となる社会像，私たちが共にくらす，またこ
れからもくらしていきたいと思えるような〈社会の姿〉を改めて描き出すこと
が求められているのである。

▶ 世界の中での日本，その果たすべき責務とは（国際社会における共生・福祉をめぐる問題）

　18世紀，当時のヨーロッパ列強による植民地政策を厳しく批判した思想家に
イマヌエル・カント（1724-1804）がいる。地球は球体であるがゆえに，いわ
ば〈一つの閉じた全体〉をなしており，したがってその上で生きる私たち人間
は避けがたく他者とかかわらざるをえない。そこで地上のどこであれ仮に誰か
が一定の土地を占有しようとする場合には，その場所を占有しえたかもしれな
い他のすべての人の同意，すなわち〈万民の同意〉が必要であると考えたカン

トは，現実には不可能であるそのような同意に代わりうるものとして〈法〉の概念を取り上げ，公共体（→国家）において，さらには国家間においても法的状態を確立することは人類にとって道徳的義務であるとしている。したがって，カントの目には，強大な武力を背景に異文化，異民族に対し独善的で強引な〈文明化政策〉を行った植民地経営は，互いに〈法〉を共有することによって初めて可能となる〈公民的状態〉の確立とは程遠い不正義の最たるものと映ったのであろう。

　それから200年余りを経た今日，国際社会はカントが法理論を通じてその〈一体性〉について構想していた当時とは比較にならないほど実質的にも緊密な関係の中にあるといえる。経済のボーダレス化は止まるところを知らず，今や一国の財政規模をはるかに上回る巨大な国際企業が多数存在し，多国間に跨る生産，流通，金融等の経済活動が行われることもごく当たり前の光景となった。従来のように企業を特定の国家に帰属するものと見なし，国家システムの中でその活動を規制したり，調整したりすること自体困難となった今日，文字どおり〈グローバル〉となった世界市場にとっては〈障害〉でしかない国家的境界を取り払い，EU統合に見られるように貨幣を統一し関税障壁を撤廃した複数国家間の経済圏の確立，さらには単一の世界市場に対応する単一の経済政府機能の構想へと，少なくとも市場経済の視点において世界は，その〈一体化〉に向けて歩み続けているようにも見える。

　また，南太平洋に位置するツバル等地球温暖化による海面上昇で国土を奪われる島々の問題や海水温上昇による異常気象，またオゾン層の破壊による深刻な日照被害等，地球規模での環境問題は，もはや特定の国家また，国家間の調整等によっては対応できないほどに大規模で，深刻な状況となっている。これら地球環境問題に対して先進工業国はもとより，インド，中国などの発展著しい新興経済圏をも含め，国際社会が強い協力関係の下に，まさに〈一丸となって〉対処することが求められているのである。

　こうした状況のもとでわが国も昨今の国際的な金融不安に対し国際通貨基金（IMF）を通じて資金強化のための財政援助を行う一方，アジア経済に対しても，アジア通貨基金（AMF）構想等を提唱し，大がかりな金融支援策を打ち出すなど積極的な貢献を行っている。また環境政策についても，1997年には第3

回気候変動枠組み条約締結国会議を京都で開催（いわゆる〈京都会議〉），以来，温室効果ガス排出量の削減目標の実現に向けて，排出ガス削減と開発途上国の経済発展との両立を図る「クールアース・パートナーシップ」の提唱や，石油に代わる代替エネルギー（太陽光発電等）の積極的導入，環境負荷の低い省エネルギー，エコロジー製品の開発，導入，普及等に向け大規模な財政出動を行うなどの努力を続けてきた。しかし2011年3月の東北地方太平洋沖地震により東京電力福島第一原子力発電所で発生した事故をきっかけに，原発の安全性に対する危惧が高まる中，日本国内各地の定期検査中の原子炉の再稼働は延期され，同年5月には運転中だった中部電力浜岡原子力発電所の4，5号機が政府の要請により停止された。再稼働延期は徐々に増加し，2011年2月に71％前後だった原発稼働率は，同年12月には15％まで低下，ついにはすべての原子力発電所がその発電を停止するという事態に至った。現在の技術水準では太陽光や風力などのクリーンエネルギーで安定した電源の確保は不可能であることから，老朽化のため稼働を停止していた各地の火力発電所を再稼働させたり，施設内に新たにガスタービン式の火力発電設備を増設したりするなど環境負荷も高く，安全面にも危惧が残る旧来の発電設備への後退を余儀なくされたわが国では，これまでの環境政策の根本的な見直しが避けられなくなったばかりか，火力発電への切り替えによる大量の化石燃料の輸入コストは，年間約3.6兆円（平成26年4月に消費税を5％から8％へ引き上げたことによる増収分2兆円の2倍近い数字!!）にも上り，電力料金の値上がりは，国民生活に深刻な影響を及ぼしている。

　事故の可能性を完全には否定できない以上，原子力発電は全廃すべきとする意見も多いが，現存するすべての原子力発電設備をただちに廃炉とすることがはたして最良の選択となるかどうかは簡単には結論の出ない問題である。と言うのも，風力や太陽光等を利用したクリーンエネルギーのいっそうの効率化を図るためにも，また環境負荷も少なく，わが国沿岸に膨大な量が賦存することから，まさに〈夢の次世代エネルギー〉との期待も高いメタンハイドレート等への転換を図るためにも，さらなる研究投資は不可欠であり，その実用化には施設の建設や供給体制の確立等に膨大なコストがかかることは明らかである。エネルギー，電力関連企業がそのコストを捻出するためにさらなる財政負担をその利用者（企業，個人）に求める（→さらなる電気利用料の値上げ等によって）こ

第Ⅰ部　福祉を考える　9

とを避けようとすれば，少なくともしばらくの間は，世界で最も厳格な安全基準を満たした国産の原子力発電所については稼働を認め，化石燃料利用による環境負荷，また電力コストの高騰による産業界や国民生活への打撃を最小限にとどめつつ，原子力発電に変わる新たなるエネルギーシステムの構築へと総合的な政策転換を図っていくことも一つの選択肢になるのではないだろうか。そして，もしわが国が次世代エネルギーへの転換を実現し，環境負荷の少ない安定した電源確保に成功すれば，それはエネルギー問題を抱える他の多くの国々にも新たな希望を与えることになるはずである。

　日本の国際貢献に対する国際社会からの期待には依然として大きいものがあるが，わが国がこうした期待に十分に応ええているかといえば，必ずしもそうとばかりは言えないのが現状である。国際貢献の重要な柱となっている ODA（Official Development Assistance，政府開発援助）について見る限り，わが国はかつて世界で 1 位，2 位を争う援助供与国であった（1989年，わが国は世界第 1 位の援助供与国となり，同年度の援助総額は 1 兆3698億円〔予算ベース〕，国民 1 人あたりの年間援助額は，約 1 万1,200円であった）。しかし近年わが国の ODA 援助は，支出総額ベースではアメリカに次ぐ世界第2位に位置してはいるが，支出純額ベースではアメリカ，イギリス，ドイツ，フランスに次ぐ第5位となり，対国民総所得（GNI）比は0.2%で，経済協力開発協力機構（OECD）開発援助委員会（DAC）加盟23か国中20位にとどまっているというのが現状である。その背景には経済の低成長に伴う財政難があることはもとよりであるが，これまでの日本の援助の在り方自体に対する内外からの批判もその一因であろう。

　ODA には，「円借款」すなわち，政府直接借款として低金利でしかも返済期間の長い緩やかな条件で開発途上国に対して資金を貸し付ける「有償資金協力」と，返済義務を課すことなく資金を供与（→贈与）する「無償資金協力」とがあり，前者が主として道路や鉄道，橋梁，空港，港，発・送電施設の建設・整備等比較的規模の大きないわゆる「経済インフラ」の整備を対象とするものであるのに対し，後者は主として所得水準の低い開発途上国に対して，保険・衛生，医療，感染症対策，水の確保，教育，農業振興，農村開発等の「基礎生活分野」「社会基盤整備」「環境及び人づくり」等を中心に幅広い協力活動を行うものである。

かつてわが国の ODA は円借款による「有償資金協力」に強くシフトする傾向があり，欧米諸国に比べて「無償資金協力」の比率が低いことが指摘されていた。被援助国に返済義務を課すことによってその国の自助努力を促し，経済的自立を図るという点で「借款」は大きな意義をもつといえる。しかし，とかくその対象が大規模な「経済インフラ」の整備となるため，開発プロジェクトの実施に必要な技術，資材，また役務等の調達に援助供与国の民間企業が関係したり，またそうしたプロジェクトがその国の企業が海外進出する上での条件整備に利用される等，「借款」が援助供与国にとって大きな利益に結び付きうることもまた事実である。これに対して「無償資金協力」は直接的，短期的には大きな利益には結び付きがたい性質をもっている。こうしたことから「有償資金協力」に比して「無償資金協力」の比率が低いわが国の援助の在り方は，その批判の当否は別としてもきわめて誤解を招きやすい傾向をもっていたということはできる。また，大規模な開発プロジェクトは，対象となる地域の自然環境，生態系，当地にくらす人々の伝統的な生活文化等に多大な影響を与えるため，事実多くのプロジェクトで自然環境の破壊や現地人の生存権の侵害といった深刻な問題も生じている。

　こうしたことから国際的にも援助行政における「環境アセスメント」の徹底等が求められる中，わが国においても ODA の「質的向上」をめざして，海外協力の基本戦略，組織，そして実施システムの根本的な見直しが進められてきた。2006年4月には内閣総理大臣の下に日本の ODA 戦略を一元的に決定できる組織として「海外経済協力会議」が設置され，また「円借款」や「無償資金協力」「技術協力」等従来別々の実施機関が担ってきた多様な援助メニューが，JICA（国際協力機構）に統合されることにより，開発途上国の多様なニーズに合わせて各種のメニューを迅速，適切に実施することが可能となった。援助メニューの内容についてもこれまでの枠組みを超えた柔軟できめ細かなサービスの試みが始まっており，農村開発を図るために零細で小規模な個人の起業活動に対しても積極的に資金融資を行う「マイクロクレジット」や「留学生借款」また現地情報に通じた NGO との対話，連携を深め，これを資金面で援助することなどはその好例といえよう。

　ODA は，開発途上国の国づくり，人づくりを支援し，地球規模での諸問題

第Ⅰ部　福祉を考える　11

の解決や平和の構築に貢献することを通じて，大国にふさわしい国際社会への責務を果たすとともに，グローバル化の中でのわが国の国益（特に長期的視点での）の確保を図る重要な外交手段とされる。その予算は，税金（租税収入）を財源とする「一般会計」のほかに，政府が特殊法人や地方公共団体等に有償資金融資を行う財源となる「財政投融資」，国際通貨基金や世界銀行等に対し，出資，拠出する現金に代えて交付される国債である「出資国債」，さらに「特別会計」によって賄われている。多額の国家予算を投じて運営，実施されるものである以上，国民の理解と協力を得るべく政府には国際援助の理念，目的，実施状況，そしてその成果等について十分な情報を開示し，広報活動に努める必要があることはもとよりであるが，私たち国民の側にもこうした活動によって自らが負う〈負担〉のもつ意味について改めて考えてみる必要があろう。

　近年，HIVエイズについての理解と感染防止を訴える「レッドリボンキャンペーン」や「ほっとけない世界の貧しさ―貧困をなくすためのグローバル・コール―」による「ホワイトバンドキャンペーン」などを通じて，いま私たちがくらすこの世界に現実に起こっている深刻な問題（貧困や飢餓，疾病，劣悪な生活・教育環境，人身売買等）に対して，若者をはじめ多くの人々が関心をもち，なんらかの形でささやかでも貢献がしたいという気運が高まってきていることは事実であろう。だが一方では，世界で苦しんでいる人々や手助けを必要としている人々に対する援助を，〈好意〉としてではなく〈責務〉として課せられることに対する抵抗感にも根強いものがあることもまた事実である。

　しかし，もし私たちが思い描く社会の姿が，誰もが希望を奪われることなく，それぞれの幸福を追求しうるための〈基本的な必要〉が満たされている社会，またそのために社会のすべてのメンバーが互いに協力し合うことを〈当然のもの〉とするような社会であるとすれば，そのような〈社会像〉，〈共同体〉は，はたして自分たちのくらす〈この国〉の中だけに限られるものであろうか。というのも，自らがその中でくらす，またこれからもくらしていきたいと思う〈社会の姿〉を思い描くという行為の根定には，その人のもつ基本的な価値観が働いており，それは広い意味で〈世界観〉と呼ばれるものにほかならないことになるからである。とすれば，それは元来，〈特定の境界線の内側〉にのみ限られたものではないはずである。

「どこに対して，どのような（目的，内容，方法，規模，そして財源）援助を行うべきであるのか？　またそのために私たちはどれだけの〈負担〉を負うべきであるのか？」（この問いは，先に私たちがくらす〈この社会のかたち〉について問われた問いを，世界規模に拡大したものと考えることもできる）

　国際社会における私たちの〈責務〉にかかわるこうした問いを通じて，私たちは自らが生きる〈この世界〉について，また世界とのかかわり，さらには自らの生き方，くらし方についても改めて思いを致す必要があろう。またその際には，わが国が今日のように世界有数の援助大国となることができた背景には，国際社会からの有償，無償の多大なる援助があったことを忘れてはなるまい（ちなみにわが国が戦後復興のために世界銀行〔当時は国際復興開発銀行〕から受けた融資の償還を完了したのは，今から26年前，1990年のことである）。
　東日本大震災では，開発途上国を含む世界124の国，地域及び９の国際機関からわが国に多大な支援が寄せられたことは記憶に新しい。混乱と絶望の内にある被災した人々，また次々にニュース配信される深刻な事態に不気味な不安と動揺を覚えつつ日々を過ごしていた多くの日本国民にとって，国際社会から寄せられた温かい支援と励ましがどれほど大きな力となりえたかは，あえて言葉には出さなくとも私たち皆が深く実感しているところではないだろうか。このような体験は，私たちが〈共に生きる社会〉が，けっして〈特定の境界線の内側〉にのみ限られたものではないこと，地球上にくらす私たちが相互にいかに深く緊密な相互依存関係の内に生きているかを改めて認識させてくれるものである。喜びのみではなく，苦しみをも共に分かち合うような深い心情的な共感をもった人と人とのかかわりは，〈共に生きる〉ことの一つの理想像といえよう。しかし人は時として，これを現実に実感するような体験をもつことがあるのである。私たちはこの貴重な体験の記憶をこれからも大切にしていかなければならない。

▶　「臓器は公共財!?」―わが国における臓器移植の推進をめぐる問題―
　「大地と人間以下のすべての被造物は，すべての人の共有物であるが，しか

しすべての人間は，自分自身の身体に対する所有権を持っている。これに対しては，本人以外の誰もどんな権利も持ってはいない。彼の身体の労働とその手の働きは，まさしく彼のものであるといってよい」(ロック，邦訳1980, p.208)

　これは17世紀イギリスの哲学者ジョン・ロックが『統治論』の中で〈所有権〉について述べた一節である。それから300年を経た今日においても，私たちが他のいかなる所有物（金銭や物件等）にもまして疑いもなく〈自分自身のもの〉と確信しているものに〈自らの身体〉があることは確かであろう。しかし近年こうした素朴な〈身体の自己所有〉という考え方にも動揺をもたらしかねない〈ある問題〉に私たちは直面することとなった。

　仮に地球上に，ある次のようなきわめて〈有効な資源〉が存在することがわかったとする。その資源は，これを有効に活用すれば瀕死の病人の命を救うことができ，またそうした事実は病に苦しむ他の多くの人々，またその家族等にも大きな希望を与えうるものであることは明らかである。そうした場合，もしこの〈貴重な財産〉をその有効性を知りながら，活用することなくあえて廃棄しようとする者がいたとしたら（その〈資源〉は彼自身にとってはもはや無用なものとなるため，それを他の必要としている人に譲るべきであると周囲の人々が熱心に説得したにもかかわらず……），仮にそれが疑いもなく〈彼のものであった〉としても，はたして人々は彼の選択をどこまで〈尊重すべきもの〉と認めうるであろうか。

　1997年6月参議院本会議において「臓器移植法」が可決成立，同年10月16日より施行されて以来，わが国の移植医療は慢性的なドナー不足に悩まされてきた。脳死臓器移植がわが国で初めて実施（1999年2月28日，高知赤十字病院にて40歳代の女性から，心臓，肝臓，腎臓，眼球が提供され，国内初の移植手術が行われた）されてから約10年間で脳死判定を受け入れた事例は，82件（年間約10件），提供された臓器は累計で，心臓(64)，肺(58)，心肺同時(1)，肝臓(63)，膵臓(12)，腎臓(98)，膵腎同時(45)，小腸(4) にのぼり，それぞれが計345人に移植されている（内，305人が現在も生存)[3]。2004年のデータによると人口100万人あたりの脳死ドナー数は，わが国が0.75人であるのに対して，スペイン34.6人，フランス22人，アメリカ20人，イギリス12.5人となっており，わが国のドナー数が極端に低いことは一目瞭然である。こうした国内での極端なドナー不足，

またこれまでの臓器移植法では15歳未満の臓器提供が認められていない等のことから，特に切実な状況にある乳幼児を含め移植医療の盛んな海外での移植を決断する人々が後を絶たない。ただ高額な医療費に加え，渡航滞在費等の経費は患者にとって大きな負担となっており，そのため治療を断念せざるをえない場合も多いのが現状である。

　しかし海外といえども適合するドナーを得ることは年々難しくなっている中で，国際的なドナー不足を背景にした「臓器売買」「移植ツーリズム」「ドナーの人身取り引き」等の問題は深刻である。比較的経済力のある国の患者が外国人にも開かれている「移植枠」の大半を占めてしまうという状況に対する移植受け入れ国内の反発も強まっていることから，2008年5月にイスタンブールで開催された国際移植学会においても，医学的見地からは望ましいものとはいえない生体間移植の割合を減らすべく脳死移植のいっそうの促進を図るとともに，移植臓器の国内での〈自給自足〉を各国に呼びかける内容の宣言がなされている（中国では2007年，フィリピンにおいては2008年，外国人に対する移植が原則禁止された）。また，こうした流れの中でアメリカなど現在なお海外からの移植希望者を受け入れている国では，国内の移植希望者により大きな機会を与えるとともに，渡航移植に対する批判にも配慮して，海外からの移植希望者に対しては莫大な金額の「デポジット」（事前保証金）を要求する場合も多くなってきている[4]。

　このように海外での移植が困難になる状況は，旧臓器移植法では国内での脳死者からの臓器提供の道が閉ざされていた15歳未満の子どもの移植希望者にとっては絶望的ともいえるものであった。そこでわが国においても懸案となっていた「臓器移植法」改正の動きが本格化し，国会審議を経て2009年6月18日，衆議院本会議において「臓器移植法改正案」（通称A案）が可決，続く7月13日の参議院本会議での可決により，国内での臓器移植の飛躍的拡大を図る「改正臓器移植法」が成立することとなったのである。

　この「改正臓器移植法」のポイントは，臓器提供に本人の積極的意思表示（ドナーカード等で，生前に提供意志を明確にしておくこと）が必要ではなく，拒否の記録がない限りは家族の同意だけで臓器提供が可能となったこと，臓器提供に関する年齢制限が撤廃され，これまでわが国では認められていなかった乳幼

児を含む15歳未満の子どもからの臓器提供[5]が親の承諾を条件に可能となったこと，そして何よりも「脳死」[6]を一律に人の死とすることが決定されたことである。

これまでわが国では，心停止，呼吸停止，そして瞳孔散大の三兆候を確認する「心臓死」をもって人の死とすることが，法律上も，また社会通念上も当然のものとして受け入れられてきた。すでに1988年の時点において日本医師会生命倫理懇談会が「脳死」を人の死とする最終報告を出しており，医学的見地においては「脳死」をもって人の死とすることが共有されつつあったが，「臓器移植法」制定当時なお一般的には「心臓死」に至っていない段階にある〈患者〉を，〈死体（脳死体）〉とすることに対する抵抗感も強く，「旧臓器移植法」では，臓器提供を行う場合に限り「脳死」を人の死とすることで，社会通念と抵触しない形で「脳死移植」の道を拓くという決着がなされたのである。それから10年が経過し，その間「旧臓器移植法」のもつ〈妥協的性格〉ゆえにわが国においては慢性的なドナー不足が続き，そのためにさまざまな問題が生じてきたことはすでに見てきたとおりである。しかし，はたして私たちはこの間に移植医療に対する理解，特に，〈死の基準〉についての理解を，今回の〈劇的〉ともいえる法改正に至るほどにまで，またこれを〈社会的合意〉として実感できるほどにまで〈共有〉しうるようになったか，といえば，やはりそこには疑問が残ると言わねばならない。

たしかに内閣府が2008年に実施した世論調査に見る限り，調査対象者の43.5％が，脳死後に臓器提供したいと答えており，10年前の調査での31.6％を大きく上回るようになっていることは事実である。しかし，移植医療についての主たる情報源となっているマス・メディアを通じての報道やキャンペーンの多くは，海外での臓器提供に唯一の望みを託す子どもや家族を取り上げ，臓器移植の〈必要性〉とその〈有効性〉について訴えるものが大半であり，「脳死」という〈死の基準〉それ自体，またその問題点等について十分な情報を提供し，広く議論を喚起するようなものがほとんど見られなかったことは問題であろう。

今回の「改正臓器移植法」の国会審議において最も議論が分かれた点は，「脳死」を一律に人の死とするか否か，であった。そのため最有力と思われた対案（衆議院においてはＤ案，参議院においてはＡ案）も，15歳未満の子どもの臓

器提供の道は拓くものの，「脳死」をめぐっては医学的にも「脳死判定」の難しさやいわゆる〈長期脳死者〉の事例等，多くの問題点が指摘されており[7]，国民のコンセンサスも十分なものとはなっていないことから，死の判定基準については現行法を踏襲し，臓器提供を行う場合に限り「脳死」を人の死とするものであった。

　日本移植学会をはじめ今回の「改正臓器移植法」の採択を強く主張する立場を採る人々がどうしてもその対案であるD案，A'案ではなく，「脳死」を一律に人の死とする法案の成立が不可欠と考えた理由は，次の2点である。それは，「脳死」を一律に人の死と決定しない限りは，〈死の選択（判断）〉が家族に課せられることにより〈重大な心的負担〉が生じてしまうこと，またこの負担ゆえに，臓器提供者の飛躍的増加を実現することも困難であるという点である。しかし，まさにこの点にこそ今回の「臓器移植法改正」が脳死臓器提供の基本的な理念に照らしても重大な問題を孕むものであることは指摘されねばならない。

　なぜなら，脳死臓器提供とは元来，個人の思想，心情に基づく〈決断（自己決定）〉によって行われるべきものであり，その〈死の選び〉をめぐる〈判断の積極性〉ゆえにこそ，その行為は，深甚なる感謝の対象ともなり，またそこに多くの人々は〈崇高な人類愛〉の現前を見，深く心を動かされることになるからである。まだ温もりをもった肉体からあえて臓器を切除する〈決断〉[8]は，提供者本人においても，また彼に代わって判断を下す家族にとっても〈きわめて重い〉ものであり，またその理念に照らしてもその〈深刻さ〉，それゆえの〈荘重さ〉は決して取り除かれてはならないものなのである。こうした〈重み〉を単なる〈負担〉として取り除く最も簡単な方法があるとすればそれは，「脳死」を他に選ぶべくもない〈絶対的な死〉と決定してしまうことであろう。しかし，一度この〈負担〉が取り除かれてしまえば，そこに残るのはもはや〈死体処理の方法〉をめぐる選択の問題となり，そこにおいて最も大きな判断基準となるものはその選択の〈有効性，公益性（脳死体移植こそ，移植医療において最も効率的かつ有効な選択であるがゆえに）〉となろう。はたして，そうした状況の中で，あえて〈公益性〉にもとる選択（それは医学的にも根拠のない〈慣習〉や〈偏見〉，〈個人の思い〉のみに基づくものと見なされかねない）を行うことは，どこ

第Ⅰ部　福祉を考える　**17**

まで〈個人の自由〉として尊重されうるであろうか。

　今回の「改正臓器移植法」の成立によってわが国の移植医療は大幅に〈前進する〉ことになろう。しかしこれによって〈失われるもの〉もあることを私たちは心にとめておかなくてはならない。衆参両院の採決をもって「脳死」問題をめぐる〈国民のコンセンサス〉の現れと見る意見もあるが，しかし，本当に「脳死」についての国民の理解が深まり，コンセンサスができあがっているとすれば，現行法の下でもすでに脳死臓器提供者のかなりの増大が起こっていなければならないはずであろう。そうとはならなかった状況を打開するために行われた今般の法改正運動が，たとえ多くの人々の善意に支えられたものであるとしても，しかしそれは同時に，そうした〈善き目的〉のための〈資源の有効活用〉（効率性）に向けて強く動機づけられたものであることもまた事実である。

　このような状況の下で社会の一員としての〈責務〉，その及びうる範囲について改めて考えるとき，私たちは疑うべくもなくごく当たり前のように〈自らのもの〉と考えていたすべてのものについて，その〈素朴な確信〉を揺るがす次のような問いを自ら問うことにはならないであろうか。単なる物的，金銭的資産（自らが正当に獲得した）のみならず，自身の〈身体〉をも含めて，それらを思うがままに利用，処分（時には，浪費）することが必ずしも許されないとしたら……。

　それらのうちどこまでが正当に「私のもの」（あるいは「あなたのもの」）として認められるのであろうか？

　改正臓器移植法の成立は，移植医療の進展を望む人々にとっては〈大きな朗報〉となったが，一方ではこの結果に〈強い不安〉を抱いた人々も多くあることは事実である。わが国においても「脳死」が一律に人の死とされることにより，〈脳死状態〉とされるわが子を懸命に介護しながら，未だ解明されざる〈脳の働きの神秘〉にわずかな希望を託しつつくらしている家族の不安は特に深刻なものである。改正臓器移植法においても臓器提供を行うか否かは個人の選択に任されており，脳死判定を拒否する自由も保障されている。しかし法改正を起爆剤としてわが国においても脳死臓器移植がいっそう推進される状況が生じた場合，〈脳死体〉に対してあえて介護を続けることは，人の命を助けることのできる〈有効な公共財〉を浪費するものと見なされ，いずれは社会正義

の名の下にその〈責務〉を果たすこと（→〈脳死体の提供〉）を迫られるような事態になるのではないだろうか。少なくともそうした〈特別な治療〉を財政的に支えるシステムを維持することは困難となる可能性も高い。だがはたして，彼らにその〈責務〉を果たすことを要求する〈権利〉を主張しうる命など存在しうるのであろうか。

　これまで概観してきた「福祉」をめぐるいくつかの問題は，どれも私たち一人ひとりに深刻な〈態度決定〉を迫るものであった。そしてこれらの問題に対して真摯に向き合おうとするとき，私たちはそこに共通する次のような一つの問いを見出すことになる。

◎第一の問い
　「福祉」は私たちにとって，どこまで，義務であり，また権利でありうるのか？

　この問いに向き合うためにも，そもそも「福祉」とは何を意味するのか，「福祉」という言葉の一般的語義，用法等について見ておくことも有効であろう。

○「福祉」という言葉，その一般的用法
　ア　・一般的語義としては（『広辞苑』第2版，岩波書店による）。
　　　　福祉とは…1　さいわい，幸福
　　　　　　　　　2　（宗）消極的には生命の危急からの救い，また積極的
　　　　　　　　　　　には生命の繁栄
　イ　・既述のような今日の具体的な社会問題等を視野に入れた用法として（『社会福祉原論』有斐閣による）。
　　　　福祉とは…「生活欲求が充足されている状態」，つまり「生活満足」
　　　　　　　　　や「暮し向きの良さ」と理解される。
　　　・英語・独語における「福祉」という言葉。
　　　　（E）welfare＝well（よく，満足に，十分に，完全に）＋fare（暮らして行

第Ⅰ部　福祉を考える　19

く，成り行く）

(D) Wohlfahrt ＝ Wohl（幸福，安寧）＋Fahrt（進行，運行）

ウ ・*Webster's Third New International Dictionary* によれば。

welfare とは…「暮し向きの良い状態，実生活がうまくいっていること，特に幸運（goodfortune），幸せ（happiness），安寧（well-being），あるいは〈物的な豊かさ〉によって特徴づけられた状態。

・*The Social Work Dictionary* によれば。

welfare とは…「身体的健康，精神的安穏，経済的安定の状態であり，人々を援助してそのような状態を実現させる社会的努力」

上記のように「福祉〔welfare〕」という言葉は〈ある状態〉を意味するとともに，またそこには〈そうした状態を自他において実現・確保しようとする努力〉という意味が込められて用いられることも多い。たしかに「福祉」は「幸福」，「安寧」を意味する以上，誰にとってもその実現が望まれる状態を「幸福」と呼ぶことからすれば，「福祉」という概念がその実現への方向づけをいわば，〈自明のもの〉として含意することは，少なくとも，個々人にとっての〈自己の幸福〉に関しては当然のことといえよう。しかしながら「人々を援助してそのような状態を実現させる社会的努力」ともあるように，そこにはまた一方では，自身のみならず〈他者の幸福〉もまた含まれており，文字どおり〈社会性〉をもった努力が求められているとすれば，当然のこととして次のような問いが生じてくることになる。

◎第二の問い

私たちはなぜ，他者の幸福の促進にも関与すべきなのか？

　　さらには

私たちはなぜ，社会福祉の増進に寄与すべきなのか？

このような〈問い〉のもとで，「福祉的行為」についての説明が試みられる場合，今日まず指摘されるものに〈相互性の原理〉がある。これは「自分も困

ったときには助けてもらうために，自分に可能な場合には他者に対しても援助を行う」という点からも明らかなように，相互にその〈見返り〉を期待し合う対等の援助関係である（起こりうるリスクに備える〈一種の保険〉である限りでは，この原理を自己の幸福追求のみを目的とする〈利己主義〔Egoism〕〉に還元することも可能である）。しかしながら，私たちが目にする多くの具体的事例が示しているように，「福祉的行為」にはこのような関係のみによってはとらえることが困難な事例（献身的なボランティア活動の場合もさることながら，たとえば子どもの保育や就学に関する公的補助のための負担を，子どもがなく結婚する意志をもたない者までが負うことや，きわめて希な遺伝的疾患の治療にかかる高額医療費を，そうした疾患にかかる可能性のない者が共に負担する場合など）が存在することもまた事実である。そこで私たちは次にこのような行為を成立させている根拠（原理）の問題へと改めて目を向けなければならないことになる。

▶ 「福祉的行為」を成立させる根拠の問題（社会福祉の原理と理念）

　社会福祉の原理とは一般に，〈援助〉という福祉的行為を成り立たせている根拠となるものであり，また援助する者が，〈何を目的として，誰に対して，どのような援助をすることが望ましいか〉等について判断，選択を行う上での基準となるもの〈→価値観，原理〉とされるものである。さまざまな援助関係の歴史を振り返るとき，私たちはそこに大別すれば以下のような〈3つの原形〉を取り出すことができる。

○援助関係の3つの原形
I　相互扶助
　a　家族・親族の間での「共生・扶助」の原理
　　　家族，親族等生活の場を同じくする人々が原則として無償で（〈見返り〉を求めることなしに）援助し合う関係を規定しているもの。その典型が家族の私的扶養（経済的扶養，身体的扶養，精神的扶養）である。
　b　近隣・地域の人々の間での「連帯・互恵」の原理
　　　家族の場合以外で，生活および仕事の場を同じくする人々（村落共同体や，同業組合等）が，相互の合意に基づいて共同で特別な便益，恩恵など

第Ⅰ部　福祉を考える　21

を図り合い，またその責任をも共同で負担し合う関係を規定しているもの。
たとえば，わが国でも古来行われてきた頼母子講，無尽講（小規模の金融
を目的とする）や，萱無尽，屋根講等（合力や労力交換を目的とする）。

Ⅱ　宗教的慈善の原理，いわゆる〈無償の献身〉の根底に働くもの

　　援助する者が，苦しみ，助けを求める者に対して〈見返りを求めることな
く〉ただ憐憫や愛他心によって，彼らの必要とするもの（生活財または福祉サ
ービス等）を供給する援助関係を支えるもの。＝「利他主義」・「愛他主義」
（altruism）

　　たとえば，キリスト教における慈善の原理〈カリタス（ラテン語 Caritas，
英語 charity）〉に基づく隣人愛の実践。……ルカ福音書にある「良きサマリ
ア人」の寓話等に示される無償の献身。

　　また，わが国古来の清き心，赤き心や仏教における布施功徳，利他行，自
他不二，慈悲の精紳等。

　　（……現代においては宗教的活動に限らず，広く慈善・福祉活動に従事する人々を精
神的に支える基本的な人間観・価値観として引き継がれているもの）

Ⅲ　政治的救済の原理（特に近代国家成立期におけるイギリスを例にとって見てみる）

　　ヨーロッパにおいて中世の封建制社会がしだいに解体され強力な絶対王政
の時代が到来すると，重商主義政策を背景とした「囲い込み運動」や，修道
院の解体，急激な貨幣経済の拡大・普及に伴う深刻なインフレーション，飢
饉，などによる農民，職人，商人の没落が相次ぎ，生活手段を奪われた大量
の浮浪貧民が都市へと流入するようになった。このような状況の中で都市の
治安を維持し，都市生活者の財産と身体を犯罪や伝染性の疫病等から守るこ
とを目的に，イギリスでは16世紀には一連の初期救貧法（Poor Law）が制定
されることになる。労働を神聖な義務とし，貧困を怠惰の結果と考えるプロ
テスタンティズムの普及もあって，これらの法律は，後に1601年，初めて国
家の管轄による救貧法として制定されたいわゆる「エリザベス救貧法」にも
示されているように，貧民の乞食，浮浪を厳しく取り締まり，労働可能な貧
民に対しては就労を強制することで社会秩序の維持を図るいわゆる「排貧主
義」的色合いの濃いものであった。また市民革命から産業革命を経て新興の
ブルジョワジーが社会の支配階級となる時期に制定された「改正救貧法」

（1834年）にも，失業者，貧困者，浮浪者，乞食などを能力欠陥者と見なす〈個人主義的貧困罪悪観〉を基調とする「貧民懲罰主義」ともいうべき考え方を見て取ることができる。そこで，彼らの〈悪しき生活態度〉を改めさせるべく労働可能な貧民は，劣悪な環境の「労役場（workhouse）」に収容され苛酷な労働を課せられ，また労働不能者に対する援助においては「劣等処遇の原則」[9]が徹底された（……いわゆる「二流市民」としての烙印〔stigma〕）。

　こうした状況の中で貧困層に対して救いの手を差し伸べたものに教会や，博愛（Philanthropy）精神に基づく民間の慈善事業がある（新興プロテスタントであるクエーカー派やメソジスト派が中心となり，その担い手は主として新興ブルジョワジーに属する家庭婦人であった）。また，労働者階級も相互扶助の自助組織として「友愛組合」「労働組合」「生活協同組合」等を組織するようになった。

　19世紀後半になるとこれまでの救貧政策に対する批判を背景に，労働者の悲惨な生活実態についての報告や民間の慈善事業の高まり，また労働者の自助，共済組織の合法化等に伴い，貧困者を個人の自助努力の失敗者〈→個人貧〉としてではなく，社会が構造的に生み出した社会的犠牲者〈→社会貧〉と見て，市民革命後に確立した市民的人権（自由と平等）と政治参加（普通選挙権）とを貧民にも認め，社会的，組織的な救済をめざす「社会事業」（「慈善組織協会」や「ソーシャル・セツルメント」など）が盛んになる。そしてこうした運動の高まりは，やがて一連の労働者保護施策（「失業労働者法」「労働争議法」「最低賃金法」等）を生むことになり，最終的にはかの「救貧法」が廃止され，これに代わり「国民扶助法」（1948年）が制定されることになった。

　このように「政治的救済」の在り方は時代の移り変わりとともに大きく変化し，その原理も，社会の秩序，治安の維持を目的に，貧困層を厳しく管理，統制するものから，「人権」の尊重を基調として，貧困層や病人，老人，子ども等のいわゆる〈社会的弱者〉のみならず，広く国民全体の生活の向上を図る今日の福祉政策に至るまで，そこには実にさまざまな援助関係，またその原理が働いていることがわかる。

　すでに明らかなように，これまで述べてきた援助関係を規定する３つの原形（①相互扶助，②宗教的慈善，③政治的救済）は，互いにまったく独立に作用して

いるものではなく，実際には，相互に密接にかかわり合い（時には協働し，時には対立しつつ），浸透し合って今日の公的社会福祉制度を成立させることになったのである。

▶ 現代社会における「福祉的行為」のもつ〈広がり〉

　冒頭で紹介したいくつかの具体的問題が示すように，現代に生きる私たちに課せられた「福祉的行為」の適用範囲は，かつてのような限られた地域的な共同体の枠組みをはるかに超え，さらには国家の枠組みすら超え，まさに〈地球規模〉に拡大されつつあるといえる。こうした中で，私たちが差し当たりは利害関係もなく，おそらくは生涯出会うこともなく，その名前すら知ることもないであろう人々の「福祉＝幸福」に貢献することを一つの〈義務〉として受け入れ，また援助を受ける人々もまたそれを〈権利〉として享受することを可能ならしめているものは何であろうか。これを単なる相互性の原理のみで説明することは可能であろうか。

　たしかにマス・メディアの発達を通じて私たちの〈視野〉は100年前の人々には想像もできないほどに拡大されたことは事実である。しかしながら，はたして，私たちが日々生活する〈この世界〉は，いわば〈地球規模での全世界〉を，かつての家族や地域共同体のように〈親密なもの〉として実感できるほどに拡大されえたのであろうか。

　利害抜きで他者の幸福に貢献できることは，私たちに深い充足感をもたらす。反対にそうしたことができないとき，私たちはある種の〈負い目〉を感じることがある。またそうしたことにまったく無関心な態度にはある種の違和感をすら覚える。福祉関係の職業を志望する人々や，また実際にさまざまな形で「福祉的行為」を実践している人々にあって，その精神的支柱となっている〈人間理解〉あるいは〈価値観〉は，何も彼らのような積極的な福祉行為者の内にのみ認められるものではないであろう。それは，援助行為の受益者においても，こうした献身に対する〈感謝〉や〈喜び〉というかたちで，息づいているものであり，またそれは，一般の社会人として保険料や税金を負担している者においても，それらを社会の一員が負うべき〈応分の負担〉として受け容れることのうちに，それとして意識されることなく働いているものと見ることもできる

のである。これを〈人権の尊重〉と呼ぶとしても，それは「福祉」をめぐって先に提出された問いに対してなんら答えることにはならない（多くの議論が〈人権〉，あるいは〈人間の尊厳〉の概念を，その意味を改めて問うこともなく，いわば自明の前提としてこれに依拠している。しかしそれは，こうした事態を単に〈名指している〉に過ぎないのではないか）。

　福祉関係者からしばしば指摘されることに，わが国における「権利意識の未熟さ」ということがある。これは福祉サービスを受ける側が今日なお，これを〈感謝して〉受け取ることの内に，いわゆる前近代的な〈援助者からの恩恵〉という意識が根強く残っており，これを〈人権〉に対する意識の後進性と見なすものである。しかしながら，すでに述べたように「福祉的行為」には，互いに〈見返り〉を期待し合うような対等な人間関係には還元しきれない何か（それを〈他者に対する無償の配慮〉と呼ぶ人もいるかもしれない……）が含まれているのである。私たちが先に述べたような多くの具体的問題に直面する中で，常にそこに，〈ある種の割り切れなさ〉を感じ，先の第一の問い，すなわち，

　「福祉」は私たちにとって，どこまで，義務であり，また権利でありうるのか？

を問わざるをえないのもそのためであろう。たしかにこの問いは，そのつどの社会状況に合わせて，具体的に考慮されねばならない問題ではある。しかしながら，この問題は決してそれだけに尽きるものではない。私たちはこれに加えて第二の問い，すなわち，

　私たちはなぜ，他者の幸福の促進にも関与すべきなのか？
　　　さらには
　私たちはなぜ，社会福祉の増進に寄与すべきなのか？

を改めて問わねばならないのである。そして，このように問うことは取りも直さず，「人間の共生」をめぐる問い，すなわち，

第Ⅰ部　福祉を考える　25

人間が共に生きるとは，また，その本来の在り方とはどのようなものか？

を問うことにほかならない。

　このテキストは，このような問いを読者一人ひとりが引き受け，それぞれの
立場でその答えを模索して行く上での〈手がかり〉となることをめざしている。

〈岡野　　浩〉

1 ）ただ，ここで付言しておかなければならないことが一つある。それはわが国の社会
　保障制度が，「所得の再分配」と「リスクの分散」のいずれにも限定されず，両者の方
　向性をいわば併せもつ構造をもちつつ，しかしその〈規模〉（→国民負担率）に関して
　は，上記の分類においてはむしろ，Ｃのアメリカ型市場重視モデルとほぼ同程度とな
　っている点，すなわち，わが国が実質的にはきわめて〈小さな政府〉となっているこ
　とである。したがって，世界一の高齢化率という現状において，医療崩壊，介護崩壊
　という事態を改善するためには，社会保障の基本的な方向性とともに，その〈規模〉
　についても根本的な再考が求められているのである。
2 ）憲法13条
　　すべて国民は，個人として尊重される。生命，自由及び幸福追求に対する国民の権
　利については，公共の福祉に反しない限り，立法その他の国政の上で，最大の尊重を
　必要とする。
　　憲法25条
　①　すべて国民は，健康で文化的な最低限度の生活を営む権利を有する。
　②　国は，すべての生活部面において，社会福祉，社会保障及び公衆衛生の向上及び
　　増進に努めなければならない。
3 ）2009年 2 月27日付『産経新聞』によるもの。
4 ）アメリカにおける心臓移植の費用はこれまでは3,000万から7,000万円台で推移して
　きたが，現在では8,000万円を超え，最高額では 1 億6,000万円を請求された事例もあ
　る。また，2009年に入り事前保証金（デポジット）として， 4 億円の支払いを求めら
　れた患者の例も報告されている。
5 ）自ら意思表示ができない乳幼児からの臓器提供を可能にするにあたって，日本小児
　医学会を中心に出された異論の一つに，「脳死状態の子どもが虐待の犠牲者であるか否
　かを判定することの難しさ」という問題がある。わが国では被虐待児からの提供は認
　められていないが，アメリカのように乳幼児ドナーのかなりの割合を被虐待児が占め
　ているところもある。虐待死した子どもの臓器を〈公益性のある医療資源〉と見なす
　考え方も可能ではあろうが，無残に命を奪われた上に，臓器まで奪われる子どもの人
　生について考えるとき，安易な美談への転換を許さない一個の命の重みを感じずには
　いられない。
6 ）わが国では「全脳機能の不可逆的停止」……深い昏睡，瞳孔散大と固定，脳幹反射

の消失，平坦脳波，自発呼吸の消失（ただし，自発呼吸の有無に関してだけは，移植目的の場合のみ実施可能）により確認……を意味する。ほかに「脳幹機能の不可逆的停止」をもって脳死とする立場もある。

7）2007年10月現在，（2007年8月から10月にかけて毎日新聞が日本小児科学会指定の専門医研修施設である全国522の医療機関に対して行った調査……内272施設から回答……によると）脳死状態と診断された後1か月以上心停止に至らない〈長期脳死〉の状態にある子どもの数60人（39病院，内14人は在宅療養中）中には，脳機能の若干の回復（脳波，自発呼吸，体温調節，刺激に対する反応等）を示した例もある。

　　また，高度な専門知識と設備を要する「脳死判定」が，必ずしも慎重に実施されなかったがために，回復可能性のある患者に「脳死」の診断を下してしまう，という判定ミスの事例が後を絶たないことも深刻な問題である。たとえば，海外滞在中の邦人が脳血管性の病気で倒れ，現地の医師により脳死と判定されたにもかかわらず，家族の強い意思で帰国，治療後に回復した事例もある。また一方では，脳死後に発生するラザロ徴候の事例や臓器摘出手術時の急激な血圧上昇，頻脈等の事例が多く見られることから，医学的見地からも，脳死をもって人の死とすることには問題があるとの指摘がなされているのが現状である。

8）腎臓や眼球を除く他の臓器，心臓，肺，肝臓等は従来の死亡判定基準（心臓死）によれば，〈存命中の患者〉の肉体から取り出したものでなければ使用できない。

9）「劣等処遇の原則」とは……援助を受ける者の生活水準が，自立した最下層労働者の生活水準を上回ってはならないとするもの。

〔引用文献〕

新村出編（1969）『広辞苑　第2版』岩波書店

広井良典（1999）『日本の社会保障』岩波新書

星野貞一郎（1998）『社会福祉原論』有斐閣

ロック，J.(1980)『世界の名著32　ロック，ヒューム』（大槻春彦責任編集）中公バックス

Barker, Robert L. (1999) *The Social Work Dictionary*. Washington, D. C. : NASW Press.

Gove, Philip Babcock (1993) *Webster's Third New International Dictionary of the English Language unabridged*. Springfield, MA : Merriam-Webster.

第Ⅰ部　福祉を考える　**27**

第Ⅱ部
福祉の現状と課題

第1章

格差・貧困・ホームレス
―社会の根幹をゆるがすもの―

大迫　正晴

1　ある人生―太郎さんの場合―

　太郎さんは73歳，戦後腕のいい板金工として30年中小企業で働き続け，パート勤めの妻と，2人の子どもを高校まで卒業させた。しかし，貯金はできず家の購入はあきらめ，社宅住まいを続けた。15年前，景気悪化で会社が倒産し，太郎さんは仕事と社宅を一度に失った。夫婦でアパートを借りた。太郎さんは高齢のため正規の仕事はなく，契約のガードマン，妻はパートで生活した。2人とも年金が入るようになってやっと一息つけると思っていた矢先，妻が脳溢血で倒れ入院し亡くなった。太郎さんは妻の看病で仕事を休むと，仕事はまったくなくなった。太郎さんは医療費の支払いに窮し，年金を担保に借金をした。返済のため1日1～2食にして節約に節約を重ねたが，とうとう家賃が払えなくなった。不動産屋からは矢のような催促。何度かはサラ金に借金をして払ったが，今度はその返済もできなくなった。

　子どもたちも援助をしてくれたが，2人の子どもも結婚して子育ての真っ盛りであり，これ以上迷惑はかけられないと太郎さんは考えた。

　困り果て福祉事務所に相談に行ったが，「子どもたちに扶養する能力があるか調査をする」と言われ，子どもたちへの負担を思うと申請できず，帰ってきた。太郎さんは，住み慣れた家を出て近くの河川敷にテントを張り，見よう見まねで空き缶などを集めて生活するようになった。

太郎さんのように長年働き続け，年金をかけ子どもを育て上げてきたような人でも，高齢期には低年金による収入減少，医療費負担，失業などが重なると容易に生活が困窮し，場合によっては生活の根拠である住居すらも失ってしまう事態に陥る。わが国は，1990年代初頭まで経済成長を背景に，社会保障制度は充実し，貧困や欠乏から自由になった「豊かな社会」といわれてきた。しかし，その「豊かな社会」の背後で，太郎さんのような住居や生活に困窮する高齢者が生み出されていた。近年は，太郎さんのような高齢者だけでなく，低迷する景気や雇用情勢等を背景に，若年層，ひとり親世帯やその子どもたちについてまで困窮状態が広がっていることが各種調査で明らかになっている。

　本章では，まず貧困とは何か，貧困がもたらされる背景等について概観する。次に，貧困予防などを目的につくられた社会保障制度，とりわけ貧困に対応する制度である生活保護制度の現状と課題について述べる。最後に，現代の貧困問題の諸相を，ホームレス状態に至った高齢者，若者・ひとり親，障害者等の現状を示す中で，その課題と解決の方向を考察する。

2　貧困とは何か

▶ 格差と貧困

　少なくとも人間が社会的な経済活動を営んでいる中では，どんな社会でも所得に格差が生じることはありうる。「低所得」という言葉は，その意味では，相対的なものであり，なんら価値観を含まない。これに対して，「貧困」という言葉は，もともと「○○の貧困」などと表現されるように否定的な価値観を含んでいる。すなわち，「貧困」とは社会として否定される（あってはならない，許容できない）状態であり，解消しなければならない事態と見なされている。

　わが国では，戦後の混乱期と復興期の一時期を除き，近年まで貧困問題が公に議論されることはなかった。欧米では年収に一定基準を設け，それ以下の世帯の把握に努めてきたが，わが国では低所得世帯調査も1960年代からは行なわれなくなった。高度経済成長期以降「一億総中流」と呼ばれるような時代が続き，「貧困」問題はなくなったかのような議論がなされてきた。

　しかし，1990年代以降のバブル崩壊とその後の低迷する経済状況の中で進め

られてきた経済政策，雇用政策や社会保障制度等の見直しの中で，豊かな者はますます豊かになり，低所得者はより困窮する「『格差』が広がっている」とする認識が強まった。格差が拡大する社会に関しては，これまでさまざまな議論が展開されてきた。リチャード・ウィルキンソン（Richard Wilkinson）は，『格差社会の衝撃』（*How economy inequality harms societies*）において，一国における1人あたりGDP所得格差が大きい国ほど犯罪など社会問題の発生率，不健康の度合い，自殺率などの問題発生率が高くなり，社会に悪影響を及ぼすと指摘している。

　この格差の拡大については，「本人の努力の結果」という意見も根強く見られた。しかし，近年の調査からは，困窮する人たちの多くは，高齢者，ひとり親，「非正規雇用」で仕事をしている人たち，障害をもっている人などを中心に，働いても生活困窮から抜け出せない状態にある層から生活困窮が広がっていることが示された。そして，生活困窮の状態にとどまり続けることによって，経済的な困窮だけでなく，家族や地域の関係も変容させ，社会的に孤立して孤立死や自殺に至ることも少なくないこと等が次第に明らかになった。これらは，私たちの属する社会にあってはならない状態であり，看過しがたい，まさに貧困そのものである。

　2008年末のリーマン・ショック後の世界的な不況の中では，派遣社員や臨時職員等の非正規雇用の労働者が，次々と職や住居を失ったとしてマスコミが大きく取り上げた。長年世間の目から隠されてきた「貧困」問題を可視化し，国やすべての国民の目の前に突きつけて見せた一コマである。これらが契機となり2011年から国は，国民生活基礎調査をもとにした貧困率の調査も公表するようになり，「貧困」は，わが国においてまさに解決すべき喫緊の課題となった。

▶ 貧困の再発見

　それでは貧困とはどのような状態をいうのか，貧困世帯はどれくらいいるのか，なぜ起こるのかを考えてみよう。

① 貧困とは

　貧困には2種類の定義がある。第一は「絶対的貧困」である。これは，生命を維持するために最低限必要な衣食住に欠けている状態のことをいう。途上国

で飢餓，窮乏する子ども等はこれにあたる。第二は，「相対的貧困」である。これは，その地域や社会において「普通」とされる生活を享受することができない状態を指す。この場合，「貧困」であるか否かは，その人が生きている社会の「普通の生活」との比較によって相対的に判断される。「貧困」の基準が，その人がくらす国，地域，時代等，自然条件，社会のありよう，個人の条件によって変化することが「絶対的貧困」との一番の違いである。たとえば，寒冷地では必須な暖房器具が温暖な地域では必ずしも必要でない。障害がある，病弱である人には，車いすや介助用機材が不可欠となる，などである。相対的貧困は，その地域や社会においてこれらの状態に応じた「普通の生活」に必要な物資や資材が，収入の不足や途絶によって継続的に欠乏して困窮することをいう。先進国の貧困は，この相対的貧困の概念によって測られることが多い。具体的には，経済協力開発機構（OECD）の指標に基づき，所得が国民の平均の半分に満たない状態の世帯員数の割合である「相対的貧困率」によって測られる（ちなみに，ここでいう平均とは，世帯の可処分所得を世帯人員数の平方根で割って調整した所得〔等価可処分所得〕の中央値であり，この中央値の半分を貧困基準〔貧困線〕とし，それ以下の世帯員数の割合が「相対的貧困率」である）。

② ライフサイクルと貧困

　それでは，なぜ「貧困」が生み出されるのだろうか。収入の不足や途絶には景気変動や社会の変化による失業や賃金減少などの要因が大きく影響していることは間違いない。しかし，それら社会的な要因だけでなく，個人のライフサイクルが大きく影響しており，共通性があることを発見したのは，イギリスの企業家，B. S. ラウントリーである。ラウントリーは1899年ヨーク市において全労働者世帯を対象とした生活状況調査を実施した。ラウントリーは「生理的能率の維持」さえ不可能な水準を「貧困線」（Poverty Line）として設定し，すべての世帯の所得と貧困線の比較による生活水準の測定を試みた。調査の中で，労働者が類似の原因で貧困に陥っており，ライフサイクルと貧困線との共通する関係があることを発見した。すなわち，経済変動などの社会的なリスクや失業，疾病といった個人的な生活リスクがない場合でも，子ども時代（親の子育ての時代）と子育ての時代，仕事をやめた高齢期に貧困線以下の生活困窮に陥ることを証明した（図1）。

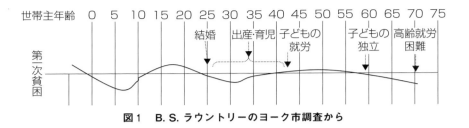

図1　B. S. ラウントリーのヨーク市調査から

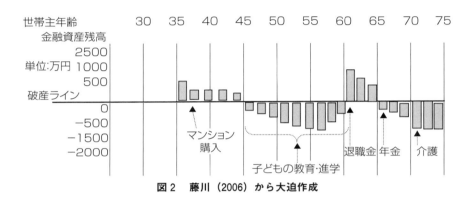

図2　藤川（2006）から大迫作成

　このライフサイクルによる生活困窮は、時代や収入の多少にかかわらず共通性が見られる。図2を見てほしい。これは、フィナンシャルプランナーの藤川太が『サラリーマンは2度破産する』において明らかにしたものである。そこには、ごく普通のサラリーマン世帯の家計でも、まず子どもの教育期、次に定年後の老後の年金生活期の二つの時期には金融資産残高がマイナスになる、いわゆる「破産」の危機を迎えるとしている。

　図2はラウントリーの調査から100年以上を経た現代も、人のライフサイクルには、「程度の差こそあれ、類似する生活困窮の時期」が存在することを明らかにしている。

　この困窮は特定個人の問題ではなく、自助努力では限界があり、なんらかの支援がどの世帯にも必要とされていることが示されている。高収入で蓄えがある人や親からの援助がある人たちは、困窮する時期を難なく乗り越えるが、そうでない人はこの困窮が契機となってさらなる困窮状態がもたらされる。また、

ライフサイクルに病気やけがなどの突発的な事故，収入は一定でも急激なインフレによる実質的に減収，景気悪化による失業など，生活上のリスクや社会生活上のリスクが加わった場合には，困窮状態が継続し，固定化する場合が少なくない。まさにこれらは「貧困」の要因である。

③　貧困拡大とその背景

わが国の貧困の現状　わが国では，1990年代のバブル経済崩壊後，「失われた15年」といわれる景気低迷が続いた。そして，2008年末のリーマン・ショック後の世界的な不況の中で，長年世間の目から隠されてきた「貧困」問題が，国やすべての国民の目の前に突きつけられ，政権交替の一因ともなる事態となった。

2011年以降，「国民生活基礎調査」のデータから計算した相対的貧困率を厚生労働省が公表するようになり，世界の国々と同じ基準で比較が可能になった（ただし，相対的貧困率は，あくまでも預金や不動産などの資産が考慮されていない点には留意しておく必要がある）。

「平成25年　国民生活基礎調査の概況」では，2012年の貧困線は122万円，それを下回る「相対的貧困率」は16.1％としている。これを人口比で見ると，およそ6人に1人が貧困ということとなり，わが国では，約2000万人が貧困状態

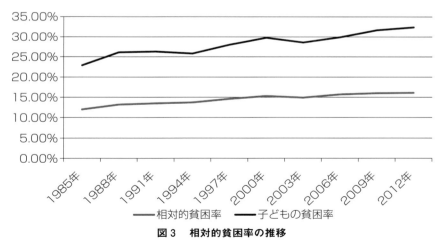

図3　相対的貧困率の推移

出典：厚生労働省（2011，2014）平成22年，平成25年　国民生活基礎調査　結果の概要

第1章　格差・貧困・ホームレス　35

にあることになる。そして，相対的貧困は拡大し続けていることも示されている（図3）。

　これを世帯の状況に応じて比較してみると，「子どもの貧困率」(17歳以下)は16.3％となっているが，これをひとり親世帯に限定すると17歳未満の子どものいる世帯のうち，大人1人の世帯の貧困率は，54.6％（約2人に1人以上が貧困）となっている。また，一人暮らし高齢者の男性で29.3％（ほぼ3人に1人が貧困），同女性では44.6％（2人に1人が貧困）であるとされている。

　貧困拡大の背景　わが国で貧困世帯が増加してきたといわれる背景には，収入の減少，雇用の不安定化，家族や地域関係の変化などが背景にある。

　まず，家計収入を見ると，バブル経済崩壊後，低迷する景気動向を背景に名目的な賃金水準は低下し続け，社会保険料や税負担は上昇しているため，実質的な手取り収入は減少している。さらに高齢者については，度重なる年金制度の見直しによって，年金支給額が減少してきたことなどもある。

　次に，雇用の不安定化の問題である。わが国では1990年代以降非正規労働者の割合が毎年増加し，厚生労働省によればその割合は1984年の20.2％から2014年には37.4％と大きく上昇している。いまや3人に1人以上が非正規労働者となっている。これは，労働者側の働き方の多様化という側面もあるが，バブル崩壊やリーマン・ショックなどの不況期に，企業が生き残りをかけてリストラ策をとった結果，外部委託の増加，派遣社員や常勤社員の非正規化等が推進されたことによるところが大きい。非正規雇用には，不安定雇用，研修など能力開発機会の不足不備，福利厚生などセーフティネット不十分等の課題があるが，最も大きいのは低賃金である。厚生労働省が2015年に公表した非正規職員月平均賃金は，正社員・正職員の63％に過ぎないとしている。また，同省は，望まず非正規雇用を継続せざるをえない層が20代〜30代では3割に及んでいることも明らかにしており，正規雇用によって貧困から脱却できる機会や要件が狭まっていることを表している。

　さらに，家族の変化がある。第二次大戦後のわが国の社会保障を含む諸施策は，若者が正規就労で就職し，結婚して家族を形成し，子育てをして，持ち家をもつという標準的なライフコースを前提に形づくられてきた。しかし，2010年現在，全国の単身世帯数は約1680万世帯にのぼり，総人口の13％，全世帯数

の32%を占めている。標準的なライフコースを歩む「夫婦と子どもから成る」核家族世帯は28%なので，単身世帯は「標準世帯」を抜いて，最も比率の高い世帯となり，今後も増加することが見込まれる。単身世帯は，単独の収入のため，失業や病気などによって就労困難な場合は生活破綻に直結する。高齢期の介護についても同様であり，働き盛りの子が親の介護のため離職し，キャリアを中断して，自らも親の死後に生活困窮に陥る例などは数知れない。

③ 貧困がもたらすもの

貧困な生活は，人間関係の希薄さや孤立を引き起こす。見通しのない生活は，その人を人前に出ることを遠慮させ，生活そのものへの意欲を弱め，地域でのつながりも弱め，医療や福祉の専門職とのつながりをも弱めていく。大都会で発生する高齢者の孤立死は，その最悪の結末である。

親の収入や生活状況が子どもの学力や進学率に影響を及ぼすという「教育格差」，親から子に引き継がれる貧困の固定化，再生産等についても研究が進んでいる。国立人口問題研究所の阿部彩は，親の社会経済階層は，金銭的な教育投資，教育に対する親と子の意識等多様な要因が「教育（学歴）」を通して世代間に継承されるとしている。

また，健康状態についても，健康状態がよくないと答えた割合は，貧困世帯のほうが倍以上という調査も存在している。また，失職した場合などは，医療費負担ができなければ，健康状態はさらに悪化する。失職し，何度も求職しても採用されない事態は，自信を喪失させ，自己評価を低下させる。これらの事態が生活の困窮に付随して惹起される。また，自信を喪失してなかなか行動に移れない人に対して，周囲は，「だらしがない」「努力不足だ」等の非難を浴びせかける。このような状況は，家族関係にも影響を与える。家庭内も緊張し，離婚や家庭内暴力の温床にもなり，児童への虐待がもたらされる場合もある。

このような状況で孤立が深められると，自ら声を上げて助けを求めることや，不当な取り扱いに抗議することすらできなくなる。これらの過程で，酒やギャンブルに依存してしまう人や，やけになって犯罪に手を貸してしまう人も出てくる。さらなる孤立と閉塞状態に陥る「負のスパイラル」が形成される。

このような経済的な困窮状態を主因として様々な困難が引き起こされる状況を，イギリスの貧困学者ルース・リスターは貧困の「車輪」と呼んでいる。す

なわち「経済的困窮という主軸」（容認できない辛苦）が回り始めると社会的排除をはじめとする社会文化的な「貧困」状態が「外輪」となって回り始める，という。さらに，外輪となっている事象がさらなる孤立や困窮をもたらし，次世代へも影響を与えるなど，「貧困」をより深化させるとしている。

　また，貧困に置かれた人たちは，長期的失業などの雇用関係からの排除，社会福祉等の制度からの排除，地域社会での関係からの排除などの諸問題が集積され，社会，経済の底辺に組み込まれ，居住する社会の中で「排除された（excluded）人々」として存在させられ，社会との統合を阻害するという視点も存在する。

　このように「貧困」を看過することは，個人をさらなる貧困状態に追い込んでいくだけでなく，社会全体を不安定化させ，社会の紐帯を切断する方向へ方向へと向かわせることになりかねない。

表1　貧困の概念

容認できない辛苦	物質的必要	特殊な必要	必須とされる特定の何か（食料，燃料，住宅等）を欠いている（剥奪されている）状態
		剥脱パターン	必要なものを欠いている状態にとどまり，抜け出せない状態（パターン）
		低水準の生活	一定期間を超えて所得や消費が低く抑えられている状態
	経済的境遇	資源の欠如	ほしいものを手に入れるための資源（富や所得等）を欠いている状態
		経済格差	経済的に不平等な状態が，医療，教育，移動などの取得に影響を与え，さらに不平等が生み出されてくる状態
		経済階級	障害や高齢などにより雇用や住宅などの資源を統制することができず，貧困に陥りやすい状態
	社会関係	社会階級	他の人々には当たり前の機会，権力，身分を欠く最下層に位置づけられる状態
		依存	公的扶助や「福祉」に依存している状態
		社会的排除	貧困のせいで社会参加できない，十分な保護を受けられない，社会的に拒絶されているような状態
		権限の欠如	貧困は資源そのものではなく，法的，社会的，政治的な取り決めが欠如している状態

Lister, R.（2004）*Poverty*, Polity Press から作成

3 　貧困を防止するために

　イギリスでは，前述のラウントリーの調査などを契機に，このような深刻な
事態をもたらす貧困問題を，個人の問題，自己責任によらず，社会全体で軽減，
解消していこうとした。特に，第二次世界大戦当時イギリスは，障害者やユダ
ヤ人を差別・迫害し，戦争で問題を解決しようとする独裁国家ドイツを「戦争
国家」（Warfare State）と呼び，自分たちは人権を守り国民福祉の向上を図る民
主的な「福祉国家」（Welfare State）であると主張し，戦争の大義とした。1942
年には，英国政府はベバリッジ報告を公表し，「5悪の巨人」（貧困，病気，失業，
無知，不潔）に打ち勝つため社会保障政策を充実させるとした。第二次大戦の
敗戦国であるわが国においても，憲法第25条を定め，この「福祉国家」の理念
に基づき，失業，疾病等の生活リスクなどに対応し，国民の生活を安定・向上
させることを国家の責務とする社会保障制度を成立させた。

　わが国の社会保障制度は，国民生活を守る社会的安全網＝セーフティネット
という視点で見れば，三つの構造に分けられる。

　まず，第一は広義の社会保障に位置づけられる，失業防止・雇用安定を目的
とする雇用対策，および生活の根拠を確保し，居住を安定させる住宅対策（住
宅手当，公営住宅等）があげられる。

　次に，第一のセーフティネットとして，疾病や失業などの生活リスクへ保険
料等を相互に負担して備える社会保険制度がある。これは，国等公的機関が保
険者となって，一部税金を投入し国民・住民，企業等が加入者となって保険料
を負担し，互いに失業や疾病，介護などの生活上のリスクに備え，共に支え合
って貧困を予防する制度である。社会保険制度は，失業・労災に対応する労働
保険（雇用保険・労災保険），障害や老齢時の収入減少に対応する年金保険，疾
病に対応する医療保険，介護需要に対応する介護保険の五つの社会保険で構成
されている。

　第二のセーフティネットは，基本的に税金によって賄われる制度であり，他
の制度ではカバーできない需要に応えて生活を守るものである。社会防衛的な
意味をもつ感染症予防などの公費医療，所得保障や医療保障で対応できない個

第1章　格差・貧困・ホームレス　**39**

別の必要に応じる保健や対人福祉サービス，そして低所得対策として行われる児童手当などの社会手当や低利融資の生活福祉資金貸付制度，そして2015年から施行された生活困窮者の自立支援制度である。

これらのセーフティネットから漏れ出た人々に対応し，社会保障制度全体の最後のセーフティネットとしての役割を担っているのが生活保護制度である。

この3層のセーフティネットによって，本来国民は守られ，憲法第25条に定められた健康で文化的な最低限度の生活を維持できることになっている。

とりわけ，その最終ネットである生活保護の制度的枠組みがどのように設定されているかにより，国民生活がどの範囲でどの程度保障されるかが決まる。

▶ 貧困に対応する生活保護制度

生活保護制度は，日本国憲法第25条に定める「すべての国民は健康で文化的な最低限度の生活を営む権利を有する」という生存権の規定を具体化する制度である。生活保護制度は，生活保護法（以下，「法」）により実現されるが，法は，国の責任において「健康で文化的な最低限度の生活」のために必要な扶助等を保障し，併せて自立を助長することを定めている。

法は，保護を行うに際して，困窮の理由等で差別的な取り扱いをしてはならないこと（無差別平等の原理），その前提として，保護を受けようとする者が「自らの資産や能力その他のあらゆるものを活用してもなお生活が維持できなくなった人（世帯）」であることを調査（ミーンズテスト）するよう求めている。この調査によって，年金や就労等の収入や親族による援助等のすべての収入の合計額が，国が定めた最低限度の生活費を下回る場合は保護が適用され（最低生活保障の原理），最低限度の生活費から収入を差し引いた差額が支給される（補足性の原理）という制度設計になっている（図4）。

※収入：就労による収入，年金等社会保障の給付，親族による援助，交通事故の補償等。

厚生労働省の「社会福祉行政業務報告」によると，わが国の保護受給者数はバブル崩壊後の1992年度から増え続け，2015年5月に生活保護を受けている世帯（以下，「被保護世帯」）は，162万2,458世帯，217万4,331人となり，過去最多を更新し続けている（図5）。

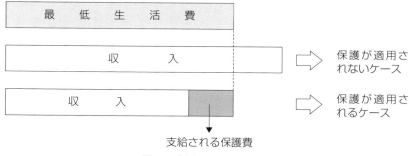

図4　生活保護の制度設計

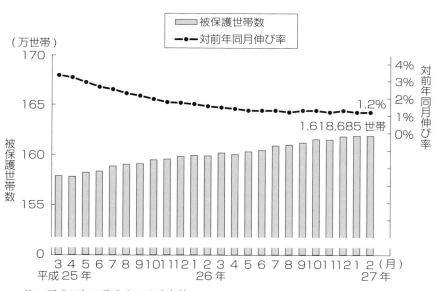

注：平成26年3月分までは確定数

図5　被保護世帯数（各月間）と対前年同月伸び率

第1章　格差・貧困・ホームレス　41

世帯類型別に見ると，高齢化の進展や核家族化等を反映して無年金，低年金の高齢者世帯（男女とも65歳以上の世帯，またはこれらに18歳未満の未婚者が加わった世帯）が全体の約49％にあたる78万6,634世帯で最も多い。長引く不況を反映して，働ける世帯を含むその他の世帯が27万6,801世帯，傷病者世帯が25万8,177世帯，障害者世帯が18万7,628世帯，母子世帯が10万5,442世帯となっている。

▶ 生活保護制度の課題

① 社会保障制度全体の課題

現在，生活保護受給者は217万人を超え，総予算も３兆7000億円を超えようとしている。ここまで生活保護受給者が拡大してきたのは，たんに不況の長期化や高齢化といった問題だけではなく，社会保障制度に課題があるからにほかならない。広義社会保障制度の雇用対策と住宅対策，それぞれ失業後の再就職支援の強化や住宅喪失の防止策などが機能していれば，長期失業やホームレス状態にならずにすむ人たちは数多くいる。また，第一のセーフティネットとしての社会保険・社会福祉のネット，たとえば失業給付の範囲拡大や児童手当の拡充などそれぞれカバーできる範囲を拡大していけば，最後のセーフティネットの生活保護によらずとも地域でくらし続けていくことは十分可能である。

その意味では，新たに始まる生活困窮者に対する新しい法律（生活困窮者自立支援に関する法律）が実効性ある対策を行うことが求められている。

② 生活保護制度の課題

失業率は横ばいとなったが，年金制度への信頼は著しく低下している。これらを背景に生活の困窮を訴える国民が増加し続け，生活保護制度への関心はいやがおうにも高くなっている。生活保護制度が，国民の信頼を得て「最後のセーフティネット」としての役割・機能を将来にわたり果たし続けていくためには，保護が必要な人には速やかに，かつ適切に保護を適用する必要がある。また，経済的に保護から脱却できる人には就労その他の支援を効果的に行うことが必要であり，疾病，障害等により経済的な自立が困難な人でも生活保護制度を活用しながら日常生活や地域社会でその人の力に応じた自立を促進していくこと（自立支援の拡充）が福祉制度としての生活保護の運用には求められている。

しかし，現実には病院を退院後，「働く能力がある」として「保護を打ち切

られ」，「おにぎりが食べたい」と言って餓死した北九州市の事例や，何千万という タクシー代を騙し取った北海道滝川市の事例など，適切な運営がなされていない事象も散見される。生活保護制度などの社会保障の諸制度が人々の生命と生活を守るセーフティネットとして機能していればこそ，人々は，働き，勇気あるチャレンジができるはずであり，その拡充と適切な運用が求められる。

4 ホームレス問題から見る現代の貧困問題

　公園や駅，道路，河川敷などで，テントや小屋などでくらすホームレス状態に陥った人たちが，私たちの日常性活の中に当たり前のように存在するようになってから久しい。これらの人々の生活困窮の問題と公共施設に起居していることによる社会的影響を解決するために「ホームレスの自立の支援等に関する特別措置法（平成14年8月7日法律第105号）」が制定され，さまざまな対応が取られてきた。

　厚生労働省は，これらの成果などによって，2014年には7,500人強となり，初めて「ホームレスの実態に関する全国調査（概数調査）」を実施した2001年の2万4,000人余に比較すると3分の1以下になったとしている。

　しかし，路上には高齢者や障害認定を受けていない障害者がくらし，ネットカフェ等には非正規雇用の若者が生活をしている。これらのホームレス状態に陥った人たちの実態から，現代の貧困問題を考える。

▶ ホームレス問題とは

　当たり前のことであるが，ホームレスという人はいない。失業，家族の解体，さまざまな「状況」によって，仕事や住むところを失いホームレスという「状況」に陥り，生活に困窮する人をホームレスと総称しているに過ぎない。

　本来，わが国では生活に困窮すれば，前節で述べた社会保障制度が機能して，路上に寝泊りし，日々の食にも事欠くような状況には陥らないはずである。ホームレス状態とは，これら貧困を防止できるはずの制度が十分機能していないことなどを理由に地域社会から路上に押し出されたことを示している。さらに，東村山市で起きた子どもたちによるホームレス襲撃事件は，ホームレス状態に

第1章　格差・貧困・ホームレス　**43**

ある人に対する偏見や差別の裏返しであるだけでなく，私たちの社会のありようを映し出している。ホームレス問題を考えることは，わが国のセーフティネットの現状や社会の意識を根本から考えていくことに他ならない。

▶ 誰がホームレス状態にあるのか

ホームレス状態に陥る人たちとはどのような人たちなのであろうか。2012年，厚生労働省が実施した全国ホームレス実態調査（以下，「全国調査」）報告書は，「ネットカフェや簡易宿泊所などで寝泊まりしている人々，家賃を滞納してアパートから退去させられる寸前の人々，契約満了になれば会社の寮から退去しなければならない人々，病院や刑務所から退院・退所しても行き先のない人々など，いわゆる広義のホームレス」の中から，ある層は路上へ移動し，別な人たちは施設利用に至っていると指摘している。稲葉剛は，これら広義のホームレスと現に路上でくらす人を「ハウジングプア」と名づけ，「貧困ゆえに居住権を侵害されやすい環境で起居せざるをえない状態」と定義しているが，これらハウジングプアの全体数などをとらえた調査は存在しない。しかし，一方でホームレス状態に陥りやすい人たちには一定の共通する傾向があることも明らかになっている。その第一は，不安定な居住状態にある人たちである。稲葉は，これをさらに類型化し，「家はあるが，居住権が侵害されやすい状態」，施設や簡易宿所居住の「屋根はあるが，家がない状態」のパターンなどをあげている。第二は，非正規雇用・不安定就労状態にある人たちである。全国調査では5割弱，路上対策施設利用者調査では約7割が，路上生活直前に日雇い労働や非正規雇用で働いていた。第三は，非婚・未婚，離死別等による単身世帯など，血縁，地縁からの支援が期待できない状態にある人たちである。これらの要件が重なり合う中で，疾病や失業，離婚，多重債務といった事態や，リーマン・ショックのような社会変動が加わると容易に仕事や住居の喪失が起きていたことが示されている。

▶ ホームレス状態にある人たちの福祉ニーズ

① 疾病を抱えて

現に路上でくらす人たちの喫緊の課題が生命をつなぐ食事，住居などの確保

充足であることは間違いないが，健康状態に課題を抱えている人も少なくない。全国調査によれば健康状態が「悪い」と答えた人は26.2%であるが，疾患等の内容については全国調査からは必ずしも明確になっていない。しかし，ホームレス状態の被保護者を多数受け入れていた東京23区が設置する生活保護施設に入所した人たちの健康状態調査等では，若年者から高齢者に至るまでどの年代でも高血圧，糖尿病，心疾患などの生活習慣病といわれるような疾患の罹患率が極めて高い。

「病気・けが・高齢で仕事ができなくなった」ため，ホームレス状態となった人が2割前後存在しており（厚生労働省，2012），このことは，ホームレス状態になる以前の生活，就労の状態が医療や福祉の支援を要する状態にあったことを示している。この要支援状態が看過され，ホームレス状態になることによってもたらされた生活習慣が健康や生活状態をさらに悪化させている。それらの結果，保健や福祉のニーズがさらに重篤化していったことが見て取れる。

②　障害とともに

さらに，東京23区の生活保護施設に入所する際に必要とされた生活相談一時保護所（現更生施設しのばず荘）の心理判定統計では，20〜30%が軽度，または境界領域の知的障害とされていた。しかし，そのほとんどが愛の手帳（療育手帳）を保持していなかったと指摘している（松江他，2009）。

2008年末に豊島区池袋で活動する支援団体TENOHASIが実施した精神科医の診察では，アルコール依存症やうつ病など41%の人がなんらかの精神疾患を抱えていたとされ，精神科医や臨床心理士らによる調査では，34.2%が軽度の知的障害が見られたと述べている。

障害者の多くは，障害基礎年金が主な収入となっているが，それは軽度の人で老齢基礎年金相当額，重度の人はその1.25倍となっている。そもそも国自身も，この老齢基礎年金額ではくらせないことを認めている。しかし，就労による収入確保が困難な障害者は，他の援助がなければ「くらせない」状態に置かれたままとなる。この結果，みわよしこは，その著書『生活保護リアル』の中で「障害者が地域生活を継続するためには，『親族扶養』『生活保護受給』以外には，生計の道がない」としている。さらにみわは，障害者の就労に関して，障害者が従事することが多い福祉的就労に対しては「最低賃金法は適用されな

い」ため，「2010年度，作業所の工賃月額の全国平均は，約1万3000円」にとどまっていることを指摘している。これらの現実は，障害者が親の支援を受けられない場合，あるいは生活保護を受けかつ障害福祉サービスに適切に結び付かなかった場合，容易に生活が困窮し，地域生活の継続が困難になることを表しており，その先に路上生活が存在する可能性を明確に示している。

③　高齢期の困窮

　高齢期のホームレス問題を考えるにあたり，冒頭の太郎さんの事例をもう一度想起してみよう。

高齢期の雇用　バブル崩壊後の景気悪化のため，コスト削減をめざす企業は，海外進出等を積極的に行った。このため，第二次産業の労働者の需要が減少した。併せて人件費コストの削減を雇用の流動化に求め，製造業派遣等，派遣社員や外国人労働者を導入していった。これにより若年かつ安価な労働力が供給されたため，冒頭の太郎さんのような年齢の高い労働者は職を失い，再就職もままならなくなった。

　失業や倒産した人たちの受け皿となった建設日雇などは，公共事業が抑制される中で縮小し，受け皿たりえなくなり，住居が不安定な場合（社宅，住み込み等），失業がホームレスになることにつながる。太郎さんは，産業や雇用環境の変動の中で失職したが，定まった住居を有さないため，前節で述べた社会保障の広義のセーフティネットである雇用対策での職業転換のための技能訓練などが受けられない。

年金問題　太郎さんは年金を得ていたが，極めて低年金だった。老齢基礎年金権を得るのに必要な原則25年の高いハードルを越せても，2015年現在6万数千円の基礎年金ではくらしていけない。また，零細企業での雇用や非正規雇用も多く，低賃金であったため，報酬比例の老齢厚生年金の受給額は少ない。

医療・介護問題　太郎さんの妻は医療保険による医療を受けられたが，高額の自己負担に対して，太郎さんは貯蓄を使い果たし，借金をせざるをえなくなった。第一のセーフティネットの医療保険は，自己負担の多さなどを考えると貧困の防止になっていなかった。

貸付制度　太郎さんは年金担保の貸付制度を活用していたが，その他にも医療費などに対応する貸付制度は存在するが，十分な情報提供がなされていない。

生活保護制度　最後のセーフティネットである生活保護制度なども，本来は窮迫時の運用が可能であるにもかかわらず，十分な情報提供や実態に応じた運用が行われなかったため，太郎さんが必要とする給付に即応はできなかった。

　これらの結果として，太郎さんはホームレスになるしかなかったという状況に陥っている。まさに，制度は用意されているがその隙間が極めて大きく，また，制度の運用にも課題があったことは間違いない。

▶ 再チャレンジの困難さ

　一度住居を失いホームレス状態になり，生活に困窮すると，在宅にあって困窮した状態とは明らかに異なる状況が発生する。それは，住居，居所を失うことによって社会保障のほとんどの機能から排除されてしまうことである。ほとんどの制度が，社会保険も福祉制度も公営住宅の入居も「住民」であることが制度適用の要件である。一度ホームレス状態になり，住民登録がなくなってしまうと，生活保護や公衆衛生以外の施策はほとんど使えない。それだけではなく，年金や郵便の受け取りもできず，銀行口座もつくれない。すなわち，ホームレス状態になると，仕事を見つけ，住宅に住まうために足がかりとなるべき社会保障の諸制度などがほとんど機能しない。まさに「住民」外の「住民」となり，社会的無権利状態に陥り，ホームレス状態からの脱却はますます困難になる。

▶ ホームレスへの支援と権利擁護

　わが国のホームレス問題の背景には，社会保障制度に不備等があり，この社会保障制度の不備はまさに国民の最低生活を保障する権利を侵害するものである。ホームレス生活に陥らせ，長期化させるような制度の現状や対応は，路上に人を押し込め，人としての尊厳を侵害していることに他ならない。

　それゆえ，ホームレス状態から脱却，脱出を支援することは，そのすべてが権利擁護といえるが，その支援内容を整理すると次のようになる。

① 住宅確保

　ホームレス状態に陥った人に対する支援の第一歩は，住宅を確保することである。住まいを確保することによって住民登録が可能になり，「住民基本台帳

カード」が発行され，身分が証明される。すると，これをもとに銀行口座が開設でき，携帯を購入することもできる。また，住民票を置くということは，サラ金などから多重債務を負っている人には，督促が来てその問題と直面せざるをえない状態となる。このため，法律相談等を活用し，自己破産など法的な整理を行うきっかけにもなる。ホームレス状態になって間もない人の急迫状態の解消には，自立支援センターなどの施設を活用することも可能であるが，近年は生活保護を活用してアパートで保護を受けるということもできるようになってきた。

② 就労の確保

就労の確保は，収入を得て経済的な自立を図るだけではなく，仕事を通して社会関係を切り結んでいくこともできるため，ホームレス状態を脱却する上で極めて重要な支援である。就労支援は，新たな職場環境に適応するための技能講習や職場体験講習なども実施し，円滑に職場への導入を行うことが必要となっている。なお，この就労の確保ができるまでの間の生活を支える仕組み（さまざまな貸付制度や生活保護）の適用は不可欠である。

③ 関係の回復

家族や地域から孤立し，ホームレス状態になった人が，地域で自立的にくらすというのは，たんにアパートでくらし，食べ物やくらし方を自分で選択し，自己決定する状態になればよいというものではない。むしろアパートへの移行は，孤立した生活となって孤独死する危険性すら孕んでいる。ホームレス状態にあった人が地域生活を継続するためには，地域の中で見守りや安否確認，情報の発信や受信がなされるような支援関係が必要であり，訪問相談等による支援を実施することが必要となってくる。また，長年途絶した家族関係や友人関係などをじっくり回復していけるように支援していくことも重要である。

5 成熟した社会とは

貧困やホームレスという状態は，冒頭に述べたとおり解消すべき問題である。家の中で人間がくらすのが当然であり，人はすべて自己責任でくらせるわけではない，という基本的な意識がないところでは，路上でくらすホームレスの人

48 第Ⅱ部 福祉の現状と課題

たちや失業して生活に困窮する人は「ダメな人」「だらしがない人」「劣った人」といった偏見が蔓延する。子どもたちがホームレスの人たちを「襲撃」し，派遣労働者を安易に使い捨てにする社会は，どこか共通点がある。貧困やホームレス状態にならないように制度をつくり，誰もが安心して生活ができるように運営し，そして万が一ホームレス状態になったとしても速やかにその状態を解消できるようにするのは，私たちの社会の責務である。また，社会には多様な人がおり，さまざまな状態でくらしていることを認め合うことができるかどうかは，私たちの社会がどの程度成熟しているのかを測るバロメーターである。

〔参考文献〕

阿部彩（2011）子どもの貧困，大阪弁護士会編『貧困問題がわかる』明石書店

岩田正美（2007）『現代の貧困』ちくま新書

岩田正美（2008）『社会的排除—参加の欠如・不確かな帰属—』有斐閣

岩田正美・武川正吾・永岡正己・平岡公一編（2003）『社会福祉の原理と思想』有斐閣

杉村宏（2002）『公的扶助—生存権のセーフティネット—』放送大学教育振興会

藤川太（2006）『サラリーマンは2度破産する』朝日新書

みわよしこ（2013）『生活保護リアル』日本評論社

● コラム①：六郷の小さな旅　六郷フィールドワーク
―多摩川河川敷でくらす人たちとの出会い―

　東京都と神奈川県の県境を流れる国一級河川の多摩川は，地元では河口付近で名前を変え「六郷川」と呼ばれる。これは平安時代に近隣の国衙領に六つの郷（行政単位）があったことに由来している。

　六郷川の河川敷は広大で，土手には春は桜，秋にはコスモスが咲き乱れ，野球グラウンド，テニス場，サッカー場などが整備され，運動公園として区民の憩いの場となっている。

　休日には大勢の家族連れや若者が集い，スポーツに汗を流し，応援に歓声を上げている。しかし，その目と鼻の先に，実は200人近くの人たちがホームレス状態となって，ブルーテントや小屋を建ててひっそりくらしていることを知る人は少ない。

　六郷河川敷でブルーテントや小屋でくらす人たちは，失業し，住居を失い，仕事と住む場所に困って河川敷にやってきた50～60代の男性が中心である。河川敷から建設日雇いの仕事に通い，空き缶を集めて売ってくらす人が多い。河川敷に住む人の朝は早い。日雇い仕事の人は，仕事を紹介してもらうため「手配師」に会いに，朝3～4時に六郷橋を川崎側へ渡る。空き缶集めをする人は，前日深夜から「資源ごみ」の回収日の地域をめざして自転車を漕ぐ。空き缶は，多いときは40kgを荷台に載せ，お昼までに六郷に戻り，缶をつぶして回収業者に持ち込む。日雇い仕事に「アブレ」て，あるいは空き缶を売って眠りにつくのは昼過ぎになる。よく「ホームレスの人たちは怠け者」「昼間からごろごろしている」という言葉を聞くが，実際にここにくらす人の多くは「怠けている」という言葉はあたらない。

　河川敷に住む人たちと私たち「みそ汁の会」のメンバーの出会いは15年以上前。地元の福祉事務所ケースワーカー有志がテントを回って声をかけ，「みそ汁」を配りながら相談に応じたことが契機である。その後，近隣の住民や学生，

行政関係者や福祉関係者と幅広い参加が得られている。メンバーは月2回，第二・第四の日曜日に河川敷のテントを一軒一軒訪問し，「お元気ですか」「変わったことはありませんか」と声をかける。仕事をしたいという人には，都区が行う路上生活者対策事業の案内を，健康状態に不安がある人には，福祉事務所を紹介するなど相談の内容はさまざまである。最近は「年金の相談をしたいから……」と訪問を心待ちにしてくれる人や，福祉事務所へ相談し「アパートに入れた」と報告に来てくれる人もいる。逆に前回の訪問で元気だったのに亡くなった人を発見し，暗澹たる思いになったこともある。

　リーマン・ショックは河川敷に住む人たちの生活をも直撃した。マンション建設が激減し，建設日雇い仕事はほとんどなくなり，金属相場が暴落し，空き缶の回収価格も急落した。仕事や収入が途絶え，1日1食で過ごす人もいる。そんな生活をしながらも河川敷には犬や猫を飼っている人たちが少なくない。これらの犬や猫のほとんどは心ない飼い主に河川敷に捨てられたものである。河川敷に住む人は，寒さや不安に打ち震える犬たちを「他人事とは思えず」自分のテントに招き入れ，自分の食事を削ってもつらい思いをさせたくないと思ったという。猫を抱いて「家族」ができました，と屈託なく笑う姿は河川敷に住む人たちの本来の姿を示しているように感じられる。

　訪問活動に初めて参加するメンバーは河川敷にくらす人と出会い，異口同音に「普通の人ですよね」と言う。ホームレスという状態はたまたま「目の前の人」がなんらかの要因で陥った状態だということに気がつく瞬間である。
　これらの人たちが河川敷でくらさずにすみ，万が一ホームレス状態になったとしても速やかに地域へ戻れる社会や仕組みをつくっていく必要がある。

〈大迫　正晴〉

第2章

エイズをめぐる諸問題

池上千寿子

1 HIV：21世紀の大課題

> 新規 HIV 感染は年間200万件。エイズ関連死は年間120万件。これまで
> のエイズ関連死は3,900万件。現在の HIV 陽性者総数は3,690万人，うち
> 抗 HIV 剤により治療中の HIV 陽性者は1,500万人。

　これは UNAIDS（国連エイズ合同計画）が報告した2014／15年の統計である。
抗 HIV 療法の普及によりエイズ関連死は減少傾向にあり，抗 HIV 療法へのア
クセスは国際的努力により増加してはいるものの，HIV 陽性者の半数はいま
だに治療にアクセスできていない。新規 HIV 感染はいまだに年間200万件にな
る。

　1981年にエイズが初めてアメリカで報告されてから35年たらずで，すでに
HIV 感染で死亡した人は3,900万人にのぼり，現に HIV と共に生きている人は
3,690万人と報告されている。言い換えるとすでに7,000万人超が感染したこと
になり，地球人口を60億とすれば100人に1人ということになる。

　特に性的に活発になる若者が感染しやすいということは，社会を支える中心
層が感染するということであり，社会的経済的な打撃は少なくない。しかも
HIV 感染の予防に長期にわたって成功した社会は残念ながらまだない。この
ために HIV 感染予防は21世紀の国際的大課題となっている。

　1997年から抗 HIV 剤による治療（抗 HIV 療法）が開発され，HIV 感染すなわ

ちエイズを発症して死亡する，ということではなく，HIV に感染しても治療によりエイズを発症しなくてもすむという可能性をもたらし，医学的には他の慢性疾患と変わらない管理可能な疾患へと変わったことになる。「HIV 感染＝エイズ＝死」ではなく，HIV 感染は HIV と共に生きる生活のスタートという意味に変わったといえる。医学的な貢献は実に大きい。しかし，HIV と共に生きる時間が長くなるということは，新たな問題を浮かび上がらせる。それは社会が HIV と共に生きられる環境をどう整備できるか，という問いにつながる。また，抗 HIV 療法はワクチンによる完治ではない。ウイルスに薬剤耐性を起こさせずその増殖をいかに抑え込むかウイルスと薬剤との戦いは熾烈であり，長期療法によって初めて深刻な副作用もわかってきたりする。感染症は社会的疾患であり，医学だけでは解決できない。治療法の開発と普及が改めてそのことを教えてくれる。

2　エイズの発見とスティグマの発生

▶　5人の若いゲイの男性から始まった

1981年，アメリカで若いゲイ男性5人が若年には見られないとされていたカポジ肉腫を発症して死亡という報告があり，相次いで同様の事例が発見され「現代の奇病」あるいは「ゲイの癌」と呼ばれた。これがエイズの始まりである。原因も不明で治療法もない「死に至る怖い病」ということで，患者は診療を拒否されケアもされずに放置され，あげくにゲイは社会を滅ぼす敵だと言わんばかりの社会的偏見・差別が強化されてしまった。

実は，1983年には原因となるウイルスが特定され，主に血液か精液経由で感染することがわかった。そしてすぐに，この「奇病」は HIV（ヒト免疫不全ウイルス）の感染による AIDS（後天性免疫不全症候群）であると，その正体が明らかになった。この医学的な対応は迅速である。ウイルスとその感染経路が明らかであれば，少なくとも予防の手段を講じることができ診療もできるはずである。わけのわからぬ怖い病ということではなく冷静な対応が可能になる。

しかし現実には，冷静な対応とは程遠く，患者やその家族に対する人権侵害や排除が横行してしまった。なぜだろうか。

第 2 章　エイズをめぐる諸問題　53

▶ 血友病者とゲイ：わたしではなく「彼らの問題」

HIV が最初に広まった集団はゲイだけではなかった。血友病の人たちが治療に使う血液製剤が HIV に感染していたために血液経由の感染が起こっていたのだ。血液製剤を加熱すれば感染を防げるのだが，非加熱の製剤では感染を起こしてしまった（アメリカは使用しなくなった非加熱製剤を日本に輸出し，日本はその危険性を知りつつ加熱製剤への切り替えが遅れたために血友病者の40％近くが感染してしまうことになる。この問題は「薬害」として1989年訴訟となり1996年に和解）。

つまり HIV 感染はゲイの男性と血友病患者の間から始まった。このことがこの新しい感染症に対する冷静な対応を遅らせてしまう。たとえばインフルエンザのように「誰もが感染しうる」のではなく，特定の集団だけが危ないのだ，という誤解をまず与えてしまった。しかもその特定の集団は社会的にはきわめて少数派で，さらに，この少数派と多数派の間ではまじり合うことがない。血友病は母親の血友病因子で男子が発症するもので，後天的に血友病にはならない。ゲイでない男性にとっては自分がゲイになる可能性はほとんど考えないだろう。つまり多数派にとっては「関係ない」ですまされる少数派であり，自分たちには可能性のない「彼らの問題」になる。

▶ 性感染のスティグマ：お気の毒と自業自得

こうして少数派の「彼らの問題」としかとらえられなかったエイズは，さらなるスティグマ（恥の烙印）を負わされることになる。それは，血液感染は「気の毒」だが，性感染は「自業自得」という感染経路による分断である。

自分の体内に取り入れたものが体内で異変を起こす，これを自業自得というのであれば，疾患はみな自業自得である。それは当たり前のこととして医療はあるし，だから異物の侵入を予防しようということにもなる。自業自得なのだから自己責任であり，放置してもよいということにはならない。しかし，こと性がからむと事情がちがってくる。そもそもゲイであることは不自然なのだ，犯罪である，罪なのだというような社会的な態度や規範が強いほど，問題（責任）は本人（ゲイであること）にあるのであってウイルスではないと切り捨てられてしまう。

同性同士の性関係がそもそも許容されないのだ。疾患以前の話なのである。では異性間ではどうか。異性間の性感染でもやはり「よくない性関係＝売買春，風俗」が原因だというレッテルを貼られてしまう。

1987年，日本女性で初めてエイズ患者が報告されたのだが，メディアは彼女が神戸の売春婦であると報道した。ギリシャの船員が彼女に感染させ，彼女は1,000人の日本男性と関係をもったといわれた。メディアはさらに死んだ彼女の遺影を盗み撮りして公表した。彼女とセックスをした覚えのある日本男性は検査に行け，という脅しである。遺影の盗み撮りとその公表というのは明らかな人権侵害である。これに対して，社会を感染から防衛するためには売春婦1人の人権は軽視してもよい，というのが社会防衛的な公衆衛生対策なのである。

実は彼女は売春婦ではないことが後に裁判で明らかになった。つまりこの事件は「ガイジンが売春街に新たな性病を持ち込み，売春婦を通して国内に広がる。排除すべきはガイジンと売春である」という古典的な性病侵入イメージをメディアがエイズに強引に当てはめた結果のことなのだ。性感染はそもそも許容されない性関係が原因で，それに従事している人が悪者なのだという偏見を鵜呑みにして強化したわけである。

ウイルスは国籍や職業や関係性を選んで感染するわけではまったくない。予防しない性行為があれば誰にでも感染の可能性はあるのだが，社会や人々はそのようなウイルスの理屈には対応しない（できない）のである。

ちなみに，女性HIV陽性者が男性を上回るサハラ以南のアフリカでは，感染した女性の大半は主婦であり，性的パートナーは夫1人なのである。その夫にウイルスがあれば予防のない定期的な性関係は最も感染リスクが高くなるのである。これがウイルスの理屈であり，ウイルスと性的モラルは関係がない。しかし社会や人々が性感染を性のモラルの問題にすり替えてしまうのである。

特定のすでに社会的弱者であった病者やすでに誤解や偏見をもたれていた性的少数派からの「恐ろしい病」として始まり，性感染というノックアウトパンチを受けたこと，これがエイズとスティグマを強烈に結び付けてしまった。

第2章　エイズをめぐる諸問題　55

3 HIV 感染の仕組み

▶ 感染しても気づかない

HIV は免疫を司るリンパ球に侵入し，その中で増殖してリンパ球を破壊し，その結果免疫の機能を徐々に低下させてしまう。そのまま放置すると免疫の力が衰えてさまざまな症状や疾患が現れる。典型的なのはニューモシスティス肺炎，カポジ肉腫，リンパ腫，エイズ脳症などであり，そのような症状が出るようになるとエイズと診断される。

HIV 感染ではふつう感染初期に症状は出現しない。風邪のような症状が出ても自然に治まるので検査や治療には至らないことが多い。したがってたいていの場合，本人は感染に気づかない。そして免疫が十分に衰えてエイズと診断されるようになるまで10年はかかるといわれていた。最近，数年で発症する例や20年も発症しない例などが報告されている。

▶ 感染の経路は粘膜から

HIV に感染するとリンパ球を含む体液に HIV が存在することになる。涙，唾液，汗などにも HIV は存在するが感染力はない。感染力をもつほどの HIV 濃度をもつ体液は，血液，精液，膣分泌液，母乳である。したがって血液，精液，膣分泌液，母乳を体内に取り入れなければ予防できる。HIV をもつ血液や精液を皮膚に浴びてもふつう感染しない。HIV は直接血流に送り込まれる必要がある。

HIV をもつ精液が相手の血流に入る窓口は皮膚ではなくて粘膜である。では性的に精液を受け取りやすい粘膜とは何か。それは膣の内壁，ペニスの尿道口，咽頭，直腸の内壁である。つまりペニスを膣，肛門，口腔内に挿入して射精する行為は感染経路になりうる。したがって感染予防にはコンドームを使用して精液が粘膜に触れないようにすればよい。

▶ 検査とその結果の意味

HIV に感染しても自分では気づきにくい。しかし HIV が侵入すれば HIV 抗

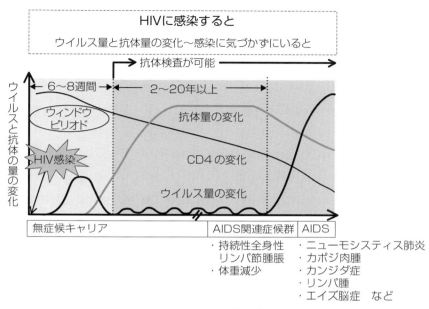

図1　HIV に感染すると

体ができる。そこでこの抗体の有無を調べて感染の有無を判定するのが HIV 抗体検査である。日本では保健所や検査所で無料・匿名で抗体検査を受けることができる。しかし，図1で示したように測定可能な抗体ができるのは感染後6－8週間経ってからである。つまり感染の可能性のある性行為の後6－8週間を経なければ感染の有無はわからない。

　言い換えると抗体検査で陰性という結果が出た場合，それは「6－8週間前までは感染していなかった」ということにすぎない。また HIV の感染力は肝炎ウイルス等に比べて弱く，感染の確率は1％程度といわれている。したがって陰性であってもそれまでの性行為がすべて安全であったという証拠にはならない。つまり，陰性であっても常に予防していなければいつ陽性に転じるか不明であるということなのである。

　一方，陽性である場合，すでに感染は生じているわけで，さらに HIV を取り入れないことが重要になる。したがって今後留意すべきは，陰性の場合と同

じく常に予防することなのである。

4 予防の難しさ—性の健康の促進に向けて—

▶ 曖昧な予防情報

HIV 感染の有無にかかわらず，誰にとっても予防がまずは重要であること
を述べた。HIV の性感染を回避するには 3 つの方法がある。第一は，相手が
誰であれ他者との性的接触をいっさいもたないこと。これならば性感染は起き
ないが，生涯を通して貫かなければ意味はない。第二は，性行為をする相手を
お互いに生涯 1 人と定め，そのとおり実行すること。これまたきわめて難しい。
たとえ自分の性的パートナーは生涯 1 人であっても，相手がそうでなければ意
味はない。相手にもしウイルスが入り込めば予防しない性行為を繰り返すほど
感染のリスクは逆に高くなる。第三は，相手が誰であれ関係がどうであれ，性
感染予防（コンドーム使用）を習慣化することである。感染リスクはゼロにはな
らないが，これが最も現実的で有効な方法である。

性感染予防の難しさの一つは「相手がいる」ということである。自分の意志
だけで実行できるとは限らない。しかも，性感染予防の情報としてまず登場し
たのは「不特定多数の相手とのセックスが危険」というメッセージであった。
これが，相手を選べばよいのではないかという誤解を助長してしまった。不特
定多数すなわち売買春や風俗が危険であり，特定の恋愛関係なら大丈夫ではな
いかという思い込みである。

ウイルスは人を選ぶわけではない。相手の数や関係性をウイルスは問わない。
たとえ相手が多くとも毎回予防していれば感染リスクは低い。しかし，性感染
を性のモラルと結び付けるという個人や社会の態度が具体的な予防情報を阻ん
でしまう。

▶ 知識だけでは予防できない

感染予防という行動は「自分にも感染の可能性がある」という動機づけが必
要である。「自分は大丈夫だろう」「自分には関係がない」と思っていればいか
に予防知識があっても行動には結び付かない。これはあらゆる疾患の予防に言

58　第Ⅱ部　福祉の現状と課題

えることだが，性感染の場合はさらに予防がマイナスのイメージを伴いがちなのである。

　残念ながら性感染のイメージは，性産業や同性愛など特定のしかも社会的に容認されているとはいえない性関係に結び付けられているので，予防を実践すること自体「相手にどう思われるだろうか」ということを意識してしまいかねない。特に男女の性関係では女性は男性に従う方がよい，というようなジェンダー規範が強いと，女性は自らコンドームを準備するというよりも相手に任せるという行動の方を選びがちである。つまり，予防行動が個人としてだけではなくジェンダーや社会的性規範に影響を受けるので，個人の知識や意志だけでは解決しにくい。

▶ 性の健康と権利という視点

　性の健康世界学会（World Association for Sexual Health：WAS）は21世紀における性の健康に関する国際的合意文書として「モントリオール宣言」を発した（2005年）。これは WAS による「性の権利宣言」(1999年)，WHO による「性の健康と権利に関する仮定義」(2002年) を再確認してまとめられたものである。ここでは，「性の健康」の促進は，健全な心身（wellness）と幸福（well-being）の達成や持続可能な開発の実現における中核的課題であるとして，以下の8項目を掲げている。

① すべての人々の「性の権利」を認識し，促進し，保証し，保護する。

② ジェンダーの平等を促進させる。

③ あらゆる形態の性暴力および性的虐待を排除する。

④ セクシュアリティに関する包括的な情報や教育を広く提供する。

⑤ 生殖に関する健康（Reproductive Health）のプログラムの中心的課題は「性の健康」である，という認識を確立する。

⑥ HIV/AIDS や他の性感染（STI）の蔓延を阻止し，状況を改善する。

⑦ 性に関する悩み，性機能不全，性障害の存在を認識し，それらに取り組み，治療する。

⑧ 性の喜びは幸福（well-being）の一要素であるいう認識を確立する。

　この宣言は，すべての人間は性的存在であり，その存在を尊重され性的に健

康でいる権利をもつことを認識し，性の健康を促進するための社会的文化的障壁を克服しようとするものである。このような宣言が発せられるということは，多くの社会において性の権利・健康という視点が軽視されがちであることを反映している。

　2006年には国連エイズ特別総会（2001年）のレビュー総会で政治宣言が発せられ，HIVに関する「予防，治療，ケア・サポートへの普遍的なアクセスを提供すること」を先進国，途上国を問わず各国の課題とした。2001年の特別総会では，抗HIV剤を入手できない途上国への薬の提供を国際課題としていた。そのための国際的基金も発足し現在では1,500万人に届いているが，抗HIV薬の提供だけでは社会的疾患としてのHIV感染対策は不十分である。治療の前の予防および感染後のケア・サポートが重要なのである。

　UNADSは毎年12月1日を世界エイズデーとしキャンペーンを実施してきたが，2013年の世界エイズデー式典で新たに3月1日を「差別ゼロデー」と定めた。2015年3月1日，第2回差別ゼロデーには小冊子「ゼロディスクリミネーション―広げよう，届けよう―」を発行している。医学に比すれば，社会的な対応はきわめて遅々としていることの反映だといえる。

5　HIV と人権

▶　根拠のない差別的対応はエイズ対策を無効にする

　HIV感染では抗HIV剤による治療が可能になり，感染してもウイルスの増殖を抑え免疫の低下を遅らせることでエイズ発症に至らずにすむ可能性が出てきた。抗HIV剤は母子感染の低減にも有効であり，医療従事者が針刺事故などでHIVにさらされた場合には予防投与される。

　抗HIV療法により服薬中の陽性者のウイルス量が検出限界以下に抑えられれば，治療中の陽性者の感染力は低く抑えられる。これをTASP（Treatment as Prevention），予防としての治療という。これは陽性者を感染源として二次感染を予防するという意味合いである。日本では陽性者の治療は他国に比して進んでおり，陽性者の服薬率は高い。しかし，最近の日本の研究では陽性者のメンタルヘルスの課題が明らかになった。治療中の陽性者の自死が他の慢性疾患と

60　第Ⅱ部　福祉の現状と課題

比して多いと指摘する医師もいる。

HIV 感染にはいまだに偏見やスティグマが根強く，社会的には単なる慢性疾患としての対応ができていない。HIV 感染が判明した結果，本人が根拠のない不当な不利益を被ることがある。たとえば日本では以下のような例がある。

① 検査はするが診療はしない

病院で手術の前に必要であるからという理由で同意した術前検査でHIV 陽性が判明することが多い。しかしその病院では手術を受けられず特定の病院を紹介される。

② HIV 陽性者に対する就学や研修，就労の拒否

HIV 陽性だと告げたために専門学校での実習を断られる，採用を拒否される，解雇されるなど。HIV 感染は正当な解雇事由にはならないという判例が日本にはある。しかし，感染を上司に相談したら経営者に通報され，解雇はされなかったが閑職に追いやられ自主退職に追い込まれたという事例がある。

③ HIV 陽性者に対する社会的サービスの不足

HIV 陽性だと知って受け入れてくれる介護や養護施設，歯科医などのクリニック，職業訓練のための学校等が少ない。

▶ 安心して発見して安心してつきあえる社会と環境

UNAIDS は「エイズと人権に関する国際ガイドライン」を発行し，HIV 陽性者を差別しないこと，人権を尊重することこそが有効なエイズ対策には不可欠であると明記しているのだが，国連エイズ特別総会の国別報告書（2008年）によると HIV 陽性者への差別的対応を否定し人権を保障する基準や指標をもつ国はまだ33％にすぎない。反対に HIV 陽性者の入国を制限する法律をいまだに有する国は30もある。

UNAIDS は，HIV 検査はあくまでも本人の自発的意志によるものであり，十分な相談・カウンセリングを受けて同意する検査でなければならないとしている。つまり無断検査，強制検査，集団検査は人権侵害になりうるので「してはいけない」ことなのである。しかし，移住労働者などコミュニケーションに問題があれば無断検査は実行されやすい。妊婦など集団で把握しやすくかつ社

会的発言力の弱いグループには集団検査も行われやすい。人権ガイドラインは，社会的，経済的，政治的に弱い人々の人権を守る対策を訴えているのだが，現実には社会的弱者の人権は守られにくいのである。

医学的には「早期発見が早期治療につながる」というわけで，検査が推奨されるのだが，社会全体が安心して HIV の有無を検査し，陽性であっても安心して医療とつきあいながら社会参加を継続する，という環境が整っていないことが多いのである。

日本の調査（2009年）では，HIV 陽性で医療を受診し服薬しながら働いている人のうち職場に感染の事実を打ち明けている人は30％に満たない。そのために医療の受診や服薬に支障が起きることもある。周囲に「隠している」ことが長期になるほど，隠していること自体が最大のストレッサーにもなる。治療もさることながら誰もが安心して感染とつきあえるケア・サポートが不可欠なのはこのためである。

またケア・サポートがなく HIV 感染が判明すると，「不利益を被る」あるいは「性的に乱脈な人間と思われる」ということしか予測できなければ，予防も語りにくい，予防を実行しにくい，検査も受けにくい，という状況は変わらない。この意味で，予防とケアとは別々の課題ではなく，ケアの環境が整備されれば予防も促進されるという相互関係，車の両輪関係なのである。

6　課題の克服に向けて—HIV 陽性者と共に—

▶ HIV と共に生きている

エイズはそれ自体で恐ろしい病であり社会生活から排除されてしまうというパニック的反応を引き起こした。それだけでなく，感染経路によって社会的価値づけをされてしまった。血液感染は「お気の毒」だが性感染は「自業自得」というものである。感染経路によって人間社会が勝手に善悪の判断をしてしまった。

これは HIV というウイルスとはまったく無関係な社会の都合にすぎない。この理不尽な対応を覆したのはほかならぬ HIV 陽性者たちであった。彼らは被害者（血液感染）とか罪人（性感染）という勝手に押し付けられるレッテルを

拒否し，PWA（People living with AIDS）と呼ばれることを主張し，国際的に認めさせたのである。治療の進歩により PWA は PLHIV に変化した。エイズと生きるではなく HIV と共に生きるであり，HIV すなわちエイズとはかぎらないからである。この表現は画期的なメッセージとなった。つまり，どんな人間であっても，生きているということは Living with Something なのである。Something は HIV かもしれない，癌かもしれない，糖尿病かもしれない。Nothing という人間は存在しないのである。その意味で人間は誰しも平等な存在である。だからこそ，Something が何であれ人は支え合うことが重要なのだ。その Something に優劣やら偏見を押し付けるのは人間の傲慢ではないかというメッセージである。

　1994年パリでエイズサミットが開催され，そこでエイズ対策の最優先事項として GIPA が採択された。GIPA とは Greater Involvement of PWA の略である。この意味は，エイズの対策においてはその立案，計画，実践，モニタリング，評価において常に当事者たる HIV 陽性者がパートナーとして行政や専門家と共にかかわる必要がある，ということである。当事者は強力な資源であり，彼らとの協働なくして有効な対策は不可能であるという国際的な認識の表明であった。

　これはエイズだから特別なのではなく，実はあらゆる慢性疾患にとって有効な取り組み手法であろう。この新たな構図をどこまで保障でき，どこまで実践できるかがそれぞれの社会に問われている。「安心して病を発見して安心して病とつきあえる社会」とは予防とケアの環境が整っている支援的な社会である。そしてよりよい環境とは行政や研究者だけが考えて可能になるものではない。人々のニーズはどこにあり社会の課題は何なのか，当事者と共に探り出し，新たな方向を見出すことが重要なのである。

〔参考文献〕
池上千寿子（2011）『思いこみの性，リスキーなセックス』岩波書店
池上千寿子（2011）『21世紀の課題＝今こそ，エイズを考える』日本性教育協会
生島嗣，若林チヒロ他（2009）HIV／エイズとともに生きる人々の仕事・くらし・社会
　　―HIV 陽性者の療養生活と就労に関する調査結果報告―，厚生労働科学研究

UNAIDS（2014）Fact Sheet

樽井正義（2001）エイズと人権・社会構造に関する研究報告書，厚生働科学研究

第3章

老人医療と福祉

高橋龍太郎

1 生活を支える医療

▶ 療養病床の再編

医学から見た高齢者の最大の特徴は「複数の慢性疾患をもちながら生活している」ということにある。自宅で生活している高齢者の場合で考えてみよう。医療機関から処方された薬剤を服用すること，インスリンを自分で注射すること，貼付薬を交換することなどはたいがいの人が自分で行えるだろう。しかし，手技や手順がもっと複雑な腹膜透析，酸素吸入，褥そうや皮膚の処置などとなると家族や訪問看護師，医師のかかわりが必要になってくる。まして，高齢者自身に身体や精神機能の低下が見られるときや疾患の病状変化によっては医療的対応を必要とする高齢者向けの施設である療養病床を利用することも多い。

療養病床には，医療保険で費用を賄う医療療養病床と介護保険で費用を賄う介護療養病床とがある。厚生労働省は，介護療養病床を全廃，医療療養病床を削減する方針であったが，一部見直しが行われている。一方で，今までの病床を介護療養型老人保健施設に転換したり，有料老人ホーム（介護保険でいう特定施設）やサービス付き高齢者向け住宅（いわゆる「サ高住」）に改装したりできるよう費用の一部援助をして負担軽減を図っている。在宅医療の整備状況もさまざまある中，療養環境の在り方について模索が続いている。

▶ 慢性疾患の意味

このような動きに対して，行き場を失った長期療養高齢者が急増するのでは

ないかと危惧されている。新しい形の老人保健施設で行われる医療提供の質と量が未知数であるという不安や生活の場で医療を提供する在宅医療がたりないというのが主な理由である。住み慣れた自宅ばかりでなく，有料老人ホームやサービス付き高齢者向け住宅も生活の場であり，これらの場所で提供される医療は在宅医療である。医療ジャーナリストの露木は在宅医療の厳しい現実を分析し，「生活を支える医療」を考えるべし，と提案している[1]。この露木の指摘は核心を突いている。急性期医療を中心とする現在の医療体制は専門医養成過程を経た医師が担っており，個々の疾患に焦点を当てる専門＝特定・特殊領域の医療にはうまく対応できても，まるごとの生活にかかわる総合＝包括的医療を行うことには不向きである。これを医学の言葉で読み替えると次のようになる。現代医学は「慢性疾患論」をその医学教育体系の中にほとんどもっていない，疾患の「慢性」性についての記述が決定的に不足しているのである。たとえば医学書で高血圧症という慢性疾患の項には，診断や薬物療法についての記述に加え，食事や運動，生活指導などについても触れているけれども，それは，高血圧症患者の食事，運動，生活についての記述であり，年余にわたる慢性性という視点からの説明はまず見られない。ただし，糖尿病も慢性疾患の代表的なものであるが，糖尿病療養指導士という資格制度を設けて「慢性」性に取り組んでいる数少ない領域である。

2 医療と福祉の接点

▶ ある事例から

慢性疾患を複数もつ長期療養高齢者の生活援助をしている医療職と福祉職は，かなり共通の認識，理解をもっているはずである。しかしながら，実際のところは判断を要する事態をめぐって意見が食い違ったり対立したりすることも少なくない。専門性の違いということもあるが，解決できる可能性もある。医療専門職の課題としては，前節で述べた「慢性疾患論の欠如」である。医療専門職としての立ち位置から生活を見ることが困難なのである。そのことに気づき，克服せんとして生まれたのが高齢者総合機能評価という方法である。そのエッセンスを理解するための具体例として，最近出会ったある82歳の女性事例につ

いて述べる（内容の一部を変えてある）。

　病棟からの診察依頼を受け，リハビリテーション外来にこの女性は車いすで
やってきた。「こんにちは」と声をかけると早口で返事をするがよく聞き取れ
ない。ろれつが回らない（構音障害）ようである。担当医が書いた依頼状を見
ると，慢性の腎不全による貧血があり，食欲低下のため入院した。介護保険の
要介護認定によると要介護4（最重度要介護5の一つ下のランク）とされたので在
宅生活は難しいのではないか，とおそらくケアマネジャーあたりから施設入所
を勧められているが，頑なに拒否して自宅で一人ぐらしをしているという。リ
ハビリテーションの適応があるかどうかを判断してほしいというのが依頼の内
容であった。

　質問をすると答えがすぐに返ってくる。上下の前歯が半分くらい脱落してい
るのに義歯がないことも聞き取りにくさの一因のようである。質問を単純にし
て聞き直すとおおよそのことはわかってくる。75歳で後縦靭帯骨化症のため頸
椎の手術をしたが，手のしびれが残っているという。親指を除く右手の4本の
手指が握ったように屈曲している。77歳で気管支喘息を患ったという。「77歳
で気管支喘息に初めて罹ったのですか，珍しいですね」と尋ねると，すぐに
「そうなんです」と答え，自分でもなぜこんな歳になってからと訝っている様
子がわかる。今は喘鳴も聞こえず落ち着いている。その後，脳梗塞と大腿骨の
骨折も経験したという。手足の麻痺ははっきりしなかったとのことだが，念の
ため左右の腕を上げてもらい確認する。両足を床に着けてかかとを上げること
もできる。大腿骨の骨折は左側だったそうなので，やはり右の手足に麻痺はな
いのだろう（左右どちらかに片麻痺がある人が転んだときの骨折はほとんど麻痺してい
る側に発生する）。両手を握って支えてあげると立ち上がることができるが「体
のあちこちが痛い」と訴える。さまざまな筋肉が萎縮してきているようである。

　どのように生活していたのかを尋ねると，日に3回ホームヘルパーさんが来
て買い物や掃除，食事を作ってくれるという。デイサービスは，と問うと「行
きません」ときっぱり答える。人と交流することを好まないのだろう。自宅は
一戸建てで，トイレと食事のときに杖を使って移動する以外，ほとんど居間か
ベッドで過ごしている毎日である。「筋肉がやせてくると関節も動かなくなっ
てもっと痛くなるのでリハビリをやりますか」と尋ねると，「ハイ」と即座に

第3章　老人医療と福祉　67

返事が返る。右の4本の指でペンを握り，たどたどしい字でリハビリの説明書に署名をしながら「読めるかしら」と言う。帰るとき，「ありがとうございました」と丁寧な礼を言って診察室から出て行った。そのときの表情には力が感じられ，そして，社交的でにこやかなものであった。この女性は，今までかかわった専門職（ケアマネジャーや担当医師）の想定に反し，一人ぐらししながら自宅で生活を続けたいという強い意志があり，リハビリテーションの適応ありと考えられる。表1にまとめを示す。このような査定をして「生活を支える医療」を提供するのが高齢者医療の役割であり，高齢者総合機能評価は，方向性

表1　事例のまとめ

・疾患に関連したこと

疾患・病態	症状と生活障害	今後の課題，可能性
脳梗塞，構音障害	コミュニケーション困難	嚥下障害の出現の可能性
慢性腎不全，貧血	食欲低下と低栄養	活動低下，透析の可能性
後縦靭帯骨化症の手術後	右の手指屈曲？しびれ	食事摂取や着替え困難
気管支喘息	目立った影響ない？	悪化の予防
左大腿骨骨折	立位や歩行に影響？	歩行機能の低下
全身の筋萎縮	日常動作の困難	起居や移動の困難

・考慮すべきその他の生活状況

その他の生活状況	今後の課題，可能性
一戸建ての自宅に一人ぐらし	意欲と認知機能は良好であり，希望するなら在宅での看取りも視野に
要介護4でホームヘルパーが家事援助	歩行や移動のリハビリテーションに限定したデイケア利用の可能性

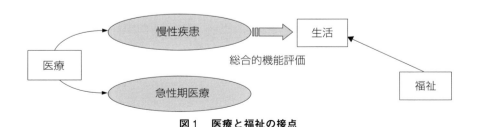

図1　医療と福祉の接点

や課題を福祉と共有できる方法であると考える。慢性疾患をもつ高齢者を対象とする医療において，生活に接近する方法なのである（図1）。

▶ 高齢者総合機能評価，あるいは医療と福祉の接点

医学・医療の主目的は病気によって損なわれた健康の回復にあり，その阻害要因をいかに除去できるかに力点を置くならば，原因となる疾患に関する知識や技術が臨床実践の中心にならざるをえない。高齢者も当然それを期待している，と医療職は思っている。しかしながら，高齢者医療に対する高齢者自身の考えは違っているようである。英国で行われた調査の結果であるが，高齢者が医療サービスの内容に関して優先していることの第1位はQOLの改善であり，死亡率の改善は優先度がきわめて低い[2]。老年科医への調査でも第1位は同じQOLの改善であった。高齢者医療において優先すべきサービスは，一般の医療とは異なる可能性が示唆される。また，「高齢者差別」という意見を含めてさまざまな批判にさらされている後期高齢者医療制度についての意見を調べた世論調査によると，70歳以上の高齢者では56％が賛成を表明し反対を上回っている[3]。高齢者自身にとって，他の年齢層の人々と同じ医療を受けたいという気持ちよりも高齢者に合った医療を受けたいというほうが勝っていると考えてよいのではないだろうか。

高齢者に合った医療を提供する方法が高齢者総合機能評価（Comprehensive Geriatric Assessment）と呼ばれるものである。英国の女性医師が1930年代に始めたのが最初といわれている。このWarren医師は，長期間，ケアらしいケア，医療らしい医療も受けずに臥床状態で入院生活を送っている高齢者に対してよりよい医療とケアを見つけたいという信念から，心身機能を評価し，積極的リハビリテーションの導入による自宅復帰，生活重視の長期ケア施設への転所という選択肢を取り入れ，自分の勤める病院の役割を明確化していった。それによって高齢入院患者の意欲と職員の志気が活性化され，病院の利用率も著しく高まった。介護保険制度が定着している現在のわが国では，ケアマネジャーによるアセスメント（高齢者の状態像の評価，査定）とケアプランの作成が広く日常化しており，Warren医師が行った生活機能の査定とケア計画の作成の枠組みは類似している。しかしながら，医療現場では，疾患や症状，病態の把握が

第3章　老人医療と福祉　69

まずあって，その方針決定と退院計画のために高齢者総合機能評価を用いるのであり，実際用いる医療資源（リハビリテーションが最も重要なものである）や判断の方向も基本は一致しているが違いもある。

　高齢者総合機能評価の具体的内容については文献に譲るが，簡単に定義すれば「どのような生活をしてきたか，これからしようとしているかという情報を圧縮し，分類することである」[4]。その方法として，からだ（身体機能），こころ（精神・心理），いえ（家庭・社会環境）という３つの領域を総合的に評価し，そして，煮詰める（焦点化する）のである。老年科医の並河は著書の中で高齢者医療の核心を述べている。「１人ひとりの老年者が持つ３種類の問題，すなわち身体的，精神心理的および社会環境的な問題を，個々の老年者の立場で偏りなくとらえていくこと」[5]。この最後の点が肝心であり，並河は〈３種類の問題の均等視〉と表現している。

　偏りなく均等にとらえる努力をすることが大切であるとは，どのような意味なのだろうか，なぜ大切なのだろうか。たとえば，高級な有料老人ホームに入所していたある女性は，突然始まった症状に悩まされ，さまざまな医療機関を受診したがどこでも異常なしとされた。あまりの訴えの執拗さに職員から煙たがられ，本人はその職員の態度に腹を立ててきつく当たるようになっていった。その過程にかかわった専門職は二つの誤りを犯したのではないかと思う。一つは，診察や検査で異常がないから医学的には問題ないはずとしてしまった点である。もう一つは，身体面と環境面に問題ないのだから精神面（境界性人格障害が疑われた）によるものではないか，と疑ってしまった点である。第一の点については，明確な診断がつく疾患だけが病気ではなく，診断がなされなくとも症状が続くことはあるので，その内容と変化を観察すべきである。第二の点については，もし精神面に問題がある可能性があれば思い込みではなく偏りなく評価すべきである。そしてもう一つ。この女性は，高齢期に入ってすぐの頃，夫婦でゆったりとした老後を過ごそうと思い，その当時かなり高額の費用を払って入所した。それから十数年経ち，はたしてホームの社会的環境に負の要因が生まれていないだろうか。

　生活情報を圧縮，分類する高齢者総合機能評価は，きわめて機能主義的，合理主義的な方法のように見えるかもしれない。しかしその真髄はデジタル情報

ではなくアナログである。〈3種類の問題の均等視〉という姿勢は無数の生活情報の中から「禁欲的」に産み出されたもので、そこから導かれる焦点は、「地と図柄」を備えたポラロイド写真のようなものだろう。情報を詳細にくまなく記録できるデジタル写真ではなく、ある瞬間、ある時点のその人の風景を切り取って伝えるものであり、そのポラロイド写真を撮影する専門職の心と実力が問われるのである[6]。

3 老年科医の不足

　高齢者医療の先進国とされる英国でも、外来受診や入院、手術までの待機時間が長いこと、英国が宗主国だった国々出身の医師が多く医療技術が不均一であることなど問題を抱えている。しかし高齢者医療に関して英国を含め欧州に学ぶべき点が一つある。それは、小児科医と同様に老年科医・老人科医が医療関係者や人々の間に広く認知されていることである。英国の老年科医の多くは、市中病院で主にコンサルテーションを行っている。高齢者が入院してきたとき、高齢者総合機能評価を行い、治療方針、退院計画に関するアドバイス、他職種（ソーシャルワーカーやリハビリテーション専門職など）への依頼を行うのである。

　わが国でも後期高齢者医療制度の中に、総合機能評価を実施したとき診療報酬を加算できる項目が新設され、大きな前進といえる。しかしながら、これを実施する老年科医の育成はとても十分とはいえないし、一般市民ばかりでなく医療関係者の間でも総合機能評価についても老年科医についても認識は乏しい。老年科医（あるいは老人科医）という名称が社会に根づいていないのが現状である。高齢者医療や老年医学を専門とする医師集団がつくっている学会は日本老年医学会という。その会員数は6,000名を超え、国民人口がおよそ半分の英国における英国老年医学会の会員数2,500名に比べ決して少ないとはいえない。にもかかわらず、わが国の高齢者医療を支える専門集団としては十分に機能していないように思われる。理由の一つとして、大学医学部の内科系教職にある会員が多く、研究などのアカデミック活動が基準になっていること、必ずしも老年医学を専門として診療、研究しているわけではないことを挙げることができる。アカデミック活動として多数所属している学会の一つなのである。動脈

硬化や高血圧，糖尿病，リハビリテーションなどそれぞれ大きな専門学会があり，活発に活動している。これらの病態は高齢者医療と密接に関係しているといっても，総合機能評価が重要であるといった議論は他学会では無縁のことである。なお，欧州における老年医学教育の現状を調べた報告によると，英国で老年医学講座を正式講座としてもつ大学医学部は，1991年から2006年にかけて33校から13校に激減している。一方，フランスでは32校のまま変わらず，全大学医学部に設置されている[7]。このように，老年科医養成の伝統をもつ欧州でも，国によって，大学によって大きな違いをもっている。欧州全体の傾向としては老年医学，老年科医重視の方向にある。

　平成19年度から20年度にかけて，私たちは，長期療養高齢者が利用している老人保健施設と療養病床医療機関に勤務する医師を対象に調査を行った。自由記述によって自分の専門診療科目を尋ねた質問への回答結果を見ると，「内科」と答えた割合は，それぞれ40％，46％，「老年科」「老人科」「高齢内科」など高齢者医療を表す科目を答えた割合は，それぞれ1.1％，2.5％に過ぎなかった[8]。これは，高齢者医療とケアの現場で仕事をしている医師であっても，専門は高齢者医療ではない，あるいは，専門が高齢者医療であるという認識が少ないことを示している。私たちの責任でもあり，さらに努力をしなければならない。残念なことに，わが国の大学医学部における老年医学科，高齢内科の数は，英国と同様むしろ減少しつつあり，老年科医の少なさ，教育・育成環境の縮小は，その恩恵を受けるはずである高齢者にとって不幸なことであるのは間違いないだろう。

　先に引用した並河は，その著書の中で老年科医であること，老年科医になることを次のように述べている。「老年科の医師や看護師の活動のようすは，臓器別診療科の医師にはみえず，ただ骨折り損な仕事であることのみが伝わっている」(p. 88)，「老年科医に徹すると——（臓器別診療各科の）医師であることの社会的，経済的ステータスおよび既得権と縁のない存在となる決意が求められる」(p. 94)[9]。新薬の開発や新しい治療技術の習得などにはあまり縁がなく，また，病気が治癒する，治療で改善するという医師として最も基本的な満足からも距離がある仕事である。目の前にいる高齢者が，ある特異的な人生を生きてきた1人の高齢者であること，そのことに医療の実践領域を見出すことが理

解できない，見出すことに興味がない医師には困難な仕事である。

4 ハンセン病の歴史と高齢者ケア論

　ハンセン病を引き起こすらい菌は感染力がきわめて弱く，体内での感染拡大にも長い時間がかかる。しかしながら，その慢性の経過の中で，末梢神経病変による四肢機能障害や顔の変形などを伴う結果，生活に支障が出たり社会活動が困難になったりするため，性質のよく似た菌である結核菌とは区別され恐れられた歴史がある。現在，わが国で発見される新しい患者は年間数人程度であり，若いころ罹患してすでに治癒した「元患者」がほとんどである。このハンセン病の歴史の中に高齢者ケアの考え方と一致するものが見出されるのでここで取り上げたい。

　わが国でつくられたハンセン病患者に対する初めての施設は東京の養育院に開設された回春病室である。養育院とは，明治の初期にロシアの大公が訪日するにあたり，生活困窮者やホームレスを収容する施設として東京市がつくったもので，社会福祉事業で活躍した渋沢栄一が長く院長を務めた施設であり，筆者の勤務する研究所の前身である[10]。この新しくできた回春病室を担当したのがその後わが国のハンセン病患者「絶対隔離」（病状によって隔離したり外来治療したりする相対隔離方式ではなく，すべての患者を終生施設隔離する方式）政策を推進した光田健輔である。一方，少数ながらハンセン病は外来治療で十分であると主張する医師たちもいた。その1人が京都大学の皮膚科助教授小笠原登で，京都大学医学部に設けられた皮膚病特別研究施設を拠点として外来治療を行った。

　さて，この小笠原登は1934（昭和9）年に2つの論文を書いており，そのタイトルは『癩の極悪性の本質について』と『癩の看護学』となっている。前者はセンセーショナルな題名ではあるが，ハンセン病の原因であるらい菌の本質は"極悪"なものではないことを述べており，後者はハンセン病患者への看護・ケアの在り方について述べている。手書きで書かれた『癩の看護学』がどんな目的で誰を対象にしたものかは不明である[11]（図2）。いずれにせよ，ハンセン病患者を看護する看護師向けに書かれた（口述筆記された）ものであることは間違いないだろうと思われる。小笠原は，その中で，ハンセン病患者に対す

第3章　老人医療と福祉　73

る看護の３つの要点を指摘している。原文では，「１．看護すべき患者の疾患の本質および性状を明らかにすること，２．患者の身体，性質および境遇を省察すること，３．至誠もって患者の看護に従事すること」と記されている。１はハンセン病という疾患についての知識をしっかり学ぶことを薦めたものであり，３はケアするときに看護倫理観をもって臨むことを薦めている。特に注目されるのは２についてである。現代の医療用語に直すと，身体は「身体機能」であり，性質は「性格や心

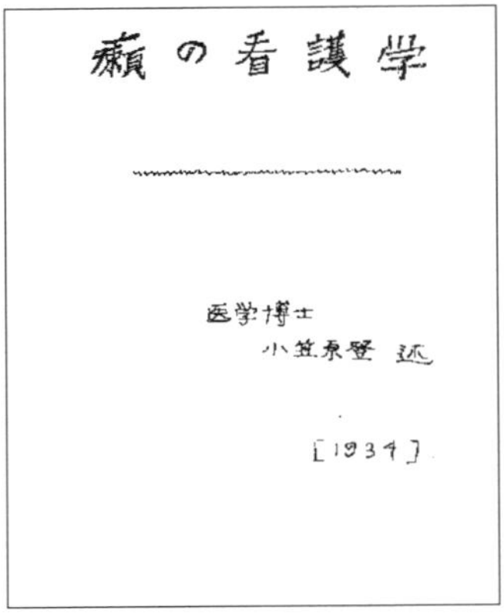

図2　手書きの『癩の看護学』

理・情緒的傾向」であり，境遇は「社会家庭環境」であると考えることができる。すなわち，小笠原は，からだ（身体機能），こころ（精神・心理），いえ（家庭・社会環境）という３つの領域を総合的に評価して煮詰める高齢者総合機能評価を実施するように，と薦めているのである。ハンセン病という慢性病の本質を考え続け，患者の治療と療養に尽くした医療者である小笠原医師からすると，医療ができる患者の福祉への貢献とは総合機能評価を焦点とする医療だったのである。慢性疾患にかかわる医療者として同じ結論にたどりついたことが偶然とは思えない。

5　職業としての医療専門職

▶ チーム医療の困難

高齢者に対する医療やケアの提供には複数の専門職によるチームアプローチが必要になる。介護保険のサービス利用は，ケアマネジャーを中心にしながらサービス事業者や主治医，訪問看護師などがかかわるチームアプローチである。また，医療においても，たとえば脳卒中で入院してきた高齢者にリハビリテーションを行う場合，担当医によるリスク管理，看護師による病棟での自立に向けた援助，理学療法士による移乗・歩行の訓練，作業療法士による高次脳機能障害の評価と訓練，ソーシャルワーカーによる在宅生活に向けた社会資源の利

74　第Ⅱ部　福祉の現状と課題

用計画など，専門職が情報の交換や討議を行いながらリハビリテーションを進めていくのが標準的なやり方であり，典型的なチームアプローチである。高齢者医療はチーム医療という側面をもっている。しかしながら，多職種の一員としてチーム医療にかかわる専門職には二つの困難があるように思われる。一つは，毎日繰り返される変化も反応も乏しい仕事を通して得られる手応えの少なさである。もう一つは，他の専門職メンバーと情報の要点を抽出して決定を共有していくことの難しさである。

　たとえば医師の場合で考えてみると，外科医であれば自分を中心に医療が行われていくので，医療実践の決断もその結果に対する責任も手応えとして直接返ってくる。チーム医療の中では，病状が急に変化したり偶発的な事故が起こったりしない限り，担当医としての役割は全体的ではなく限定的である。ここに落とし穴がある。限定的であることとは重要性が低いことを意味しているわけではなく，また，1人の人間の生活の中で一専門職が全体をコントロールする役割を果たすことなどそもそもありえないのであるが，医師にとって自分の行っていることへの手応えを感じにくいことは仕事への意欲を保つ上で大きな壁となる。そして，一専門職として自分が抽出した情報は，ある高齢者の生活維持にとって重要かもしれないし，そうでないかもしれない。他の専門職との調整力も問われる。特に，高齢者が在宅生活を送っている場合，医療的対応は最低限必要なものだけに絞り込むほうが好ましい。事実，在宅医療では自分の役割を限定的にとらえている医師が多いように思われる。そのような傾向がチーム医療と結び付いていくかどうかが課題であろう。

▶ 排除による公平性の確保

　医療と福祉はどちらも公平性を重視している。公平性の考え方は時代背景によって変わるような相対的なものであると思われる。そのため基となる考え方が変わると基準や仕組みも変わることがあるだろう。たとえば，特別養護老人ホームに入所申し込みをしてから実際の入所までには，通常，何年間かの待機期間がある。当初は申し込み順に入所が決定されていた。しかしながら，順番取りのため早く申し込みをするといった実情とはかけ離れた弊害が見られ，申し込みの順番のみを優先するのは好ましくないという判断から，要介護度や認

知症の重症度，介護サービスの利用状況，介護者の有無や年齢・健康状態など
を考慮して順位を決定するようになっている。医療においても，Evidence-
Based Medicine（EBM：証拠に基づく医療）のように，治療方法別の治癒率や患
者の特性差から生まれる有効性の違いといった客観的証拠を患者に示し，患者
自身による選択を促すという流れがある。これも医療側と患者側のもっている
医療情報量の落差を埋めようとする公平性追求の一つといえよう。

　ところで，あらゆる人々に同一水準の福祉サービスや医療サービスを提供し
ようという公平性の観点からすると，現在導入されている後期高齢者医療制度
は年齢によって医療制度の中身を変えようという不公平制度であり，年齢差別
ではないかとの指摘がある。しかしながら，前述したように高齢者自身はこの
制度を概ね支持しているばかりでなく，若中年者層・前期高齢者層を年齢によ
って排除することによって後期高齢者に合った仕組みをつくることは公平なや
り方であると思う。慢性疾患を中心とする，あるいは，慢性疾患の影響を勘案
することが本人にとって大きなメリットとなるので，そのような特性を示さな
い年齢層の人々とは異なる制度設計が好ましいのである。小児科や産科では対
象患者の特性が一般とは大きく異なることを踏まえて医療が行われているよう
に，後期高齢者の特性に基づいて総合機能評価を実施し医療の焦点を決めてい
くことは，年齢を不問にして平等に同一医療制度を適応させるよりも公平性を
確保できると考える。そのように基準を改めるほうがより大きな医療の恩恵を
受けられるのである。現在の臓器別専門医制度の下では，それぞれの医師の専
門領域の疾患がそれぞれ個別に評価されて方針が立てられ，望んでもいない結
果を生んでしまうかもしれない。医療における公平性とは，同じ医療の器を使
うことではなく，個々人に合った医療の器が使えるようにすることである。

1）露木まさひろ（2009）どこにある！在宅療養支援診療所…どこにいる！総合医…，
　『シニア・コミュニティ』60, pp. 4-12
2）Roberts, H., Khee, T. S. & I. Philip（1994）Setting priorities for measures of perform-
　ance for geriatric medical services, *Age Ageing*, 23(2), pp. 154-157
3）日本医療政策機構（2009）日本の医療に関する2009年世論調査
　http://www.healthpolicy-institute.org/ja/

4）高橋龍太郎（2008）高齢者ケアと高齢者総合機能評価（CGA），佐藤智編集代表『明日の在宅医療4　高齢者ケアと在宅医療』中央法規出版，pp. 113-136

5）並河正晃（2002）『老年者ケアを科学する―いま，なぜ腹臥位療法なのか―』医学書院

6）アンドルー・ロマーノ（2009）甘く切ないポラロイドの誘惑―写真　デジタルカメラ全盛のなか，郷愁をそそるポラロイド風スタイルが人気―，『Newsweek日本版』24（33），pp. 54-55

7）Michel, J−P., Huber, P. & A. J. Cruz-Jentoft（2008）Europe-Wide Survey of Teaching in Geriatric Medicine, *Journal of the American Geriatrics Society*, 56(8), pp. 1536-1542

8）高橋龍太郎ほか（2008）『「老人保健施設，療養病床の運営」に関する調査報告書』東京都老人総合研究所・日本老年医学会高齢者介護システム検討委員会

9）並河（2002）前掲

10）東京都養育院編（1974）『養育院百年史』東京都

11）小笠原登（1934）『癩の看護学』。これは正式の出版物ではなく，手書き，ガリ版刷りで作られたものである。不二出版が出した『近現代日本ハンセン病問題資料集成　戦前編　第3巻』（藤野豊編，2002）にその複写が蒐集されている。

第4章

高齢社会と制度

馬場　純子

1　高齢化する社会

　本章では，わが国の高齢社会の現状を概観した上で，高齢者の生活にかかわる諸制度について，近年一般社会においても関心が高く議論の対象となっている介護をめぐる問題への対応策として介護保険制度を中心に解説し，年齢を問わずこれからの高齢社会をどう生きるか，福祉とは何かについて考えを深めることを目的とする。

▶　高齢者への対応と国の行方

「その国の高齢者の姿を見れば，その国の文化の程度がわかる」

　これは，イギリスの名宰相といわれたサー・ウィンストン・チャーチルの言葉である。また，フランスの作家であり哲学者でもあるシモーヌ・ド・ボーヴォワールはその著書『老い』の中で次のように述べている。

「……その国のある社会は，老人をどう扱うかによって，その社会の原理と目的の——しばしば注意深く隠蔽された——真実の姿を赤裸々に露呈するのだ。……」

「現役でなくなった構成員をどう処遇するかによって，社会はその真の相貌をさらけだす」

　ともに，20世紀に入ってすでに高齢化社会となっていた国を代表する人の言葉であるが，その国の高齢者の姿や対応を見れば，その国が何をめざしているのか，国のありようがわかるというのである。

78　第Ⅱ部　福祉の現状と課題

今日，世界で一番高齢化が進み，2025年には老年人口比率が30％を超えて全人口の３人に１人が65歳以上の高齢者となることが予測されているわが国日本は，将来どのような国をめざし，その行方はいかようなものであろうか。

　2013年現在の平均寿命は男性80.21歳，女性86.61歳と世界で最も長寿の国であり，特に女性は1920年の43.20歳の２倍にまで延びており，今後もこの傾向は続くと予測されている[1]。人間の平均寿命が50歳を超えたのは，19世紀以後医学や科学の発展と工業化・都市化した後のことであり，人類の歴史から見るとごく最近のことである。わが国では「人生80年時代」といわれるようになったのは1980年代中頃のことであり，世界の医療や衛生環境に恵まれない国々には平均寿命がまだ50歳前後にとどまっている国々がある。その一方で，欧米先進諸国をはじめ世界の主要国でも高齢化が進んでいるが，国民の約1／3が高齢者という長寿社会を迎えるのは，人類史上初めての未知の社会の到来である。そこでの問題は政治，経済をはじめ社会全体の問題となり多くの課題があるが，特に高齢者にかかわる分野や領域のみで解決できるものではなく，国民の意識を基本とする社会のありようを根本から考え直すことが求められる。

　わが国の場合，あまりに急速に高齢化が進展し，随時その時々の社会の変化とともに問題への対応に追われるようにさまざまな制度や施策が展開されてきた。近年，高齢社会問題の中でも特に介護問題について一般の関心が高まっている。介護が必要な状態になっても安心して生活できるように介護を社会で支えることをねらいの一つとして，2000年より介護保険制度が実施されている。ところが，高齢者の増加のスピードを大幅に上回ってサービスの利用が伸びており，加えて日本経済の景気低迷なども影響して今後の介護保険財政はきわめて厳しい状況に直面することが予想される[2]。2005年の介護保険法改正では持続可能な制度とするべく予防重視，施設給付の見直しなど大幅な制度改正が実施され，財政的な問題も大きい現実である。さらに2015年の改正では，「地域包括ケアシステム」の構築という制度運営の仕組みの改正やサービスの改正が行われ，特別養護老人ホームの入所対象者が中重度者に特化され，要支援者へのサービスが一部利用できなくなるなど，総体的にサービス利用が制限される方向への改正となっている。

　また介護をめぐる問題は，介護される側である高齢者の問題だけではなく，

第４章　高齢社会と制度　**79**

介護する家族あるいは専門職などの介護の担い手の問題でもある。それは介護保険施設や介護保険サービスを担う介護職員の労働問題，生活問題にも発展し，さまざまな意味で深刻化しており，一般の労働問題とも関連し，広く一般国民の福祉の問題にもなってきている。高齢社会の問題は，高齢者やその家族，関係者だけでなく一般国民の，社会全体の問題であるという認識が必要である。わが国はどのような社会をめざすのか，まず高齢者への対応をどのようにとらえていくのか，国の行方へのグランド・デザインの策定が求められる。

▶ 高齢社会への対策の理念と高齢者観

今日の高齢者に対する保健福祉施策は，主に老人福祉法，老人保健法，介護保険法に基づいて展開されており，さまざまな制度や施策はそれぞれ依拠する法律にその基本的理念が規定され，国が何をめざしてその制度や施策が行われているのかその理念や高齢者像が示されている。

老人福祉法では，基本的理念として

「老人は，多年にわたり社会の進展に寄与してきた者として，かつ，豊富な知識と経験を有する者として敬愛されるとともに，生きがいをもてる健全で安らかな生活を保障されるものとする」(第2条)

「老人は，老齢に伴って生ずる心身の変化を自覚して，常に心身の健康を保持し，又は，その知識と経験を活用して，社会的活動に参加するように努めるものとする。老人は，その希望と能力とに応じ，適当な仕事に従事する機会その他社会的活動に参加する機会を与えられるものとする」(第3条)

と定めている。すなわち，高齢者の生きがいと安らかな生活を保障することを前提としながら，高齢者自身へは健康保持と社会的活動への参加の努力を求め，一方で高齢者以外の国民や国，地方など社会に対しては高齢者の雇用機会や社会的活動の確保を要請している。社会からは敬愛されつつ，心身の健康および生活について尊厳ある自立する高齢者像を示しているといえよう。

しかし，今日，新聞やテレビを通じて高齢者をターゲットとした詐欺事件や高齢者虐待，一人ぐらし高齢者の孤独死などが報道されることが後を絶たず，敬愛されるべき存在である高齢者が社会から孤立し，差別され，老人福祉法の基本的理念の実践は困難な現実があることは軽視できない。

80　第Ⅱ部　福祉の現状と課題

わが国における高齢者のみを対象とした単独の法・制度の成立は，1963（昭和38）年の老人福祉法が初めてである。当時，このような高齢者に対する単独の法律の制定は他国に類を見ないものであった。折しも第二次大戦後の混乱が落ち着き，「もはや戦後ではない」と1956（昭和31）年の経済白書に記されたように，高度経済成長の中で社会経済状況がさまざまに変化していった時期である。背景としては，①戦後の急速な出生率の低下と死亡率の減少による高齢者人口の増加が始まり，一方では，②工業化や都市化，さらに核家族化などによる高齢者をめぐる生活環境や家族扶養の変化により高齢化に伴う生活問題が露呈し社会問題化しはじめ，③老人福祉施設の整備など体系的な福祉施策が求められ，④国民社会一般の老後への関心が高まり，関係団体や政党からの働きかけがあったことなどがあげられる。それまでの高齢者に対する施策は，明治政府以降の恤救規則，救護法，新旧生活保護法による一般の貧困救済制度の一環として行われてきた。その他，1959（昭和34）年の国民年金法制定による各種老齢年金の支給があるのみであった。

　老人福祉法では，第1条にその目的を「この法律は，老人の福祉に関する原理を明らかにするとともに，老人に対し，その心身の健康の保持及び生活の安定のために必要な措置を講じ，もって老人の福祉を図ることを目的とする」と明記し，社会保障による所得保障，雇用，住宅，医療・保健，福祉などの広範な施策をもって高齢者の生活全般にわたって保障するというものとなっている。

2　高齢社会の現状と背景

▶ わが国の将来推計人口と高齢化

　人口の動向を見ると，日本の人口は減少傾向にあり，年齢別，性別，地域的に偏りが大きい。2015年5月現在の日本の総人口は約12,690万人，男性48.6％，女性51.4％で女性の割合が多くなっている。年齢3区分別に見ると，0～14歳の年少人口割合が12.7％，15～64歳の生産年齢人口が63.1％，65歳以上の老年人口が26.7％となっており，老年人口は年少人口の2倍を超え，このうち12.9％が75歳以上の後期老年人口であり，総人口の1割を超えようとしている（総務省統計局「人口推計」平成27年10月報）。年少人口，生産年齢人口ともに前年に比

べ減少し続けているのに対し，老年人口は増加となっている。元号別に見ると団塊の世代も70歳を超えようとしており，第二次大戦後生まれの人口が80.3％（平成26年）となり，初めて総人口の8割を超えた（総務省統計局「人口推計」平成26年10月1日現在による）。

　都道府県別では東京都が全国人口の10.5％を占める一方，すでに40道府県で人口減少が進んでいる。今後も人口減少は続き，2025年以降はすべての都道府県で人口が減少する。大都市圏別に見ると，2014年には東京圏（埼玉県，千葉県，東京都，神奈川県）の全国人口に占める割合が28.3％，次いで大阪圏（大阪府，兵庫県，京都府，奈良県）14.4％，名古屋圏（愛知県，岐阜県，三重県）8.9％で，三大都市圏に日本の総人口の51.6％が集中しており，今後も上昇し続けることが予想されている（総務省統計局「人口推計」前掲）。

　年齢別人口を年齢3区分別に都道府県別に見ると，平成26年現在すべての都道府県で65歳以上人口（老年人口）の割合が上昇している。年少人口（0〜14歳）の割合は沖縄県が17.5％と最も高く，次いで滋賀県が14.6％，佐賀県が14.2％などとなっている。一方，秋田県が10.8％と最も低く，次いで東京都が11.3％，北海道が11.5％，青森県および高知県が11.7％などとなっている。年少人口は総じて低下傾向にあり，前年に比べ41道府県で低下している。

　生産年齢人口（15〜64歳）の割合は，東京都が66.2％と最も高く，次いで神奈川県が64.0％，沖縄県が64.5％，埼玉県が64.3％，愛知県が62.9％などとなっている。一方，島根県が55.6％と最も低く，次いで高知県56.2％，山口県56.3％，秋田県56.6％と続いており，生産年齢人口は前年に比べてすべての都道府県で低下している（総務省統計局「人口推計」前掲）。

　平成26年現在の老年人口（65歳以上）の割合について見ると，秋田県が32.6％と最も高く，次いで高知県32.2％，島根県が31.8％，山口県31.3％，和歌山県30.5％などとなっており，和歌山県および徳島県では，65歳以上人口の割合が初めて30.0％を超えている。一方，沖縄県が19.0％と最も低く，次いで東京都が22.5％，神奈川県及び愛知県が23.2％，滋賀県が23.4％などとなっており，地域格差が大きい。老年人口の割合は，すべての都道府県で上昇しており，沖縄県以外の都道府県では老年人口が年少人口を上回っている。

　また，75歳以上人口の割合は，秋田県が18.1％と最も高く，沖縄県が9.9％

82　第Ⅱ部　福祉の現状と課題

と最も低くなっている。75歳以上人口が年少人口を上回っているのは29県となっており，前年（25道県）より増加している。すべての都道府県で65歳以上人口の割合が上昇し，沖縄県を除く都道府県で75歳以上人口の割合が1割を超えている（総務省統計局「人口推計」前掲）。

　以上のように，今後の日本の人口は全体として減少していくが，老年人口が年少人口を上回る増加が続き，特に75歳以上人口割合は2035年には39都道府県で2割を越えると推計されており，少子化が併行する超高齢社会となる。そこでは女性の占める割合が高く，大都市周辺への人口集中の一方で地域格差が大きくなる。

▶ 高齢化の特徴

　わが国の高齢化の特徴について主なものをあげると，まず①急速な高齢化である。老年人口比率7％の高齢化社会から14％の高齢社会に達するまでの所要年数（倍化年数）で欧米先進諸国の高齢化のスピードを見ると，最も遅いフランスで114年，次いでスウェーデンの82年，日本は24年と極端に短い期間で急速に高齢化が進行している。次に②平均寿命の伸びである。先にもふれたが，平均寿命の推移を見ると1920〜30年代には40歳代と低い水準であったが，第二次大戦後急速に延びはじめ，1947年に男女ともに50歳を超え，4年後の1951年には男女とも60歳に達した。その後も着実に延び続け，1971年には男性70.17歳，女性75.58歳と70歳を超え，2013年現在男性80.21歳，女性86.61歳であり，世界一の長寿国となっている。③少子高齢化である。少子化のめやすである合計特殊出生率は，第二次大戦後1949年の第一次ベビーブームでの4.32人をピークに直後の急激な低下を経て，それ以降徐々に減少し，2005年には1.26人とこれまでにない最低値を記録した。さまざまな対応策によって2013年には1.43人まで回復してきているが，人口維持に必要な人口置換水準の2.08人を大幅に下回っており，このことがわが国の総人口の減少につながっているとみられる。④特に75歳以上高齢者人口の増加率が上昇していることもわが国の高齢化の特徴である。⑤今後もさらに進展する高齢化であること。前項で示したように，今後も日本全体で老年人口が増加し，2015年で26.7％と総人口の約4人に1人が65歳以上，2050年には38.8％で約2.5人に1人が65歳以上となり，ますます

高齢化が進展することが予想されている。⑥地域間格差である。老年人口比率は全国で上昇しているが，都道府県別に見たとおり，老年人口比率の高い地域と低い地域では 2 倍の差がある。高度経済成長期には農村地方から大都市や都市部への若年世代による労働人口の移動が始まり，産業構造の変化に伴う都市への移住やライフスタイルの変化が生じ，都市では人口過密の問題，地方では人口過疎の問題が出現することになった。このことは，それぞれの自治体の財政やサービス供給にも影響することになった。

▶ 高齢者を取り巻く家族の変化

　人口の高齢化とともにさまざまな社会変動があり，その中で高齢者がくらす家族も大きく変化してきた。日本は，長らく旧民法による「家」制度のもとで長子相続が当然のこととされ，跡取りである長子が家産を相続し，代わりに老親扶養の義務を負うものであった。「直系家族制」からなる直系家族を維持し，その中で老親扶養や高齢者を介護することは当然のことであった。ところが，現代の日本においてはさまざまな社会変動に伴って，高齢期の家族生活はその形態も機能も著しく変化し，特に介護の問題は家族介護から社会的介護へと大きく変化してきた。

① 家族形態の変化：小家族化と核家族化

　国勢調査の結果から家族形態の変化を見ると，家族規模が縮小し小家族化となり，家族構成としては核家族化している。国立社会保障・人口問題研究所の「日本の世帯数の将来推計（都道府県別推計）」（2014）によると，家族規模について平均世帯人員の推移で見ると，1955年までは4.9人前後であったが以後減少し続け，2015年には2.34人と半分以下にまで減少した。この平均世帯人員の減少は今後も続き，2030年には東京都で1.88人にまで減少すると推計されている。2035年までには沖縄県を除く46都道府県で世帯数が減少，平均世帯人員はすべての都道府県で減少すると推計されている。

　家族構成で見ると，家族類型を 5 類型に分類し，「単独世帯」「夫婦のみの世帯」「夫婦と子から成る世帯」「ひとり親と子から成る世帯」「その他の一般世帯」としており，そのうち「夫婦のみの世帯」「夫婦と子から成る世帯」「ひとり親と子から成る世帯」を核家族としている。家族類型別の割合を見ると，2010

表1　家族類型別一般世帯の割合[3]

年次	総数	単独	核家族世帯				
			総数	夫婦のみ	夫婦と子	ひとり親と子	その他
1980年	100.0	19.8	60.3	12.5	42.1	5.7	19.9
1985年	100.0	20.8	60.0	13.7	40.0	6.3	19.2
1990年	100.0	23.1	59.5	15.5	37.3	6.8	17.4
1995年	100.0	25.6	58.7	17.4	34.2	7.1	15.7
2000年	100.0	27.6	58.4	18.9	31.9	7.6	14.0
2005年	100.0	29.5	57.9	19.6	29.9	8.4	12.7
2010年	100.0	31.2	56.9	20.1	27.9	9.0	11.8
2015年	100.0	32.7	55.9	20.1	26.2	9.5	11.4
2020年	100.0	34.4	54.4	19.9	24.6	9.9	11.2
2025年	100.0	36.0	52.9	19.6	23.1	10.2	11.2
2030年	100.0	37.4	51.5	19.2	21.1	10.3	11.2

年では「単独世帯」が32.4％と一番多く，次いで「夫婦と子から成る世帯」27.9％，「夫婦のみの世帯」19.8％，「一人親と子から成る世帯」8.7％となっており，核家族世帯の割合は56.4％である。以前の国勢調査と比較すると「夫婦と子から成る世帯」は減少し，「単独世帯」「夫婦のみの世帯」「ひとり親と子の世帯」が増加してきた。今後2030年までの間には「単独世帯」と「ひとり親と子から成る世帯」が増加し，「夫婦のみの世帯」「夫婦と子からなる世帯」等が減少すると予測されている。すなわち少人数の世帯が増加することが，平均世帯人員の縮小と対応している。また，核家族世帯内の変化が予想される。これらの変化は，産業構造の変化による労働力の移動，出生率の低下，民法改正による夫婦家族制の浸透などにより家族が小規模化し，小家族化したものと考えられる。

　また，65歳以上の高齢者のいる世帯について見ると，世帯数は年々増加しており，全世帯数の4割以上が高齢者のいる世帯となっている。家族類型別に推移を見ると，直系家族の同居による従来の「三世代世帯」は減少し続け，子どもとの同居率が低下していることがわかる。一方で「夫婦のみの世帯」「単独世帯」が増加し，2013年には「単独世帯」が25.6％，「夫婦のみの世帯」31.1％となり，65歳以上の高齢者のいる世帯全体の半分以上を占めており，2035年には高齢世帯における「単独世帯」の割合が30％以上になると予測されている。また，「親と未婚の子のみの世帯」については2000年から2013年にかけて1.4倍

第4章　高齢社会と制度　85

と増加しており，近年の未婚化，晩婚化という結婚問題や老親の介護問題など
が反映されていると考えられる。

② 家族機能の変化：ライフサイクルの変化と女性の社会参加

平均寿命が延び，結婚年齢や出産年齢が高くなる一方で，子どもの数の減少
などにより家族のライフサイクルやライフスタイルは大きく変化した。女性の
労働力率の上昇に示されるように，今や女性は結婚や出産後も就業し続け，自
己実現欲求の高まりや主婦の家庭外就業の増加など女性の社会参加が進んでい
る。また，家族内では個人の意志や行動の自由の尊重など「家族の個人化」が
進み，家族そのものへの意識が変化している。産業化の進展や高度経済成長期
以降家庭は消費の単位となり，これまで家族内で行われていた家庭の生産機能
である家事や，育児・介護などのケア機能の外部化・社会化が進んでいる。

3 高齢社会の制度・政策

わが国は世界で最も高い高齢化率であるが，今後半世紀で先進地域および開
発途上地域合わせて世界の高齢化は急速に進展することが見込まれており，人
口高齢化による問題は日本だけの問題にとどまらず世界的な課題であり，国際
的な取り組みがなされている[4]。

▶ 国連による高齢社会への取り組み

1982年，国連による初めての取り組みである「高齢化に関する世界会議（第
1回高齢者問題世界会議，World Assembly on Ageing）」がオーストリアのウィーン
で開催され，「高齢化に関する国際行動計画（International Plan of action on Age-
ing）」が採択された。この行動計画には，高齢者の健康と栄養，消費者として
の保護，住宅と環境，家族，社会福祉，所得保障と就業，教育についての勧告
などが内容に盛り込まれ，同年の国連総会で決議された。1990年の国連総会決
議により，毎年10月1日を「国際高齢者の日（International day of Older Per-
sons）」とし，さらに翌年の1991年の国連総会で「高齢者のための国連原則（United
Nations Principles for Older Persons）」が採択され，各国政府ができる限りこの原
則を国内プログラムに盛り込むことが促された。この原則は，先に決議された

86　第Ⅱ部　福祉の現状と課題

国際行動計画の推進などを目的とし、高齢者の自立，参加，ケア，自己実現および尊厳を実現することをめざした内容となっている。1999年は「国際高齢者年（International Year of Older Persons）」となり，「すべての世代のための社会をめざして（towards a society for all ages）」というテーマが掲げられた。そのテーマには「高齢化」が社会にとって多次元，多分野，多世代にかかわる問題であり，あらゆる世代に開かれた社会の建設が重要であり，高齢者は社会の一員であるという理念を明確に表している。2002年には，「第2回高齢者問題世界会議」がスペインのマドリッドにおいて開催され，1982年の第1回会議で採択後20年を経てその間進展しつつある開発途上国における高齢化にも対応するべく，「高齢化に関する国際行動計画」の修正が行われた。また，社会全体で高齢化と発展のメインストリーミングを図り，世界の高齢者全体をあらゆるレベルで，発展プロセスと切り離せないパートナーとすることで，1999年の「すべての世代のための社会」というモットーが再確認された。

▶ 日本の高齢社会対策

　わが国における高齢者の福祉にかかわる制度化は第二次世界大戦後のことである。それまでは，家制度のもとでの老親扶養や近隣相互扶助などの私的扶養が当然の前提であり，1874（明治7）年制定の「恤救規則」や1929（昭和4）年制定の「救護法」による貧困者救済策として身寄りのない生活困窮高齢者に限定的に対応されるにとどまっていた。そこで，以下の4つの期間に分けて，その変遷を見ることにする。

　① 第二次世界大戦後から老人福祉法制定まで（1945〜1963年）

　第二次世界大戦後の高齢者対策は，戦後の混乱期1946（昭和21）年制定の「（旧）生活保護法」による養老院での救護と，1950（昭和25）年に全面的に改正された「生活保護法」による養老施設（養老院の改称）で生活困窮高齢者の生活保障を行う救貧対策を中心としており，経済的困窮対策としての性格が強かった。

　② 老人福祉法制定から老人保健法制定まで（1963〜1982年）

　1950年代後半から60年代はじめにかけて，老齢年金や医療制度の整備や高齢者の福祉への関心が高まり，従来の救貧的対策に代わってすべての高齢者の福

第4章　高齢社会と制度　**87**

祉を目的とする「老人福祉法」が1963（昭和38）年に制定された。一方で，1958（昭和33）年に「国民健康保険法」が大幅に改正され，翌年には「国民年金法」が制定されて，厚生年金制度などとともに医療保障や所得保障への対策が図られ，国民皆年金へ向けた施策が制度化されるなど，この時期は高齢者福祉の基盤整備期にあたる。

制定当初の老人福祉法では，老人ホームへの入所や老人家庭奉仕員による世話，老人クラブなどの老人福祉増進のための事業などを規定した福祉の措置について規定され，その他特別養護老人ホームをはじめとする老人ホームが体系化された。高齢者の保健医療については，医療保険に基づく医療保障と老人福祉法に基づく老人医療費支給制度（1973年から無料化，10年間）により支えられており，この制度により高齢者が受診しやすくなったものの，薬漬けや点滴漬け，社会的入院等の問題と老人医療費の著しい増大を招き，見直しが迫られた。この間，1970（昭和45）年には老年人口比率が7％を超え，高齢化社会に入り，高齢化が着実に進み，かたや第一次オイルショックにより経済成長は減速，国家財政の悪化などをもたらし，行政改革と福祉見直し論が台頭した。1982（昭和57）年に疾病予防から機能訓練まで総合的な老人保健医療対策の推進と老人医療費の国民による公平な負担を目的として「老人保健法」が制定され，老人医療費無料制度は終わりとなった。

③　老人保健法制定後からゴールドプラン策定および福祉関係8法改正，介護保険法制定まで（1982〜1997年）

老人保健法制定後，1980年代はじめの「第二次臨時行政調査会」は「増税なき経済再建」を掲げたが，社会保障・社会福祉においても公費支出の抑制と国民負担の増大をもたらした。1980年代終わり頃から，来るべき高齢社会に備え，高齢者の保健福祉施策が急速に展開しはじめ，1990年代は21世紀に向けて高齢者介護基盤づくりの時代となった。

1989（平成元）年，「高齢者保健福祉推進十ヵ年戦略（ゴールドプラン）」が策定された。このゴールドプランは，1989年4月からの消費税導入の主旨を踏まえて策定されたものであり，高齢者の保健福祉サービスの分野において1999（平成11）年度までの10か年に達成すべきサービスの具体的数値目標を掲げ，在宅福祉対策や施設福祉の大幅な拡充を図ろうとするものであり，以後の高齢者

保健福祉対策の基本的枠組みが示された。1990年には，ゴールドプラン推進の基盤整備のために「老人福祉法等の一部を改正する法律」いわゆる福祉8法の改正が行われ，この法律改正により1993年から94年にかけて全市町村と都道府県においてニーズに基づいた保健・福祉サービスの目標量や供給体制の整備を中心に，老人保健福祉計画が策定された。

1994（平成6）年は後の公的介護保険に向けて大きく前進した年である。3月に「21世紀福祉ビジョン―少子・高齢社会にむけて―」が厚生大臣により閣議報告された。21世紀福祉ビジョンとは，「高齢社会福祉ビジョン懇談会」の報告書であり，今後の社会保障の方向として，第一に年金，医療，福祉等の給付構造を福祉等の重視によりおよそ5：3：2程度へと転換すること，第二に高齢者介護について新ゴールドプランを策定し，21世紀に向けた新たな介護システムを構築していくこと，などを提言している。次いで，12月にまず「高齢者介護・自立支援システム研究会報告「新たな高齢者介護システムの構築を目指して」が提出され，高齢者の自立支援を基本理念とし，社会保険方式に基礎を置いたシステムの創設を提言した。次いでゴールドプランの整備目標値を大幅に上方修正する等の全面的見直しである「新ゴールドプラン」が策定された。

その後，1995（平成7）年から社会保障制度審議会，老人保健福祉審議会において公的介護保険制度創設に向けた本格的な議論が開始され，1997（平成9）年12月に介護保険法が成立し，2000（平成12）年4月から介護保険制度がスタートした。

④　介護保険法施行以降（2000年～）

介護保険法施行後5年を経て，2006（平成18）年4月から改正介護保険法が施行され，新予防給付の導入や地域包括支援センターの創設などが行われた。さらに2006年4月から高齢者虐待に対応するために「高齢者虐待の防止，高齢者の養護者に対する支援等に関する法律（高齢者虐待防止法）」が施行された。

2012（平成24）年の改正は，在宅で重度の高齢者や医療を必要とする高齢者を支える仕組みの構築をより明確に志向して行われた。社会保障・税の一体改革で示された入院・入所の抑制の方向性をふまえた，在宅でのくらしの限界点を高めるための介護基盤の整備であり，社会保障制度の将来像として「医療から介護へ」「施設から在宅へ」の大きな流れがあり，介護保険制度については

第4章　高齢社会と制度　89

「ノーマライゼーション」「ソーシャルインクルージョン（地域住民による支え合いシステム）」の実現に向けて，「地域包括ケアシステム」の構築が具体的な目標となった。

▶ 高齢社会対策の理念

わが国の高齢社会対策の基本的枠組みは，日本国憲法を基盤として，1995（平成7）年制定の高齢社会対策基本法に基づいている。政府はすでに1986（昭和61）年に長寿社会対策大綱を決定し，21世紀初頭の本格的な高齢社会の到来に備え，人生80年時代にふさわしい経済社会システムの構築を図るために政府が推進すべき長寿社会対策の指針を定めており[5]，その上で高齢社会対策を総合的に推進し，経済社会の健全な発展と国民生活の安定向上を図ることを目的に高齢社会対策基本法が施行された。基本法の前文では，「国民一人一人が生涯にわたって真に幸福を享受できる高齢社会を築き上げていくためには，雇用，年金，医療，福祉，教育，社会参加，生活環境等に係る社会のシステムが高齢社会にふさわしいものとなるよう，不断に見直し，適切なものとしていく必要があり，そのためには，国及び地方公共団体はもとより，企業，地域社会，家庭及び個人が相互に協力しながらそれぞれの役割を積極的に果たしていくことが必要である」と，公正で活力ある，地域社会が自立と連帯の精神に立脚して形成される，豊かな社会の構築を掲げ，国および地方公共団体の責務と国民の努力についても規定している[6]。高齢社会対策は「わが国における急速な高齢化の進展が経済社会の変化と相まって，国民生活に広範な影響を及ぼしている状況にかんがみ，高齢化の進展に適切に対処するための施策」と定義されている。

▶ 高齢社会対策の体系

わが国の高齢者に関連する対策は，日本国憲法第11条（基本的人権），第13条（個人の尊重）および第25条（国民の生存権・国の保障義務）などに基づき，併せて高齢社会対策基本法によってその理念と全体像を具体的に示している。

今日では，高齢者を虚弱で経済的にも苦しく社会的支援が必要な存在と考えられ，あたかも高齢者福祉イコール介護のように，医療や介護の必要な高齢者

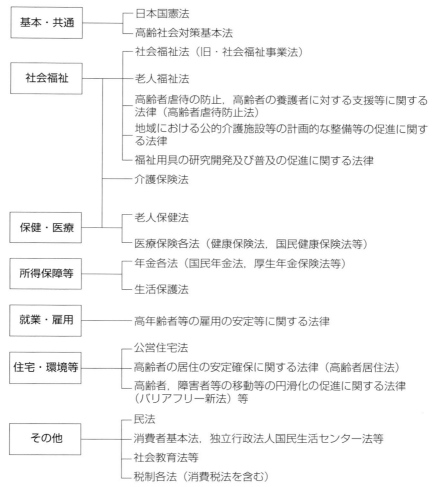

注 生活保護法は低所得世帯のニーズに対応し、生活、医療、住宅、葬祭、介護等の8種類の扶助項目を規定している。
村川浩一（1996）『高齢者保健福祉計画研究』中央法規出版, p.8 を修正

図1　高齢者関連制度の体系

にかかわる施策にばかりに注目が集まる傾向にある。しかし，現実には介護の必要な高齢者すなわち要介護 (要支援) 認定者は65歳以上高齢者のうち約17.6%(2012年現在)[7]と，介護などの支援を必要としない元気な高齢者が大半であり，その実態は多様である。

　高齢社会対策は，国連の行動計画やモットー「すべての世代のための社会の建設」にあるように，医療や介護が必要な高齢者だけでなく，元気な高齢者を対象とした施策も重要であり，高齢者を他の世代と同様に社会の一員として生きることができるよう，その多様な実態に合わせてつくられている。関連する主な法律を高齢期の諸問題である健康問題，経済的問題，雇用・就業問題，学習・社会参加問題，住宅・生活環境問題などの5つの分野別基本的施策に合わせて整理すると図1のようになる。

　以上のようにわが国の高齢社会対策は，日本国憲法と高齢社会対策基本法を基本的枠組みとして包括的・体系的につくられており，これらの法律に基づき生活全般についてさまざまな施策が実施されているのである。

1）内閣府（2015）「平成27年版　高齢社会白書」p. 6
2）厚生労働省老健局総務課 PDF「公的介護保険制度の現状と今後の役割　平成27年度」p. 10, 12, 26
3）国立社会保障・人口問題研究所「日本の世帯数の将来推計（全国推計）」2013（平成25）年1月推計より
4）内閣府（2015）「平成27年版　高齢社会白書」pp. 10-12
5）国立社会保障・人口問題研究所「長寿社会対策大綱」昭和61年閣議決定
6）内閣府ホームページ「高齢社会対策」，内閣府（2015）「平成27年版　高齢社会白書」p. 72
7）内閣府（2015）「平成27年版　高齢社会白書」p. 24

〔参考文献〕
筒井孝子（2001）『介護サービス論―ケアの基準化と家族介護のゆくえ―』有斐閣
川村千鶴子・宣元錫編著（2007）『異文化間介護と多文化共生―誰が介護を担うのか―』明石書店
武川正吾（2011）『福祉社会―包摂の社会政策―　新版』有斐閣アルマ
塚田典子編著（2010）『介護現場の外国人労働者―日本のケア現場はどう変わるのか―』明石書店
西村周三監修，国立社会保障・人口問題研究所編（2013）『地域包括システム―「住み慣

れた地域で老いる」社会をめざして—』慶應義塾大学出版会

藤井賢一郎監修，東京都社会福祉協議会編集（2013）『介護保険制度とは…—制度を理解するために　2012年度からの見直しに対応—　改訂第12版追補』東京都社会福祉協議会

社会福祉士養成講座編集委員会編（2012）『高齢者に対する支援と介護保険制度　第3版』中央法規出版

筒井孝子（2014）『地域包括ケアシステム構築のためのマネジメント戦略—integrated care の理論とその応用—』中央法規出版

直井道子・中野いく子・和気純子編（2014）『高齢者福祉の世界　補訂版』有斐閣アルマ

高橋紘士編（2012）『地域包括ケアシステム』オーム社

長谷憲明（2015）『新しい介護保険のしくみ　平成27年改正対応版』瀬谷出版

椋野美智子・田中耕太郎（2015）『はじめての社会保障—福祉を学ぶ人へ—　第12版』有斐閣アルマ

山田知子編著（2015）『高齢期の生活と福祉』放送大学教育振興会

第5章

介護保険制度
―負担と給付の現状と課題―

馬場　純子

1　介護保険制度の目的と理念

　人口の高齢化や平均寿命の伸びに伴って，慢性的な病気や障害を抱えながらの生活や認知症など介護を必要とする高齢者が急速に増加し，保健，医療，福祉の領域を越えたサービス・ニーズが出現してきた。このことは家族の形態や介護機能の変化などと重なって，高齢者の介護問題をより深刻化させることとなってきている。もともと高齢者に対する保健福祉サービスは，医療，老人福祉，老人保健の3つの異なる制度の下で行われていた。要介護者に対する介護サービスは老人福祉制度（老人福祉法，特別養護老人ホーム）や老人保健制度（老人保健法，老人病院への入院）という異なる制度の下で提供されていたため，内容や費用負担にバランスを欠いていた。福祉のサービスについては行政がサービスの種類や提供機関を決め（福祉の措置），利用者がサービスを自由に選択できないこと，保健医療サービスについては社会的入院などサービスの利用が適切でないことなどの問題があった。病院は「医療」の場であるため，介護という観点からは質の低いサービスが行われることが多く，また医療資源が医療の必要のない人に使われているという意味で社会全体から見れば資源の無駄遣いでもあった。行政組織の構造的な問題などサービス利用手続きや費用負担の面で不都合が多く，多様なニーズを充足する総合的なサービスとして生活を支えるには課題があった。その他にも，サービスの質や効率性，財政的にも多くの問題を抱えるようになった。そこで1990年代に入り，基礎構造改革を経て，超高齢社会においても持続する制度が検討され，1997年12月に介護保険法が成立，

94　第Ⅱ部　福祉の現状と課題

公的介護保険制度が創設され，2000年4月から社会保障の一部として公的介護保険のサービスが開始された。

　介護保険は先に示したようなさまざまな弊害をなくし，高齢者への介護サービスを独立した一つの制度で提供するものであり，老人保健制度同様に社会保険の仕組みを採用した。保険料を支払う社会保険はサービスに対して権利意識をもちやすい。保険料を支払う（負担する）ことでサービスが受けられるのであれば，給付と負担の関係が明確となり介護のための新たな負担を納得しやすい，ということになる。

　制度創設のねらいは，①負担と給付の関係が明確な社会保険方式の採用，②高齢者自身が選択できる利用者本位の制度，③保健，医療，福祉にわたる介護サービスを提供できるように介護支援サービス（ケアマネジメント）を導入，④介護サービス利用を契約制とし，市場機能と民間活力の活用，⑤高齢者本人を「被保険者」と位置づけ，⑥地方分権，「保険者」は市町村（市町村および特別区，以下「市町村」）とする，等である[1]。

▶ 目的

　介護保険法は，加齢に伴って生ずる心身の変化に起因する疾病等により要介護状態（常時介護を要すると見込まれる状態）となり，介護，機能訓練ならびに看護および療養上の管理その他の医療を要する者等が尊厳を保持し，その有する能力に応じ自立した日常生活を営むことができるよう，必要な保健医療サービスおよび福祉サービスにかかわる給付を行い，国民の保健医療の向上および福祉の増進を図ることを目的としている（介護保険法第1条より）。

▶ 基本的理念

　リハビリテーション等による要介護状態の軽減・予防の重視，医療との十分な連携，被保険者の自由な選択による被保険者にふさわしいサービスの提供，民間活力の活用による多様な事業者・施設によるサービスの提供，総合的・効率的な保健，医療，福祉サービスの提供，在宅における自立した日常生活の重視などがあげられ，これらの事項について配慮して行わなければならないとされている（介護保険法第1条および第4条より）。

第5章　介護保険制度　95

2 介護保険制度の仕組み[2)]

▶ 保険者と被保険者

介護保険制度は，保険を実施，運営する「保険者」と保険に加入して保険料を負担する「被保険者」により構成される。

「保険者」は，住民に最も身近な行政単位である「区市町村」である。区市町村は，介護保険事業計画の作成，保険料の徴収や要介護認定（介護が必要かどうかの認定）等の役割を担う。その上で，国，都道府県がそれぞれの役割をもって制度を支える仕組みとなっている。「被保険者」は，保険制度の目的である保険事故（介護が必要となった状態）が発生した場合に保険給付（サービスの支給）を受ける者である。介護保険の被保険者には2種類あり，65歳以上の高齢者は「第1号被保険者」，40歳以上65歳未満の医療保険加入者が「第2号被保険者」となる。それぞれ要介護者，要支援者の認定を受けた場合に介護保険サービスを利用できるが，第2号被保険者についてはその原因が特定疾病によるもののみサービスを受けられる。

① 負担と給付

介護保険制度における負担とは，被保険者が納める保険料と保険給付（サービスを受ける際）の利用者自己負担のことである。給付とは，保険者あるいはサービス事業者が行うサービス支給であり，介護給付や予防給付として実施される居宅サービス，施設サービス，地域密着型サービスなどの種類がある。

② 財源と保険料

財源は，保険料50％，残りの50％が税金等の公費である。保険料負担は個人単位になっており，個人別に保険料を納付する。

第1号被保険者の保険料は保険料率をもとに区市町村別に算定され，所得段階別に定額保険料となっている。徴収方法は，年金額が一定額以上は年金から天引きされ，その他は区市町村による普通徴収である。3年に1度設定されるが，2012〜2015年度の全国平均は月額4,972円と推計され，前年度よりも約6.5％増となっている。第2号被保険者の保険料は「基準額」を設定した上で，各種医療保険に加入している介護保険の被保険者の数に応じて割り振られ，医療保

表1　介護保険制度の被保険者（加入者）

○介護保険制度の被保険者は，①65歳以上の者（第1号被保険者），②40〜64歳の医療保険加入者（第2号被保険者）となっている。
○介護保険サービスは，65歳以上の者は原因を問わず要支援・要介護状態となったときに，40〜64歳の者は末期がんや関節リウマチ等の老化による病気が原因で要支援・要介護状態になった場合に，受けることができる。

	第1号被保険者	第2号被保険者
対象者	65歳以上の者	40歳から64歳までの医療保険加入者
人数	3,094万人 （65〜74歳：1,574万人　75歳以上：1,520万人） ※1万人未満の端数は切り捨て	4,275万人
受給要件	・要介護状態（寝たきり，認知症等で介護が必要な状態） ・要支援状態（日常生活に支援が必要な状態）	要介護，要支援状態が，末期がん・関節リウマチ等の加齢に起因する疾病（特定疾病）による場合に限定
要介護（要支援）認定者数と被保険者に占める割合	546万人（17.6%） （65〜74歳：69万人〔4.4%〕 　75歳以上：477万人〔31.4%〕）	15万人（0.4%）
保険料負担	市町村が徴収（原則，年金から天引き）	医療保険者が医療保険の保険料と一括徴収

（注）第1号被保険者および要介護（要支援）認定者の数は，「平成24年度介護保険事業状況報告年報」によるものであり，平成24年度末現在の数である。
　　　第2号被保険者の数は，社会保険診療報酬支払基金が介護給付費納付金額を確定するための医療保険者からの報告によるものであり，平成24年度内の月平均値である。

表2　介護保険法で定める特定疾病

① 　がん（医師が一般に認められている医学的見地に基づき回復の見込みがない状態に至ったと判断したものに限る）
② 　関節リウマチ
③ 　筋萎縮性側索硬化症
④ 　後縦靱帯骨化症
⑤ 　骨折を伴う骨粗鬆症
⑥ 　初老期における認知症
⑦ 　進行性核上性麻痺，大脳皮質基底核変性症及びパーキンソン病
⑧ 　脊髄小脳変性症
⑨ 　脊柱管狭窄症
⑩ 　早老症
⑪ 　多系統萎縮症
⑫ 　糖尿病性神経障害，糖尿病性腎症及び糖尿病性網膜症
⑬ 　脳血管疾患
⑭ 　閉塞性動脈硬化症
⑮ 　慢性閉塞性肺疾患
⑯ 　両側の膝関節又は股関節に著しい変形を伴う変形性関節症

第5章　介護保険制度　97

険者が保険料を徴収する。原則として，保険料は事業主と被保険者が折半して
支払う。2013年度の平均月額は，1人あたり4,966円と推計されている。

　このほかに，負担として，サービスを利用した際の利用者負担があり，居宅
サービス，施設サービスともにサービス費用の1割となっている。また，2005
年の法改正により施設における「食費」と「居住費」が保険給付の対象外とな
り，介護保険施設における食費・居住費，短期入所系サービスにおける食費・
滞在費，通所系サービスにおける食費が利用者の自己負担となった。もともと
「食費」は食材費については自己負担であったが，これに調理コストが加わり
保険給付対象外となった。一方，「居住費」は，これまでは保険給付に含まれ
ていたが，個室の場合の室料と光熱水費相当額が保険給付対象外となり，利用
者は施設との契約に基づき施設ごとに定められる居住費と食費を原則として自
ら負担することになった。「食費」「居住費」ともに3段階の所得に応じて負担
の上限額が設定され，低所得者については補足給付により負担が軽減される。

▶ 保険給付と要介護認定

　サービス給付（利用）の基本的な流れは，申請，要介護認定，介護サービス
計画の作成，サービスの利用，となっている。

① 要介護認定

　保険給付を受ける，すなわち介護保険サービスを利用するためには，要介護
認定が必要であり，一次判定と二次判定により，要介護5段階，要支援2段階，
自立（非該当）と認定される。区市町村窓口等への申請後，保険者から認定調
査員が申請者を訪問し，調査対象者本人や介護者等からの聞き取りなどにより
介護が必要かどうかの認定調査を行う。調査項目は本人の心身の状況，生活状
況をはじめとする74項目と特記事項，概況調査（受けているサービス，家族環境，
住宅環境など）である。この結果を一次判定として，主治医の意見書を加えて
介護認定審査会において第二次判定を行う。

　要介護（の判定を受けた）者は介護給付（介護サービス），要支援者は予防給付
（介護予防サービス）を受けることができるが，非該当（自立）と判定された第1
号被保険者については地域包括支援センターにおいてアセスメント等を行い必
要に応じて介護予防ケアプランを作成し，介護予防事業を利用することになる。

また，在宅でサービスを利用する場合，要支援，要介護度別にサービス支給限度額が設定されており，支給限度額の範囲内でのサービス利用が保険給付の対象となり，利用額の原則１割が利用者自己負担となる（2015年から一部見直し）。限度額を超えて利用すると，超えた部分が全額自己負担となる。

② 介護サービス計画と介護支援サービス

　要介護，要支援の認定を受けた者は保険給付を受けることができる。介護サービス計画（ケアプラン）を作成してサービスを利用することになる。要介護者の介護保険サービスの利用は「居宅サービス計画（ケアプラン）」に基づいて提供される。自分で計画を立てる（セルフケアプラン）こともできるが，さまざまなサービスの種類や内容，費用のことを理解し，自分に合った事業者を選ぶために，「介護支援専門員（ケアマネジャー）」が位置づけられている。その際には利用者本人の自己決定を最大限尊重し，その選択に基づき介護サービスを総合的に利用できる仕組みとして介護支援サービス（ケアマネジメント）が制度的に位置づけられた。介護支援サービス（ケアマネジメント）は，介護支援専門員が中心となって在宅および施設における利用者への適切な介護サービス計画（ケアプラン）の作成などを通じて，利用者の心身の状況や環境などに応じた適切な介護サービスが総合的かつ効率的に受けられるよう配慮するものである。「アセスメント→ケアプランの作成→サービスの実施→モニタリング」の一連のプロセスが循環して利用者の心身の状況に応じてサービス調整を行うものであり，在宅の場合は「居宅介護支援」（介護給付＝要介護１～５），「介護予防支援」（予防給付＝要支援１，２），施設入所の場合は「施設介護支援」となる。

▶ 保険給付の内容

　介護保険法による保険給付は，①介護給付，②予防給付，③市町村特別給付がある。介護給付は要介護１～５の認定を受けた被保険者に対する給付で，居宅サービスと施設サービス，地域密着型サービスを受けることができる。予防給付は，要支援１，２の認定を受けた被保険者に対する給付で，居宅サービスと地域密着型介護予防サービスとなる。市町村特別給付は，布団乾燥サービスや移送サービスなど要介護状態の軽減や予防等のために市町村が独自に条例によって実施する保険給付である。

第５章　介護保険制度　99

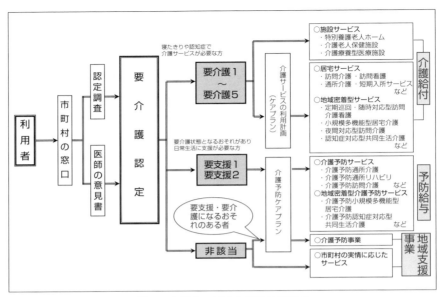

図1 介護サービスの利用の手続き

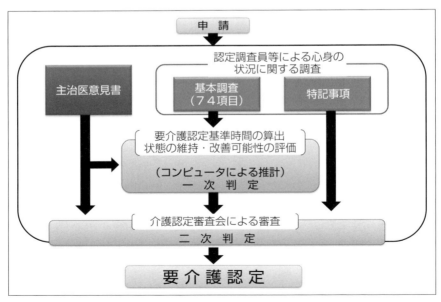

図2 要介護認定の流れ

表3 介護サービスの種類

	予防給付を行うサービス	介護給付を行うサービス
都道府県・政令市・中核市が指定・監督を行うサービス	◎介護予防サービス 【訪問サービス】 ○介護予防訪問介護（ホームヘルプサービス） ○介護予防訪問入浴介護 ○介護予防訪問看護 ○介護予防訪問リハビリテーション ○介護予防居宅療養管理指導 【通所サービス】 ○介護予防通所介護（デイサービス） ○介護予防通所リハビリテーション 【短期入所サービス】 ○介護予防短期入所生活介護（ショートステイ） ○介護予防短期入所療養介護 ○介護予防特定施設入居者生活介護 ○介護予防福祉用具貸与 ○特定介護予防福祉用具販売	◎居宅サービス 【訪問サービス】 ○訪問介護（ホームヘルプサービス） ○訪問入浴介護 ○訪問看護 ○訪問リハビリテーション ○居宅療養管理指導 【通所サービス】 ○通所介護（デイサービス） ○通所リハビリテーション 【短期入所サービス】 ○短期入所生活介護（ショートステイ） ○短期入所療養介護 ○特定施設入居者生活介護 ○福祉用具貸与 ○特定福祉用具販売 ◎居宅介護支援 ◎施設サービス ○介護老人福祉施設 ○介護老人保健施設 ○介護療養型医療施設
市町村が指定・監督を行うサービス	◎地域密着型介護予防サービス ○介護予防小規模多機能型居宅介護 ○介護予防認知症対応型通所介護 ○介護予防認知症対応型共同生活介護（グループホーム） ◎介護予防支援	◎地域密着型サービス ○定期巡回・随時対応型訪問介護看護 ○夜間対応型訪問介護 ○認知症対応型通所介護 ○小規模多機能型居宅介護 ○認知症対応型共同生活介護（グループホーム） ○地域密着型特定施設入居者生活介護 ○地域密着型介護老人福祉施設入所者生活介護 ○複合型サービス
その他	◎住宅改修	◎住宅改修

◎地域支援事業

<u>介護予防・日常生活支援総合事業</u>（実施主体は市町村に限らず，NPO，民間事業者，市町村長による指定事業者，NPOや住民団体，ボランティア等，多様な主体からサービスが提供される）

市町村が実施する事業

介護予防・生活支援サービス事業（従来の要支援者，基本チェックリスト該当者）
- （1）訪問型サービス……………………① 訪問介護（現行）
  - ② 訪問型サービスA～D（多様なサービス）
- （2）通所型サービス……………………① 通所介護（現行）
  - ② 通所型サービスA～C（多様なサービス）
- （3）その他の生活支援サービス……① 栄養改善を目的とした配食
  - ② 住民ボランティア等が行う見守り
  - ③ 訪問型サービス・通所型サービスに準じる自立支援に資する生活支援（訪問型・通所型サービスの一体的提供等）（市町村の地域の実情に応じたサービス内容）
- （4）介護予防ケアマネジメント

一般介護予防事業（第1号被保険者の全ての者，その支援のために活動に関わる者）
- ① 介護予防把握字義用
- ② 介護予防普及啓発事業
- ③ 地域介護予防活動支援事業
- ④ 一般介護予防事業評価事業
- ⑤ 地域リハビリテーション活動支援事業

第5章 介護保険制度 101

サービスの種類としては，居宅サービスは13種類，施設サービスは３種類，地域密着型サービスは８種類ある。なお，施設サービスは介護給付（要介護３以上，2015年改正）のみ受けられる。

▶ サービス事業者

介護保険のサービスは，都道府県知事から指定を受けた指定事業者から提供を受けることで保険給付の対象となる。「居宅サービス事業者」と「居宅介護支援」は，サービスの種類，事業所ごとに都道府県知事の指定を受け，６年ごとの更新制となっている。「地域密着型サービス」と「介護予防支援」は区市町村が指定し，利用の対象も原則として当該区市町村の被保険者である。一方，「介護保険施設」も都道府県知事の指定や許可を受けた施設が保険給付の対象となる。

3 介護保険制度の改正

介護保険制度は，2000年の施行後５年を目途に制度全体の検討と見直しを行うことになっており，まず2005年に大幅な改正が行われ，その後15年の間に要介護高齢者の増加，サービス受給者（216％増）や介護費用（約３倍）の大幅増加を経てこれまでに４回の法改正を経て発展してきた。直近では2011（平成23）年，2015（平成27）年の改正で「医療から介護へ」「施設から在宅へ」という流れのもと，「ノーマライゼーション」と「ソーシャルインクルージョン（地域住民による支え合いシステム）」の実現に向けて，「地域包括ケアシステム」の構築を具体的目標として体制が整備されてきている。

保険者である市町村は要介護者など地域の実態をふまえて必要なサービス量やそのために必要な費用を見込むとともに，介護サービス提供のための基盤整備等のために介護保険事業計画を策定する。計画期間は３年を１期とし，この計画に基づいて保険料や介護報酬などが決定される。2015年現在，介護保険事業計画第６期であり，第1号被保険者の保険料はこれまでに５回の見直しが行われてきた。

まず2005（平成17）年の法改正（平成18年施行）では，制度開始後初めての大

102 第Ⅱ部 福祉の現状と課題

幅な見直しがなされた。「制度の持続性」「明るく活力のある超高齢社会の構築」「社会保障の総合化」を基本的視点とし，主な改正点として，①予防重視型システムへの転換のため，新予防給付と地域支援事業の創設，②施設給付等における居住費・食費を保険給付対象外とする，③新たなサービス体系として地域密着型サービス，地域包括支援センターの創設，④サービスの質の確保と向上のため，介護サービス情報の公表制度と事業者指定の更新制（6年間），介護支援専門員資格の更新制（5年間）や研修の義務化，主任介護支援専門員の創設，などである。

2008（平成20）年の改正（平成21年施行）では，介護サービス事業者の法令遵守等の業務管理体制の整備とする事業者の規制の強化，などが主な改正点である。

次いで，2011（平成23）年改正（平成24年施行）では，地域包括ケアの推進が打ち出され，医療，介護，予防，住まい，生活支援サービスを切れ目なく提供する①「地域包括ケアシステム」の基盤強化や，②医療と介護の役割分担，③認知症にふさわしいサービスの提供のための改正が行われ，24時間対応の定期巡回・随時対応サービスや複合型サービス，介護予防・日常生活支援総合事業が創設された。また介護職員によるたんの吸引等が可能となり，有料老人ホーム等における前払金の返還に関する利用者保護などが整備され，そして介護保険事業計画と医療サービス，住まいに関する計画との調和が図られることとなった。

2015（平成27）年改正は，持続可能な社会保障制度の確立を図るための改革の推進に関する法律に基づく措置として，効率的かつ質の高い医療提供体制を構築するとともに地域包括ケアシステムを構築することを通じ，地域における医療および介護の総合的な確保を推進するため，医療法，介護保険法等の関係法律について所要の整備等を行うとして，医療介護総合確保推進法による介護保険法改正となり，制度運営にかかわる仕組みの改正，サービスについての改正，被保険者の負担についての改正が主な項目となっている。医療の必要な人や中重度の要介護者，一人暮らしの要支援・要介護者等を地域で支える体制をつくるためのさまざまな改正が行われ，地域ケア会議の義務化，認知症地域支援推進員の配置など新たなスキルをもつ人の配置や地域包括支援センターの機

第5章　介護保険制度　103

能強化，医療・介護連携の仕組みの構築に向けた改正が行われた。サービスについては中重度への重点化，軽度者への訪問介護と通所介護について保険適用を予防給付から除外し，市町村の事業としてボランティア等にサービス提供を可能にする新しい地域支援事業（介護予防・生活支援サービス事業）に移行させた。また特別養護老人ホームの入所対象を原則要介護3以上に重点化，利用者負担については一定以上の所得のある場合に2割負担を導入するなどの見直し，改正が行われた[3]。

4 介護保険制度と地域包括ケアシステム

　地域包括ケアシステムとは，ニーズに応じた住宅が提供されることを基本とした上で，生活上の安全・安心・健康を確保するために，医療や介護，予防のみならず，福祉サービスを含めたさまざまな生活支援サービスが日常生活の場（日常生活圏域）で適切に提供できるような地域での体制と定義され，そこで展開される地域包括ケア圏域については，「おおむね30分以内に駆けつけられる圏域」を理想的な圏域として定義し，具体的には中学校区を基本とするものである（図3）。

　団塊の世代が後期高齢者となる2025年の高齢社会をふまえると，①高齢者ニーズの増大，②単独世帯の増大，③認知症を有する者の増加，が想定される。そのためには，介護保険サービス，医療保険サービスだけでなく，見守りなどのさまざまな生活支援や成年後見等の権利擁護，住居の保障，低所得者への支援などさまざまな支援が切れ目なく提供されることが必要である。しかし，現状では各提供システムは分断され，有機的な連携が見られない。そこで，地域における在宅生活を支える5つの構成要素である医療・介護・予防・住まい・生活支援が一体的に提供される地域包括ケアシステムの構築が進められることになった（図4）。このために介護保険制度やそのサービスの活用が重要であり，介護サービス基盤強化のための制度の仕組みの改正が行われた。

　地域包括ケアシステムでは，高齢者は自らの意志で居住形態を選択し，本人の希望にかなった「住まい方」（家族・隣人・友人との関係性）を確保した上で，心身の状態や「住まいと住まい方」の変化に応じて，「支援・サービス」を柔

104　第Ⅱ部　福祉の現状と課題

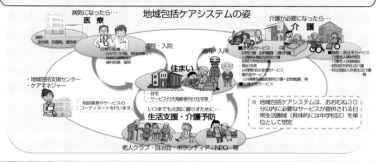

図3　地域包括ケアシステムの構築について

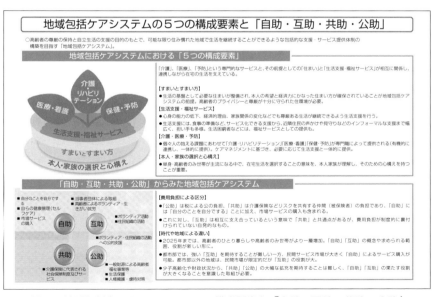

図4　地域包括ケアシステムの5つの構成要素と「自助・互助・共助・公助」

第5章　介護保険制度　105

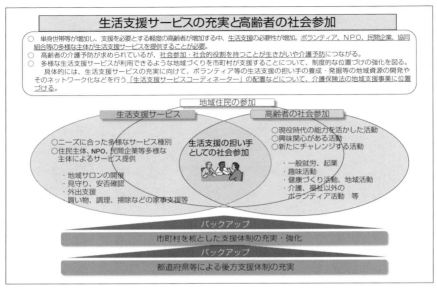

図5 生活支援・介護予防サービスの充実と高齢者の社会参加

軟に組み合わせて提供するものである。従来のサービスでは「生活支援」については医療・介護の専門職により提供されることもあるが、医療・介護の専門職は「医療・介護」に注力することができ、在宅生活限界点の向上につながるよう「生活支援」については民間事業者やNPO、ボランティア、地域住民など多様な主体により提供されるようにしようとするシステムである（図5）。そしてその実現にはこれまでの「自助」「共助」「公助」に加えて高齢者自らによる社会参加やボランティアや住民組織の活動などによる「互助」の概念が求められることになる（厚生労働省老健局「地域包括ケア研究会報告書」平成25年3月および「地域包括ケアシステムの構築」平成27年5月より）。

5　高齢者介護をめぐる現状と課題

▶ 健康日本21―健康寿命の延伸―

わが国の平均寿命は世界で最も長くなり、今後も男女とも伸びて2060年には

男性84.19歳，女性90.93歳と予測されており，女性の平均寿命は90歳を超えると見込まれている。しかし，日常生活に制限のない期間である健康寿命は平成25年で男性71.19歳，女性74.21歳，平均寿命（男性80.21歳，女性86.61歳）との差を見ると男性9.02年，女性12.4年となっている。そして平均寿命の延びに比べて健康寿命の延びは低くなっており[4]，今後平均寿命の延伸に伴い，健康寿命との差が拡大すれば，不健康な期間も伸びることが予想され，医療費や介護給付費の多くを消費する期間が増大することになる。つまり，平均寿命が長く長生きするものの，その平均寿命の後半10年近くは日常生活が制限され，なんらかの支援を必要とするということである。トイレなど排泄は人の世話になりたくない，いつまでも健康で制限なく日常生活を送ることができることを誰もが望むのは当然のことである。そこで，疾病予防と健康増進，介護予防などによって，平均寿命と健康寿命の差を短縮することができれば，個人の生活の質の低下を防ぐとともに，社会保障負担の軽減も期待できると見られる。この「健康寿命の延伸」は健康日本21の中心課題であり，国民健康づくり運動の展開はきわめて重要となっている[5]。

　老いは誰もが必ず経験することであり，それを防ぐことは永遠の課題である。平均寿命が90歳を超えようという時代となってきたが，長寿ということが必ずしもウェルビーイングとはいえない。近年では「PPK（ピンピンコロリ）」や「生涯現役」のような直角型といわれる新しい老化モデル[6]に変化しており，個人差が非常に大きくなっている。いまや高齢化に伴うウェルビーイングの条件とは，長寿だけでなく高い生活の質（QOL）と高いProductivity（社会貢献）があげられており，これまでの高齢者観，イメージが大きく変化してきている。そのためには高齢者の社会参加活動による健康維持ということが重要であり，高齢者はもはや支えられる存在としてだけでなく，高齢者自らの健康維持や社会参加に向けた積極的な姿勢と日々の活動や努力が重要であり，それは早い段階から自ら意識して活動し努力を重ねることが必要である。そして異なる世代にとってもそのような高齢者への理解と社会参加受け入れへの意識変革が強く求められる。

第5章　介護保険制度　107

▶ 新しいケアモデル：認知症高齢者ケア

　要介護認定のデータに基づくと，要介護高齢者のほぼ半数，施設入所者については約8割が認知症の影響が認められる現状であり，この傾向は今後も続くと予測される。認知症高齢者は，記憶障害の進行が中核症状である一方，感情やプライドは残存しているため，周りの対応によっては不安，失望，怒りなどから徘徊，せん妄，攻撃的言動など特有の行動障害が現れる。自分の人格が周囲から認められなくなっていくという最もつらい思いをしているのは本人自身である。本人なりの生活の仕方や潜在する力を大切に，その人の人格を尊重してその人らしさを支えることが必要であり，「尊厳の保持」をケアの基本とすることが重要である。

　2005（平成17）年の介護保険制度改正では，これまでの高齢者介護のケア・モデル（身体ケア）に加えて認知症ケアがケアの標準として位置づけられ，認知症専門の知識や対応技術を備えたヘルパーや介護職員の育成が進んでいる。また，地域のかかりつけ医は認知症高齢者の地域生活全般において幅広い役割を担う存在であり，認知症専門医や介護サービス関係者と連携して認知症本人や家族の地域生活を支えるという認知症ケアモデルとなった。今後の認知症高齢者に対応したケアの展開にあたり，認知症高齢者グループホームでの実践経験から，「小規模な居住空間，なじみの人間関係，家庭的な雰囲気の中で，住み慣れた地域での生活を継続しながら，一人一人の生活のあり方を支援する」という方法論が有用であるとされ，新たに地域密着型サービスが整備された。2012（平成24）年改正の基本的視点の一つに認知症にふさわしいサービスの提供が加えられ，認知症地域支援推進員や認知症初期対応集中チームの設置など専門のスタッフの配置が施策に取り入れられた[7]。

　以上のように，認知症高齢者への施策が整備されて新たなケアが展開されているが，家族や地域住民の認知症に関する無理解と偏見は大きな阻害要因となる。専門医による診断の下，家族や地住民は認知症に関する正しい知識と理解を持って適切にかかわることで，認知症高齢者の尊厳を支えるケアが具現できよう。また，成年後見制度や高齢者虐待防止法などによる権利擁護制度が整備される中で，反対に家族間の紛争や詐欺事件など高齢者が巻き込まれる事件が多発しているのも現実である。

▶ 財政的な問題

　市町村は3年を1期とする介護保険事業計画を策定し，3年ごとに保険料の見直しを行う。介護保険給付費は，2015年度9.76兆円で，2000年度開始時3.6兆円の2.7倍近くまで伸びており，今後も増加が見込まれている。社会保障給付費のうち年金，医療，福祉（介護対策以外）の伸び率と比べても，介護対策費用の伸び率は年々大きく，高齢者の増加や制度を持続させる意味でも財源の確保が深刻な問題となっている。

　また，介護保険は地域保険であり，市区町村が保険者として制度を実施しており，全国民が共通する介護サービスを受けられるように各保険者ではサービスを整備している。首都圏をはじめとする大都市から地方の農山村まで全国2,767の保険者があるが，各地域の人口や高齢化の状況もさまざまであり，介護保険料やサービスの量と質など地域格差が大きい。

　たとえば保険料であるが，第1号被保険者の介護保険料は各地域における3年間の保険給付費の見込みに基づき決定されている。平成21年度の全国平均は月額4,160円，最低は山梨県秋山村の1,783円，最高は北海道鶴居村の5,942円と3倍以上の差がある。保険料5,000円以上は全国で10保険者あるが，そのうち8か所が沖縄である。年金や地域の所得水準などを勘案しても高齢者にとっては非常に大きな負担となっている。また，介護サービスの利用に際して1割の利用者負担も生じ，医療の一部負担金やその他日常生活上必要なさまざまな費用がかかり，現実として高齢者の生活は経済的にも安心して長生きできるという余裕のあるものとはいえない。

　ますます高齢化が進展する現在，財政的にも他の社会保障との関連でも，国や地方自治体だけでなく，高齢者やその家族にとっても介護費用をはじめ生活全般についての財政的な負担は大きく，無視できない状況である[8]。

▶ 介護の担い手の問題

　2000年に導入された介護保険制度では，社会保険方式の採用や民間参入によるサービスの市場化など高齢者介護の在り方は大きく変容した。引き続き急速な少子高齢化が進展しているが，特に後期高齢者はさらに増加し，今後20年間で倍増すること，なんらかの介護・支援を必要とする認知症高齢者が要介護認

定者の半分を占めることが予測されている。その一方で，サービス利用者の権利意識やコスト意識も芽生えて，高齢者の介護ニーズは量的拡大とともに，さらに高度化し，サービスの質的向上が求められている。量的にも拡大し，高度化する介護ニーズに適切に対応できる介護従事者や医療従事者など介護サービスの担い手の確保と質の向上が求められ，現在，各領域で人材育成について新たな展開が図られている。

　ところが，介護保険制度創設以後，各種サービスの担い手に対する社会的評価は必ずしも正当とはいえない状況にある。たとえば介護保険施設や訪問介護で利用者に直接的な介護や援助を行う介護職員は，その報酬や雇用管理などを含む労働環境の整備がまだ遅れており，現在・将来ともに希望をもてないとして離職率も20％以上と高かった。その後少しずつ改良され，2014年の「介護労働実態調査」（(公財) 介護労働安定センター）によると離職率は16.5％（2014年9月現在）と一般職と同程度まで下がった。離職者の74％が勤続年数3年未満となっており，早期離職防止や定着促進への方策が重要となっている。その一方で採用率は減少しており，介護サービスを運営する上での問題点として，「良質な人材の確保が難しい」とする事業所が53.9％，「今の介護報報酬では人材の確保・定着のために十分な賃金を払えない」とする事業所が49.8％となっており，介護サービスの現場，すなわち各事業所では介護サービスに従事する従業員の不足感をもちながら採用が困難な状況に苦慮している様子が示されている。介護職は，特別な技術が求められるものではなく誰でもできる仕事と思われがちで，就職難の折に安易に就職したものの，わずか1年から2年で辞めてしまう，そのことが現場における担い手不足につながり，その担い手不足が介護の質，サービスの質に影響していると思われる現状である。

　特に介護職員について見ると，平成26年度の介護労働安定センターの調査では，介護職員の労働の実態は78％が女性，平均年齢45.7歳，40代・50代の職員が半数以上を占めている。1か月の平均賃金は労働者の所定内賃金，月給の場合215,0773円となっている。東京の254,400円が最も高く，九州は194,200円で最も低く，地域差が大きくなっている。また，施設系・入所系・通所系における介護労働者の働く上での悩みや不安で最も多かったのは，「仕事内容の割に賃金が安い」という回答で，54.7％と過半数を超えていた。また，人手がたり

ないと思っている職員は51.0％で，約半分の人がそう思っているのが現状である。

また，介護福祉士などの国家資格をもっていても介護の現場で働かない者（潜在的介護福祉士）も数多く，今後も続く高齢者の増加を前に介護の現場では深刻な問題となっている。

さらに，介護現場における外国人労働者（以下，「外国人介護者」）導入についての議論も起こっている。経済のグローバリゼーションの影響により，東アジア地域の経済発展のための連携協定，すなわち経済連携協定（EPA）の下，看護師や介護福祉士などの国際的な「人の移動」が始まっている[9]。これは経済の自由化という世界情勢の急速な変化に対応すべく，経済政策の一環として合意されたものであり，日本国内の介護分野でのマンパワー不足を補うような雇用政策によるものではない。この介護労働にかかわる外国人の受け入れについての国民の意識は，約半数（48.3％）が「受入れを認めない」との姿勢を示した一方で，「受け入れを認める」と回答した者は42.8％と賛否両論が拮抗しており[10]，その一方で外国人労働者をめぐる解決すべき問題も山積みであり，このことはすぐに国内の介護の担い手不足を補うような議論にはつながっていない。それ以前に，先にも述べた潜在介護福祉士をいかに活用するか，また介護の質を保つためにも介護職員をめぐる解決すべき問題への対応がまず求められる現状である。

介護の担い手として家族の存在も忘れてはならない。要介護者を抱える家族にとっては，その要介護度にかかわらず心身共に負担が大きいのが現実である。家族介護者の負担を軽減する意味でも，各種の介護サービスが充実しつつあるが，特に介護者が仕事をもっている場合は，身体的，精神的負担に加えて経済的負担も大きく，介護保険によるサービスでは十分とはいえない。常勤労働者については，介護休業法に基づき，企業などで介護休業制度が整備されてはいるものの，実際にこの制度を利用した者は平成20年度で0.06％と極端に取得率が低く，さまざまな事情で介護休暇を取得しない，できない，そして離職せざるをえないというのが現実である。

▶ 福祉の市場化をめぐる問題

　介護保険制度の実施に伴い規制緩和が推進され，サービス供給主体に民間企業の参入が始まった。それまでの独占的公共部門に代わって多様なサービス供給主体による競争原理でサービスの質の向上や合理化などをめざし，政策的にサービスの市場化，福祉の市場化が図られたのである。しかし，サービスの価格（介護報酬）は一種の公定価格のようなものであり，価格競争は発生しにくく，したがってサービスの質の向上にはつながりにくい。

　本来，社会サービスと市場論理は異質のものであり，福祉の原理とはなじむものではない。社会保障の一つとしての介護保険制度である。経済的市場論理による市場化が目的ではなく，擬似市場をめざしているとされているものの，実際の現場では，たとえば，訪問介護事業所の半数を超える54.1％が営利法人によるものである。営利法人の存続のためには，そこでは市場論理は無視できないであろう。経済的市場におけるサービス業によるサービスとどのような違いがあるのか。国のめざすところは，どこなのか，この点についてはこれまでほとんど議論されることなく今日に至っている。しかし，介護の人手不足を補うために外国人労働者の採用などが始まろうとしている現在，そして持続する社会保障，介護保障制度のためには避けてはいられない現実である。介護保険制度の開始でサービス供給における民間活力導入をはじめとしてさまざまな形で規制緩和策が取られてきているが，介護サービスの供給についてはさらなる公と民間のバランスよい福祉ミックス，編成についての柔軟な検討が求められる。

　実際に現場で現在の制度の運営基準でサービスを提供した場合，制度の理念との間に多くの齟齬，ひずみが生じており，その多くは介護サービス事業者や従事者の負担となりながらもなんとかサービスが提供されているというのが現状である。改めて，国のめざすところはどのようなことなのか，国民一人ひとりが真剣に議論する必要があろう。

1) 藤井賢一郎監修，東京都社会福祉協議会編集（2013）『介護保険制度とは…—制度を理解するために　2012年度からの見直しに対応—　改訂第12版追補』東京都社会福祉

協議会，p. 3

2）厚生労働省老健局総務課 PDF「公的介護保険制度の現状と今後の役割　平成27年度」pp. 6-26, および藤井賢一郎監修，東京都社会福祉協議会編集（2013）前掲参考。

3）厚生労働省老健局総務課 PDF「公的介護保険制度の現状と今後の役割　平成27年度」pp. 27-31, および長谷憲明（2015）『新しい介護保険のしくみ　平成27年改正対応版』瀬谷出版

4）内閣府（2015）「平成27年版　高齢社会白書」pp. 21-22

5）厚生労働省ホームページ「二十一世紀における第二次国民健康づくり運動」

6）文部科学省ホームページ PDF「人間総合科学大学保健医療学部長大学院教授柴田博著『高齢者の社会参加活動による健康維持』」

7）厚生労働省認知症施策検討プロジェクトチーム「今後の認知施策の方向性について」平成24年6月18日

8）厚生労働省老健局総務課 PDF「公的介護保険制度の現状と今後の役割　平成27年度」p. 10, 12, 26

9）外務省ホームページ「経済連携協定 EPA」

10）塚田典子編著（2010）『介護現場の外国人労働者—日本のケア現場はどう変わるのか—』明石書店，pp. 19-26

〔参考文献〕
第4章の参考文献に同じ

第6章

老人問題の現場から
―私が出会った方たちから教えていただいたこと―

奥川　幸子

1　私がこだわってきた老人問題―老いの変貌と老人問題の登場―

　私は1947（昭和22）年生まれの団塊世代である。終戦後の日本の復興過程や
高度経済成長時代に向けて生き抜いてきた両親をはじめ，親世代や周囲の大人
たち，日本社会全体が必死で生きてきた姿を，この身体がしっかりと覚えてい
る。両親がひたすら自分自身と家族のために生きようとしている姿は，真面目，
刻苦勉励，実直さが表れていて，近隣の大人たちも含めて，いま思うに神々し
ささえ感じる。

　しかしながら，私は仕事を通して，親世代や祖父母世代の老後が，彼らが信
じてきた老後生活ではなかったことを痛いほど感じてきた。時代や社会の流れ
の中で，これまでの社会が築き上げてきた価値観＝老人観，扶養観，生死観な
どが急激な速度で変換したことによる。中でも，老親に対する社会規範が大都
市を中心に崩壊したことと，家族機能の多くが社会化されたことが大きく影響
している。また，科学技術の進展も多大な影響を与えている。

　私が「この国の老人問題・現代社会における老いと死」を生涯の課題と決め，
考え続けてきた動機は，1972（昭和47）年から東京都養育院附属病院[1]という，
全国に先駆けて東京都が設立した老人医療専門病院に相談援助職者・医療ソー
シャルワーカーとして働き通してきたことにある。私の実践現場は，来るべき
わが国の超高齢社会を射程に据え，高齢者医療の確立をめざして設立された画
期的な施設だった。当時の65歳以上高齢者人口は，7％の高齢化社会突入期で
あった。14％に倍増した24年後，日本が高齢社会に入った年に老人医療の最前

114　第Ⅱ部　福祉の現状と課題

線から身を退き，現在の職業である「対人援助職トレーナー」に転身した。ちなみに2015年は27％と近くと推計され，高齢者人口は増加の一途にある。

▶ 「なんで，目の前の老人たちはこんなにとまどっているの？」

　私が実践に集中していた期間は，戦後徐々に整備された日本の社会保障制度が，不備な点はあるにしても順調に機能していた時期から，さまざまな構造的ゆがみが生じ，制度上のほころびが一気に顕在化したときで，「老いと病と死」をめぐる老人や家族たちの混乱や困惑する姿を浴びせ続けられた期間でもあった。いわゆる「老人問題」が社会に登場した時代の真っ只中に放り込まれていたのである。

　実践現場は，まっとうに取り組んでいれば，その時代と社会の最先端を感受することができる。誰も経験したことのないラディカルな世界を理解することが，相談援助職者である私には必須事項であった。教科書もない時代，老人と同居した経験もない若僧が，「職業的に」という前提があるにしても，社会の急激な構造的変化にさらされ，自分の価値観が届かなくなってしまった老人たちや，彼らの世話をしなければならない子ども世代の内面世界について，彼らのリアリティに迫った理解をすることがまず要求された。「こんな老後生活になるとは思ってもいなかった」。老人たちの無言の叫びや，子ども世代が被っている状況や，親に見せるさまざまな態度を目の前にして，「なんで？　どうしてこうなるのよ」と自分に問いかけていた。

　まったくわからないところから出発して，できるだけわかろうとするためには，目の前に現れた方たちのとまどいや悩み，苦しみ，この世での歓びに真摯に耳を傾け，自分自身の身体で感受した事柄を一生懸命に考えるしか方法はなかった。一つの問題に対してひたすら深く考え続ける機会を与えてもらったのも，たくさんの老人や家族たちとの出会いがあったからである。

▶ 老人を取り巻く環境

　高齢者を取り巻く環境を見ると，1963（昭和38）年「老人福祉法」の施行に始まり，1973（昭和48）年から「老人医療費無料化」が実施され，老人患者の受療が促進された。同時期にオイルショックを迎えて1960年代にピークを迎え

た高度経済成長時代は終焉を遂げた。それから老人をめぐる環境は社会経済，家族状況が劇的に変貌し，一方で老人医療福祉施策も膨れ上がる医療費の抑制に方向を換えた。「医療費無料化」は1983（昭和58）年「老人保健法」の施行に伴ってわずか10年で廃止され，その後の「年金改革」から「社会福祉基本構造改革」を経て，2000（平成12）年の「介護保険法」へと向かうことになる。すべては私たちが第一走者として所属する団塊世代が老齢に到達するときのために企図されていたことは明白である。

▶ 社会が問う老人問題と私の問題意識

森幹郎氏は著書の中で，「老人問題とは，すぐれて社会問題であり，つきるところ経済扶養と介護扶養である……それは経済社会の発展の過程で生じた」と明言している[2]。森氏は老人福祉法制定時の厚生省老人福祉専門官であった。

また，日本医学史・社会史の研究者である新村拓氏も著書の中で「現代人は老人の有病率の高さと，その社会的費用に多大な関心を寄せている」と指摘している[3]。

現代の社会政策では，老人は上記のような対象と見なされていることは明白であり，2015（平成27）年現在では，さらに先鋭化している。多くの人たちが老人になるというのに，人生の最終章でそのような存在と見なされるしかないということは不幸なことである。現に，「老いのイメージ」について，以前アンケート調査を行ったときも，「現代社会における老いの座＝社会の中での存在価値を示す位置」を表す言葉は一切出てこなかった。経済的な支えと介護の担い手の問題だけで「老い」を語ることは，老いることへの拒否を招き，「加齢は仕方ないとしても，老化はいけない」という強迫観念にとらわれる。これは，歳を重ねることへの価値が見出せない社会から発せられた言葉である。私は30歳代はじめから，「この国で老いて，病んで，障害を抱えたままの状態で生きていくことの意味はどこにあるのか」について常に考え続けてきた。そのことで当の老人たちが苦しんでいたからである。

先述した「現代社会における老いと死」の私の生涯の課題は，日々の実践対象が老人から仕事として対人援助実践を行っている人たちに換わった時点で，一度は諦めた。現場の最先端に身を置いていなければリアルな姿は見えてこな

い。私たち実践家の問題の本質のとらえ方は，洞察や直観をもとにした帰納法から，弁証法的に根拠だてていく。フィールドワークの場が変わった以上は，もう一つの生涯のこだわりである課題「人が人を援助するとは，しかも職業として他者を援助することとは？」のみに集中することにした。

▶ 老人問題の根を浮上させた「後期高齢者医療制度」

時代はめぐり，社会経済，家族状況はさらに劇的に変化し，「老い」を取り巻く環境も現象的には大きく変貌しているように見える。しかし，1972（昭和47）年から老人医療の場に身を置いてきた私が観て，感じて，考え続けてきた「この国の老いと死をめぐる本質的な課題＝新しい『老いの座』がない→居場所がない→安心して老いられない→だからこの国では老人は存在しない→では，老人はどこへ行った？　しかも，死に方が難しい」という問題は依然として変わっていない。当時から社会政策上の課題とされていたものは，かたちを変えて，また振り出しに戻ってきたような気がする。

それを感知したきっかけは，2008（平成20）年４月にスタートした，75歳以上を対象とした「後期高齢者医療制度」である。そのときのマスコミの報道の仕方，および対象老人たちの叫びを中心とした世間の猛烈な反発の仕方であった。「長寿医療制度」への姑息な名称変更にも社会の怒りは収まらなかった。「後期高齢者」という言葉への反発と，制度の先行きは，高齢者自身の医療費負担の増大か，受療抑制を強いる可能性を察知したからであろう。私の関心は，老いの本質や死のありようについて国民に考える材料を渡すことではなく，現代社会が提起する老いと死の課題を，制度で絡めていくしかない国の対応策の限界にあった。これまでの社会は，「もっともっと社会」であったから，老いも死も否定や拒否から成り立っていて，闘い，できるだけ先送りする対象であった。しかし，生物としての人間性への抵抗には莫大な対価が要求される。先の「この国では老人は存在しない→では，老人はどこへ行った？」に対する仮説は，「この国では加齢や疾病等によって認知力や判断力が低下したり，寝たきりになったりして自分で自分の生命と生活を遂行できなくなった状態になった人＝老年後期に入った人が，真の老人に該当するのだろう」というものであった。この考えは，2015年現在でも変わらない。

人間は，ことの本質を見抜く察知力があっても，心の準備がないところで社会の深層を突きつけられると，それをオブラートに包んで目をそらす。そうしなければ，「もっともっと」は貫けない。これも一つの文化的な対処の仕方なのであろう。

　これまでも，本質をオブラートに包んで試行錯誤しながら老人医療費抑制政策は実施されてきたが，いよいよ本格的に「もっともっと医療」に棹差した制度が「後期高齢者医療制度」であったのだろうと考えている[4]。

　それからの私は，時間的余裕があればかなりの時間を「老いや死」について思いを巡らせることに費やしてきた。現代の老人や老い予備軍の位置にいる方たちが考えを述べている本にもあたってみた。しかし，何かが避けられているような気がした。しかも，社会の基底では，人間が本来有している生物としての「生きる力」が陰ってきていることと，社会が存続していくために必要とされてきた基盤も変化してきているようである。そのような状況の中で，「人が生きる感受性」や「老いの姿」が大きく変わりつつある潮流を感じている。

　そうして私自身が還暦を過ぎ，日々自らの問題として直面する歳になった。いま，私が老いの世界の真実を教えてもらった明治生まれが去り行く中，大正生まれの老人たちも80歳を超えている。さらに思春期前後に終戦を迎えた方たちが75歳を超え，80歳に近づきつつある。これからは団塊の世代が高齢者となる。団塊世代老人の姿はドラスティックに変容することが予測されるが，親から受け継いだ「日本人の心性」にまで届くかは，大いに疑問をもっている。人間が年齢を重ね，ある段階へ移行すると，幼少期に親から育まれた価値観に支配されている方たちに出会うことが多いからである。

2 私が出会った老人たちから刺激を受け，教えられたこと

　本節では，私が老人問題を真に考え始めた1979（昭和54）年に記したカードの中から，いくつか取り出して紹介したい。それを導入材料として，その後の実践現場で啓発されてきた私の問題意識を踏まえ，老人自身が実際に発した表現を手がかりにしながら，老いを取り巻く本質的な問題について考えていく。私がこれまで出会った老人たちに触発され，教えていただいた事柄を，現在一

つひとつ自分自身の身体で反芻しているところである。現段階でフィットする事柄については，そのつど加筆したい。

> ▶ **老人問題を強く意識しなければならなくなった時代―「なんで目の前の人たちはこうなっているのだ，老人自身と彼らを取り巻く環境に何が起こっているのか？」―**

　私の老いをめぐる問題意識は1979（昭和54）年から始まっている。職業的な熟成過程から見ると，実践現場に就いてから7年目，医療ソーシャルワーカーとしての実践基盤を整えるために，かなりの情熱と時間と労力を費やした後，強烈な試練に直面し，真のプロフェッショナルになろうと再決断して自分を仕切り直しした時期である。その気組みは人間を内省的に方向づけてくれる。であるから，老人たちとの出会いの中から，その日遭遇した出来事の疑問点や，現象の背後に隠れている意味・本質を考えながらメモをしていた。

　社会的には「1973年秋の石油危機を境に，高度経済成長が終わり，低成長の時代に入ると，政策的に，社会保障制度の拡大に歯止めがかけられるようになってきた」[5]時期と重なっている。当時の高齢福祉分野に対する公費支出抑制は，長期化・重度化しつつあった老人介護・療養の場の確保が厳しくなり始めていた。と同時に，核家族でサラリーマン的な就労形態が，老人の居場所を徐々に奪い始め，病んで障害を得て世話のかかる老人の処遇が問題になり始めた頃でもある。また，現時点ほどではないが，地域社会が他者を包含できる力も弱くなってきていた。その2年前の1977（昭和52）年は，病院死と在宅死が交差し，「人が死ぬ場所」は画期的な転換点を迎えていた。その後，病院死は増加の一途をたどり，誕生と合わせて，人間の生死の社会化は，この時点から決定的になった。

　① 　1979年のノートから―今の老人が置かれている状況「老害と建前・世間体」―

■91歳の男性（明治20年生まれ）に生じていた老人問題は，本人ではなく周囲の問題だった！
　18年前から単身生活，唐辛子の行商で生計維持。脱水状態で緊急入院するまで福祉サービスは受けていない。「独りでやる」の一点ばり。ホームヘルパーも戸を閉めて入れない。生活保護も受けたくない。コンロで火を作り，ご飯を炊く。水は井戸

から，風呂にも入らず。
　2度目の緊急入院後も「本人はいまのままの生活でいい」と主張する。
　近所の人たちや民生委員，社会福祉事務所のケースワーカーの当惑（※）などは頭にない。
　独りでやることでまわりに迷惑（？）をかけていないと思っている。

※周囲の「当惑」の中身は
　→「放ってはおけない」
　　良心にささるもの＝惻隠の情も働くが，しかし，地域社会や自治会などが支えきれない社会

　91歳の男性は，現在の介護保険では非該当になる。支援の輪は民生委員および社会福祉事務所の代わりに，地域包括支援センターや市区役所の担当職員が関与することになる。現在でも，ゴミ屋敷の老人が近隣と悶着を起こしている様子が，お茶の間ワイドショーを賑わしている。表層に現れた出来事や状況は異なるが，老いを取り巻く本質的な問題は，30年前と同じである。本人の問題ではなく，社会や周囲のまなざしの問題なのだ[6]。

　私がその日に遭遇した出来事を帰宅後ノートした理由は，当の男性が実に毅然としていて，いばった態度が感動的だったからである。それに反して，周囲の人たちのそわそわした落ち着きのない姿は，当時の大都会の社会を映し出していた。この方は，夢にも91歳まで生きるとは思っていなかったのだろうが，自由に生きていた。私が出会った明治生まれの男性は，概ね自律心が強く，魅力的であった。しかし，そのすてきさは老いて頑固と見なされ，周囲を当惑させる。役所や周囲がその存在を知った以上は，飢えて死なれたり，何日も発見されない死では困る社会になったのである。

　この年から2年前の秋，ダッカの日航機ハイジャック事件があり，人質の救出にあたり当時の福田赳夫首相が発した言葉は「人命は地球より重い」であった。生命が本人の意思を超えて等身大ではなくなったのである。その後，医療・延命技術の驚異的な進展によって，「この生命誰のもの？」が大きな命題となった。

②　1979年12月のノートから─『ビヤンフィラートルの姉妹』の序文を転載したもの
─

> 　パスカルはわれらに言った。事実という点から見れば善悪は《緯度》の問題である，と。まことに人間のしかじかの行為は，ここには善悪と呼ばれ，かしこには徳行と称せられて，交互に相反する。
> 　──されば，ヨーロッパに於ては，一般に，人は，その老いたる両親をいつくしむ。──
> 　アメリカの或る種族に於ては，老父母を促して木に攀らしめ，次いでこの木を揺するのである。もし木から落ちれば，完き孝子の神聖なる義務として，その昔メッセンヤびとの間で行われたと同様，ただちに鉞をふるってこれをうち殺す。すなわち，両親をして悲哀の煩を免れしめんがためである。もし，とある枝にすがりつくの余力ありとすれば，なお未だ狩猟もしくは漁獲のわざに堪え得るゆえ，ここにその殺戮を猶予する。ほかにも例証がある。

　ヴィリエ・ド・リラダンの『世界残酷物語』の中の短編の序文である。この本は，私が現代の扶養観を考えていたときに職場の司書が教えてくれたものである。この短編は価値が逆転した社会を描いていた。老人の処遇は善悪の問題ではない，ということは承知していたが，なるほどと納得したものである。同じ時期のノートに「老人の待遇の仕方について」と記したメモもあった。穂積博士の労作から抜き出したものである。

　穂積陳重博士は名著『隠居論』[7]で，世界各国の資料を使って老人処遇の歴史を著している。その処遇の歴史は，「殺老」から「棄老：姥捨山，エスキモーの社会は，食料がなくなると老人が自ら氷原の中に消えていった」，「隠居」から現在の「優老」の歴史をたどっている。

　「棄老」については，深沢七郎がある寒村の姥捨て伝説をもとに著した『楢山節考』(1957) が有名である。主人公のおりん婆さんは，長男の背におぶられて主体的に雪のお山に向かう。70歳になって歯が全部揃っていることを恥ずかしいと孫たちに揶揄されるまでもなく，自ら臼で折ってしまう場面がある。飢餓と背中合わせの貧しい共同体が生き延び，子孫を存続させるために編み出した社会の知恵が出ている。

　1990年代の日本社会を牽引していた著名な文化人が，「わが国には『楢山節考』といういい知恵があるじゃあないですか」と語っていたことを思い出す。

「隠居」については，山本七平が「徳川時代は，隠居はしても勘当する権利は最後まで持っていた。悪くいうとドライというんですか，現代的であったわけです。現実は親を扶養しなかったから勘当した，また相続をさせておいて勘当した例はいっぱい出てまいります」と述べている[8]。また，続けて，「……だから私は今〔1984年の時点〕，老人問題をどうすればいいかと問われるならば，勘当をいう法律を復活すれば一番うまくいくのではないかと考えます」と語っている[9]。

▶ 「『私，看る人』が『私，殺す人』となってしまう」と嫁が語った

仕事とはいえ，毎日出会う老人患者や家族たちから表出される言葉や全身の表情を見続け，背景にある諸々の事情に思いを馳せながら考える作業は，ほぼ10年後に，さまざまな媒体に書いたり発信したりするようになった。その中で自分の考えを自由に書かせてもらえる機会が巡ってきた。その標題どおりの出来事がその年に私の前で起こったので，拙文のプロローグのみ掲載し，事態の概略を記す[10]。

Ⅰ プロローグ

狂いが生じた死に仕度

85の歳まで，えらく元気で暮らしていた老女がいた。あと1ヵ月足らずで86歳にならんとする春先の朝，脳梗塞の発作が彼女に訪れた。その時，「とうとうお迎えがきた」と，彼女は覚悟を決め（正確には，この場合"受け容れ"と表現したほうがよいのかもしれない），診療所の医師やこども達から入院を勧められても，自宅で療養することを強く希望した。その意を汲み取った息子の嫁は，仕事を休んで看取る態勢に入った。「こういうことは順送りだから」と嫁は思っていた。息子である夫は，「ありがとう」の感謝の言葉をくれた。他家に嫁いでいる義妹たちも「お母さんの希望を叶えてくれてありがとう。家で看てあげてね」と礼を言った。日増しに衰えてきた老女は，「もうお迎えがきている。白い着物は縫ってあるかい？」と嫁に尋ねた。

ところが，2週間後，老女は生まれて初めて入院することになった。入院を促したものは，「あんた（嫁）にこれ以上迷惑をかけたくない」にあった。そして，「心筋梗塞の方がよかった」と嘆いた。何で発病から2週間後の入院だったのか，何のための入院？　何が彼女の"死に仕度"を狂わせたのか。

時代精神に対する怒りのオーラ

あれから1年以上たった。彼女は今も，ある老人病院で生きている。終日寝たき

りで，オムツを当てられて，食事も付き添い家政婦に食べさせてもらいながら……

　ほんの1時間の行きずり，と言ってもよい程の邂逅であった筈だった。老いの終末のターニングポイントのところで，医療ソーシャルワーカーとして関わり合うことを職業としている私なのだから，その1時間は数えきれないほど沢山の老人の終末の1つに過ぎない筈なのだ。しかし，私はその日の1日にこだわり続けた。
　老いの過程で生じる疾病や障害を獲得してしまった後の，依存性が増した老人の「生活と生命」をめぐる問題に対する決定的な解決策はない。様々な状況のもとで，一人ひとりの老い模様が織りなす「生活と生命」が関わっていて，その中での"最善"と考えられる方法を選ぶことになる。その選択に至るまでのプロセスの相違，個性はある。が，終局は，家庭か病院か（もしくは特別養護老人ホームに申し込んでおくか），生命を維持するための居場所を確保するという，きわめて没個性的な現実処理に終わる。その際に作動する"最善"の意味は，画一的でなく，さらに個々の老人たちに関わる人たちの老い観，死に観，関係性の絆の強弱などによって全く逆方向に向かう。

　彼女の場合は，そのベクトルが2週間で180度回転した。

　私の日常が，この16年余，いつもここ（依存性が増大した老人の生活と生命を維持するための居場所を探すこと）にあるのに，似通った風景を毎日見続けているのに，死の設計に狂いが生じてしまった老人たちには許容量（心の）を超えるほど会い続けているのに，この85歳の老女のことが忘れられなかった。状況や年齢，疾病が多少異なるにしても，同じような現象に出会うたびに彼女のことが思い出されるのだ。

　無念さを通り抜けた諦念に沈んだ老女の顔と縮み上がった躯。頭のてっぺんからつま先，手の先に至るまで憮然としていたお嫁さんの，その時の決意遂行に対する意思の強さから生じたコチコチに固くなった姿。2人から発せられた，いまの時代精神に対する怒りのオーラが，私の躯の内に滞在しているからかもしれない。

　この怒りのオーラはどこから発せられたのだろうか。1人で現れた嫁は開口一番，「今日は入院させるつもりできた」と，硬い表情で言い切った。ここ（私が勤務していた病院）に入院できないのなら，今日入院できる病院を探してほしいという申し出だった。「もう家には連れて帰らない」という固い決心をしていた。
　その理由は，近所の人のささやきと夫と義妹たちの言動にあった。
　老女は徐々に食べられなくなってきて，日増しに衰弱がひどくなるし，床ずれもでき始めていた。老女は「もうお迎えがきている」と言う。ところが，近

所の人たちが,「このまま入院させないのは体裁悪いんじゃあないの？　入院させればあんたも楽になるし」と言いにくる。夫は「1回も入院させないのはよくない。リハビリでもやって座れる程度に回復してくれればなあ」と言い出し,義妹たちも「あなたが倒れたらたいへんだ」と言ってくる。母親の衰弱した姿や死を直視することがきつくなってからのセリフだった。嫁は「このまま家で看ていると何だか私が殺してしまうような感じになってきた」と言う。「私,看る人」が「私,殺す人」になってしまうことの逆説は,「看る人」は象徴的には「引導渡し」になるからである。この隠喩が嫁を苦しめるに至った背景には,医療管理社会が老いの分野で成立し,「老衰という死因の終焉」にあった。最近は復権し始めているが,「老人」という言葉が「高齢者」に変換したときの一時期,「老衰」という言葉は死因欄から完全に消えていた。

　現代社会でも,「老」にまつわる言葉は社会の深部で忌み嫌われ,一時期差別用語扱いになったほどである。私たちは老いることに抵抗することと,老いさらばえて介護を必要とする存在にならないようにと,社会から制度によって強いられるようになった。さて,これからどのような老いと死を迎えていくのか,私自身も含め大きな命題を与えられているようである。老人たちが必死にランニングや筋トレをしている姿を目にして,78歳になった作家の黒井千次は「年相応に老いていくことの困難な時代が到来した。……この半世紀ほどの我々の生き方が,なし崩しに昔の老人像を蝕み,崩壊に導いていたのかもしれない」と,「年齢にまつわる古いイメージが失われ,より長くなった寿命に関わる新しいイメージが生み出される前の端境期に立たされている,とりあえずの応急処置とでもいうかのように,元気で若々しい老人の姿がもてはやされる傾向が見られる」と指摘している[11]。

　そして,団塊世代がすべて65歳の前期高齢者に達した2015（平成27）年は,年金・健康医療保険,介護保険や最低生活を維持するための最後の砦・セーフティネットである生活保護制度などに至る社会保障全体がほころびはじめている。加えて,超少子高齢社会に突き進む中,団塊世代が後期高齢者に移行する2025年問題が騒がれている。現在の「騎馬戦型」から「肩車型」で1人の若い世代が1人の老人を養うという脅威論が出現したほどだ。

　老人のケアをめぐる対策としては,「地域包括ケアシステム」が自治体を基

盤に策定・施行されはじめた。老人政策は，これまでの「手厚い医療・介護ケア」から「健康寿命をめざした介護予防・健康づくり」，「いかに無理をしないで自然に死ぬか・老衰死の奨励」へと密やかに潮流が変わってきつつある。「老衰」は，経済と社会の都合から生じたのか，不自然な長寿の在り方を経験したゆえに復権したのか，いずれにせよ，社会からの老人処遇に対する圧力・規範形成がひたひたと迫っているのだが，そこに当事者たる老人の主体が尊重されているかは，かなり疑問である。

1）「東京都老人医療センター」を経て，2009年4月より「東京都長寿健康医療センター」に名称変更
2）森幹郎（1978）『老人問題とは何か』ミネルヴァ書房
3）新村拓（1992）『ホスピスと老人介護の歴史』法政大学出版局
4）後期高齢者医療制度は2008（平成20）年4月から施行されたが，2009（平成21）年秋の政権交代により，その行く末は流動的である。
　　後期高齢者医療制度についてはさまざまな解説が出されているが，本稿で参考にした文献を以下に記す。
　　・伊藤周平（2008）『後期高齢者医療制度—高齢者からはじまる社会保障の崩壊—』平凡社新書
　　・永田宏（2009）『命の値段が高すぎる！—医療の貧困—』ちくま新書
　　・宮台真司（2009）『日本の難点』幻冬舎新書
5）伊藤（2008）前掲
6）天野正子は『老いへのまなざし—日本近代は何を見失ったか—』（2006年，平凡社。底本は『老いの近代』1999年，岩波書店）で，「人間がつくりあげてきた文化や文明は長寿をもたらし，長寿を『老人問題』にしたてあげた」と述べている。
7）穂積陳重（1915）『隠居論』有斐閣
8）山本七平（1984）日本人の生死観の変遷と家族関係，『第三回訪問看護セミナー公開講座講演記録「訪問看護の真髄を求めて」』ライフケアシステム・医療法人財団河北総合病院
9）同上
10）奥川幸子（1988）「私，看る人」が「私，殺す人」となってしまうことの逆説—狂いが生じた死に仕度—，『現代リハビリテーション』2（3）
11）黒井千次（2010）『老いのかたち』中公新書

〔参考文献〕
奥川幸子（1997）現代社会における老いの意味，『教育と医学』45（4）
サートン，メイ（1995）『今かくあれども』（武田尚子訳）みすず書房
サートン，メイ（2004）『82歳の日記』（中村輝子訳）みすず書房

新村拓・奥川幸子（1997）老いることの意味を求めて，『作業療法ジャーナル』31

マクドナルド，バーバラ＆リッチ，シンシア（1994）『私の目を見て―レズビアンが語る
　　エイジズム（高齢者差別）―』（寺沢恵美子，山本博子，久保とし子，N・ミナイ訳）
　　原柳舎

第7章

女性福祉

堀　千鶴子

1　女性が置かれている状況

　改めていうまでもなく，現代日本では，日本国憲法によって男女平等は法的に保証されている。さらに1999年には，「日本国憲法に個人の尊重と法の下の平等がうたわれ，男女平等の実現に向けた様々な取組が，国際社会における取組とも連動しつつ，着実に進められてきたが，なお一層の努力が必要とされている」[1]という認識の下に，「男女共同参画社会基本法」（以下，基本法）が制定された。そこでは「男女が，互いにその人権を尊重しつつ責任も分かち合い，性別にかかわりなく，その個性と能力を十分に発揮することができる男女共同参画社会の実現」[2]が，緊要な課題とされている。このように，今では形式的・法的には，男女平等は保証され，さらなる男女共同参画社会の推進がめざされている。

　しかし，現代社会においても女性たちは，構造的な性差別社会に置かれている。たとえば，日本の人間開発指数（HDI）[3]は，2013年，測定可能な187か国中25位，国家の人間開発の達成が男女不平等によってどの程度妨げられているかを明らかにするジェンダー不平等指数（GII）[4]は149か国中25位である。一方で，保健分野，労働市場，エンパワメントといった3側面から算出した男女間格差を示すジェンダー・ギャップ指数（GGI）[5]は，測定可能な142か国のうち104位と著しく低い。言い換えれば，日本では，人間開発（「長寿を全うできる健康な生活」「教育」「人間らしい生活水準」）の達成度は比較的高いが，女性が政治・経済活動に参加し，意思決定に参加できる機会についてのジェンダー間の格差がい

第7章　女性福祉　**127**

表1　HDI，GEM，GGIにおける日本の順位

① HDI　2013（平成25）年　（人間開発指数）

順位	国　　名	HDI値
1	ノルウェー	0.944
2	オーストラリア	0.933
3	スイス	0.917
4	オランダ	0.915
5	アメリカ合衆国	0.914
6	ドイツ	0.911
7	ニュージーランド	0.910
8	カナダ	0.902
9	シンガポール	0.901
10	デンマーク	0.900
11	アイルランド	0.899
12	スウェーデン	0.898
13	アイスランド	0.895
14	イギリス	0.892
15	香港	0.891
15	韓国	0.891
17	日本	0.890
18	リヒテンシュタイン	0.889
19	イスラエル	0.888
20	フランス	0.884
21	オーストリア	0.881
21	ベルギー	0.881
21	ルクセンブルク	0.881
24	フィンランド	0.879
25	スロベニア	0.874
26	イタリア	0.872
27	スペイン	0.869
28	チェコ共和国	0.861
29	ギリシャ	0.853
33	エストニア	0.840
35	ポーランド	0.834
37	スロバキア	0.830
41	チリ	0.822
41	ポルトガル	0.822
43	ハンガリー	0.818
69	トルコ	0.759
71	メキシコ	0.756

② GII　2013（平成25）年　（ジェンダー不平等指数）

順位	国　　名	GII値
1	スロベニア	0.021
2	スイス	0.030
3	ドイツ	0.046
4	スウェーデン	0.054
5	デンマーク	0.056
5	オーストリア	0.056
7	オランダ	0.057
8	イタリア	0.067
9	ノルウェー	0.068
9	ベルギー	0.068
11	フィンランド	0.075
12	フランス	0.080
13	チェコ共和国	0.087
14	アイスランド	0.088
15	シンガポール	0.090
16	スペイン	0.100
17	韓国	0.101
17	イスラエル	0.101
19	オーストラリア	0.113
20	アイルランド	0.115
21	ポルトガル	0.116
23	カナダ	0.136
25	日本	0.138
26	ポーランド	0.139
27	ギリシャ	0.146
29	ルクセンブルク	0.154
29	エストニア	0.154
32	スロバキア	0.164
34	ニュージーランド	0.185
35	イギリス	0.193
45	ハンガリー	0.247
47	アメリカ合衆国	0.262
68	チリ	0.355
69	トルコ	0.360
73	メキシコ	0.376

③ GGI　2014（平成26）年　（ジェンダー・ギャップ指数）

順位	国　　名	GGI値
1	アイスランド	0.859
2	フィンランド	0.845
3	ノルウェー	0.837
4	スウェーデン	0.817
5	デンマーク	0.803
6	ニカラグア	0.789
7	ルワンダ	0.785
8	アイルランド	0.785
9	フィリピン	0.781
10	ベルギー	0.781
11	スイス	0.780
12	ドイツ	0.778
13	ニュージーランド	0.777
14	オランダ	0.773
15	ラトビア	0.769
16	フランス	0.759
17	ブルンジ	0.757
18	南アフリカ	0.753
19	カナダ	0.746
20	アメリカ合衆国	0.746
23	スロベニア	0.744
24	オーストラリア	0.741
26	イギリス	0.738
28	ルクセンブルク	0.733
29	スペイン	0.733
36	オーストリア	0.727
39	ポルトガル	0.724
57	ポーランド	0.705
62	エストニア	0.702
65	イスラエル	0.701
66	チリ	0.698
67	イタリア	0.697
80	メキシコ	0.690
90	スロバキア共和国	0.681
91	ギリシャ	0.678
93	ハンガリー	0.676
96	チェコ共和国	0.674
104	日本	0.658
117	韓国	0.640
126	トルコ	0.618

（備考）　1．HDI及びGIIは国連開発計画（UNDP）「人間開発報告書2014」，GGIは世界経済フォーラム「The Global Gender Gap Report　2014」より作成。
　　　　　2．測定可能な国数は，HDIは187の国と地域，GIIは149か国，GGIは142か国。そのうち，上位20か国及びOECD加盟国（34か国）を抽出。
出典：『平成27年版　男女共同参画白書』内閣府男女共同参画局，p.48

まだに存在している。

　労働市場に目を転じれば，男女の賃金格差は依然として解消されず[6]，昇進にあたっては「ガラスの天井」といわれるような，制度の外にある目に見えない障壁——より巧妙な昇進差別——がある。さらに，母子世帯や単身高齢女性など「貧困の女性化」[7]は，深刻な状況にある。2001年に制定された「配偶者からの暴力の防止及び被害者保護に関する法律」（以下，DV防止法と略）以後においても，女性たちの生命・生活を脅かす暴力は，後を絶たない[8]。このように現代社会においても女性たちは，さまざまな場面で「女性であるという性を理由に，幾重にも重なって生活を脅かす差別」[9]に晒されている。性差別的な社会システムの下で，女性が直面する困難＝「女性問題」は厳然として存在し，それらは女性の生活困難を引き起こしている。そうであるならば，女性問題から派生する生活問題を抱えた女性に対する支援は，社会福祉の重要な課題である。ここでは，社会福祉において女性を支援する分野である「女性福祉」とは何か，その意義および必要性について考察したい。

2　社会福祉における女性福祉の位置づけ

▶　現行社会福祉制度における女性問題視点の欠落

　社会福祉の対象とは，「社会福祉が取り組むべき『課題』や実際の制度や援助が，『対象としている問題』」[10]である。つまり，社会福祉という制度政策が働きかける課題・目標である。そこには，何を社会福祉が取り組むべき「課題」や「問題」としてとらえるのかという，政策レベルでの価値判断が含まれている。社会福祉の対象把握は，社会福祉援助の方向性や内容を規定する重要な意味をもっている。しかし実際には，社会福祉の対象は政策的判断によって切り取られる（逆に言えば，切り捨てられる）側面をもっているのである。

　現行社会福祉法制度は，「児童福祉法」「老人福祉法」「知的障害者福祉法」など社会福祉の法律に基づいて措定されている。こと女性に関していえば，女性を包括的に支援する法律は制定されておらず，「母子」（母子及び寡婦福祉法），「DV被害女性」（DV防止法），「要保護女子」（売春防止法）と法律ごとに分断され，横断的に支援する制度政策もない。

そうした中で，実態的に女性のさまざまな問題を支援してきたのは，婦人保護事業[11]と母子福祉事業である。特に，婦人保護事業は，対象者拡大を指示する厚生労働省通達によって，他法他施策では支援が困難な問題＝現行社会福祉制度の狭間にある多様な問題を抱えた女性たち——妊婦・産婦，10代（ないし20代前半）で家庭を失った女性，人格障害，薬物依存・アルコール依存，介護以外の問題を抱える高齢女性および高齢間近な女性，配偶者以外の男性から暴力を受けている女性，性暴力被害女性など[12]——を受けとめてきた。しかし，婦人保護事業はあくまで，売春防止法に規定されているものであり，施策の不備・欠如の中で，従事者の熱意と工夫によって担われてきたにすぎない。女性を横断的に支援する制度の不在は，社会福祉の支援において女性問題は「見えない問題」であり，社会福祉が扱う課題ではないと，政策的に切り捨てられてきたことを示している。

そもそも社会福祉は，ジェンダー規範を内包し，性別役割分業の固定化を是としてきた。一例をあげれば，須藤は福祉事務所における実践を通じて，「『母性』イデオロギーが，制度やサービスプログラムの要にあると感じさせられた」ことを指摘している[13]。障害のある子どもを産んだ母親は，その責任をとって一生を自立できない子どもの母親として生きるように社会福祉サービスがつくられていること，行政によるかろうじての建物とわずかな人件費，あとは膨大な母親たちの無償労働によって地域福祉は成り立っていることなど，社会福祉が女性を「含み資産」として活用してきた現実を暴露している[14]。このように，社会福祉はジェンダー規範を内にはらみ，温存している。そして，現行社会福祉制度は，それに基づき制度設計されているのである。こうした社会福祉の性格の下，支援対象として「女性問題」を抱えた女性たちは見過ごされてきたといえよう。

▶ 社会福祉学界における女性福祉の位置づけ

一方，社会福祉学界における女性福祉の位置づけはどのようなものなのだろうか。日本社会福祉学会では，1984年（第32回大会）に初めて「婦人福祉部会」が設置された（現ジェンダー・女性福祉部会）。以後，数回の中断を経て，部会は継続されている。こうした学会報告の蓄積などもあり，ジェンダー視点，フェ

130　第Ⅱ部　福祉の現状と課題

ミニスト・アプローチなどを取り入れた研究や，女性福祉に関する研究[15]も進みつつある。

しかし，社会福祉教育において教科目「女性福祉」は，いまだ必須科目とはなっていない。寺本は，日本社会福祉教育学校連盟加盟校（以下，学校連盟）168校（2007年5月1日現在），および日本社会福祉士養成校協会加盟校（以下，養成校協会）264校（2007年5月27日現在）に対して，女性福祉関連科目開講状況調査，教員調査を実施している[16]。その結果，2007年度に女性福祉関連科目を開講しているのは，36校（15.7%）に過ぎないことが明らかになっている。学校連盟加盟校および養成校協会加盟校の8割以上が，女性福祉に関連する科目をまったく開講していないのである[17]。つまり，社会福祉専門課程カリキュラムにおいて，教科目「女性福祉」および，科目名や授業内容に「女性」「ジェンダー」などを含む「女性福祉関連科目」は，専門科目として位置づけられていない。このことは，社会福祉教育において女性問題やジェンダー視点，女性支援が等閑視されていることの証左である。

3 女性の生活問題

▶ 生活問題とは

次に，女性の抱える生活問題についてみていくこととするが，その前に「生活問題」について確認しておきたい。

1960年代の高度経済成長以後に出現した社会福祉施策の拡大を必要とするような新たな問題発生の下で，社会福祉の対象を従前の「社会問題」という枠組みから，生活問題として把握しようとする理論構築が進められた。新しい問題は，労働問題（社会問題）から，関係的・派生的に形成される社会的問題という枠組みで理解することは困難であり[18]，生活問題という新たな枠組みが要請されていった。生活問題とは，「人びとの生活者としての生命の維持とその再生産に欠かすことのできない基本的要件の充足を阻害し，その自立的生活と社会への統合を妨げるような一定の困難や障害」[19]といえる。われわれの生活は，「家族と社会（市場）との交換（相互作用）過程を通して」[20]，生命の維持と再生産を果たしている。家族や社会（市場）といった環境との間になんらかの不調

第7章　女性福祉　131

和が発生した場合，生活の維持や再生産が困難となることや，生命の維持さえ困難となることもある。つまり，生活問題は，家族と社会といったかかわり（生活）において発生する困難や障害である。

生活問題が生じる経路は，以下のような3とおりの分類が指摘されている[21]。

第一に，若年，高齢，障害など生活者のもつさまざまな属性が，社会との交換関係において困難や障害を生み出している場合。

第二は，一定の事態と社会の中で，その制度や文化，生活環境施設の在り方が生活上に困難や障害を生み出している場合。その例としては，性差別，少数者差別などがある。

第三には，失業，不安定就労，低賃金，貧困，あるいは労働に起因する傷病，さらには市場における生活資料の欠乏や偏在などのように，生活者のもつ諸条件を超えて，より基本的，根源的に，社会の構造的な要因に規定されて困難や障害が生み出される場合である。

女性の生活問題として考えてみると，特に第二の経路が重要である。女性の置かれている社会構造は，いまだ性差別的な状況にある。そうした社会を背景に，家族や社会（市場）といった環境との不調和から，生活・生命維持や再生産をもたらす困難や障害は，不断に生み出されている（たとえば，女性に対する性的暴力，男女の賃金格差から生じる貧困問題など）。女性たちが抱えるさまざまな困難や障害は，個別的な問題であるが，それらは社会の制度や文化——たとえば，性別役割分業観・システムなど——に大きく影響を受けているのである。

▶ 女性の生活問題

それでは，社会福祉の現場に現れる女性たちが抱えている生活問題について概観してみたい。先述したように現行社会福祉制度において，女性を対象とした事業に婦人保護事業がある。婦人保護事業＝女性福祉ではないが，女性を横断的に支援する制度が不在の中，実態的にその役割を担ってきたのは，婦人保護事業と母子福祉事業である。

上述したように，特に婦人保護事業は，他法他施策では支援対象とならない問題を抱える女性，制度の狭間にある女性たちに対して支援を行ってきた。たとえば，婦人保護事業の中核的機関である婦人相談所に寄せられる相談内容は，

表2　婦人相談所相談実人員（来所）の主訴別内訳（平成25年度）

夫等からの暴力	58.7%	8,838	医療関係	3.3%	490
離婚問題・家庭不和	15.2%	2,289	経済関係	1.6%	249
帰住先なし・住居問題	5.8%	877	人身取引売春強要	1.8%	267
親族間の問題	3.6%	541	その他	4.6%	694
子どもの問題	1.7%	255	総数	100.0%	15,059
交際相手の問題	3.7%	559			

出典：『平成25年度　婦人保護事業実施状況報告の概要』厚生労働省雇用均等・児童家庭局
　　　家庭福祉課

表2のように非常に多岐にわたっている。そこには，「夫等からの暴力」「離婚問題」「交際相手の問題」「人身取引売春強要」など，「女性のセクシュアリティ」に関連する問題がある。さらに，「経済関係」といった「経済・労働問題」の存在がうかがえる。また，「家庭不和」や「子どもの問題」など「ケア役割・女性役割」に関連する問題などがある。その他にも，「親族間の問題」「帰住先なし・住居問題」や「医療関係」まで，女性たちの抱える複雑さ・多様さが読み取れる。このような婦人保護事業の現場から見える女性たちの問題は，性差別的な社会構造下における，女性というジェンダー・セクシュアリティから派生する生活困難である。つまり，女性であるがゆえの困難とは，

① 　女性のセクシュアリティに関する問題（男性からの暴力，離婚問題，男女不和，妊娠・中絶・出産，売買春など）

② 　経済問題（女性就労の困難，母子世帯・高齢女性の貧困問題など）

③ 　女性役割に関する問題（育児，介護，家庭不和など）

などに分類できる。

①の女性のセクシュアリティに関する問題の一つに，性暴力被害がある。現行の社会福祉制度下においては，性暴力被害者は法的には支援対象となっていない。しかし，性暴力は女性の生命を脅かし，PTSDなど深刻な精神的ダメージをもたらす。被害女性には，「経済的援助，法的援助，社会福祉的援助，精神的援助，医療的援助，それらの情報を提供する窓口としての援助」[22]が必要であり，多様な支援と，そのための調整が必要である。社会福祉が果たすべき役割は大きいが，現行では社会福祉の支援に結び付かないことも多い。

第7章　女性福祉　133

②の経済問題の背景には，労働市場における女性の働きにくさや賃金格差がある。それらは，女性の貧困に直結している。

③の女性役割とは，家庭内のケアワーク（家事・育児・介護など）を中心とした社会の私的領域の担い手となることと，それに適した資質（こまやかな配慮，従順さ，素直さ，やさしさ，共感性など）であり，「ケア役割」をその本質としている[23]。つまり，③には，女性役割の強制・内面化による，過重な育児・介護負担や健康破壊などがあげられる。また，「妻は，多少の夫の暴力くらい許すべきだ」といった女性役割の強制は，女性たちが暴力から逃れることを困難にする[24]。以上にあげたような女性の生活問題は，複合的であり互いに関連し合っている。そして，さらに複雑な問題を派生させ，女性の生活を脅かす。

4 女性福祉確立に向けて

▶ 女性福祉とは

上述してきたように，現行社会福祉法制度では，女性を横断的に支援する分野は成立していない。女性を包括的に支援する法律も，いまだない。また，社会福祉教育における教科目としても，その位置づけは明確ではない。社会福祉において女性福祉分野は，依然として未確立のままである。女性福祉の定義についても，今のところ統一的な定義があるとはいえない。

そのような中で，婦人保護事業・母子研究を切り拓いてきた林は，女性福祉を「女性が女性であるという性を理由に幾重にも重なって生活を脅かす差別をとらえ，支援策を検討しつつ人権の確立をめざすことである」と定義づけている[25]。女性福祉とは，単に対象が女性であるという意味だけでなく，性差別的な社会構造から生じる生活問題に対して包括的にアプローチするという意味をもつ。女性たちを取り巻く生活問題とその背景にある性差別に目を向け，女性の人権確立のための支援策を検討する，それこそまさに，女性福祉が照射する分野といえよう。

このような女性支援のためには，現行のような属性別，社会福祉の法律別の支援ではなく，女性を総合的に支援する新たな制度施策が希求される。つまり，社会福祉の領域において女性を支援するためには，個別的なニーズの充足とと

134　第Ⅱ部　福祉の現状と課題

もに，女性問題解決という視点からの包括的な支援体制を整備する必要がある。そこには，女性たちが置かれている性差別的な社会構造に対してジェンダー視点からの見直しというソーシャルアクションが含まれる必要がある。

　換言すれば，女性福祉には，個別的な生活問題，ニーズの充足に対する専門的支援とともに，生活問題の基底にある女性問題を発生させる性差別的な社会システムに対するアプローチが求められる。

▶ 女性福祉の必要性

　2000年に改正された社会福祉法（旧社会事業法）では，付帯決議として以下のような項目が付け加えられた。「家庭内暴力を始め，女性の性に対する侵害に関して，婦人相談所，婦人相談員，婦人保護施設が被害者に対応している現状にかんがみ，現行のこれらの事業を社会福祉事業として位置づけるよう，所要の検討を行うこと。また，児童福祉内の枠組みで対応されている被害女性について女性福祉の観点で検討を行うこと」。これによって，「女性の性に対する侵害」など女性問題に対する支援が社会的責任と位置づけられた。さらに，ここでは，「女性福祉の観点で検討を行う」とされ，女性福祉の確立が早急な課題となった。女性福祉の確立のためには，女性福祉の必要性に対する社会的合意が欠かせない。言い換えれば，社会福祉の分野として女性福祉を存立する意義についての理解が必須である。

　女性福祉という分野を存立させる意義の一つは，社会福祉において「見えない問題」であった女性問題と，そこから派生する女性の生活問題を可視化することにある。つまり，社会福祉が支援すべき課題として対象を明確化することとなる。それは，社会福祉に内在する性差別をあぶり出すことにもつながる。

　さらに，女性福祉として包括的に支援することは，「母子」「DV被害者」といった「特定の問題」として女性間を分断せず，総合的な支援の提供という方向性を可能にする。

　第三の意義としては，女性の多様なニーズの解消のために，専門的な支援を提供する新たな実施体制の再構築である。それは，現行法制度を見直すことにもつながる。

　女性福祉の意義は，終局的には，女性たち一人ひとりが人権を尊重され，自

己実現して生きるための支援の実現といえよう。

1）「男女共同参画社会基本法」前文
2）前掲1
3）人間開発指数（Human Development Measure）は，GEMと同様に国連開発計画（UNDP）による指標であり，平均寿命，教育水準（成人の識字率と就学率），調整済み1人あたり国民所得を用いて算出している。「長寿を全うできる健康な生活」「教育」「人間らしい生活水準」という人間開発に関する3つの側面を簡略化したものであり，人間開発の達成度に焦点を当てている。『男女共同参画白書』平成21年，p.61
4）GIIジェンダー不平等指数（Gender Inequality Index）とは，国連開発計画（UNDP）による指数で，国家の人間開発の達成が男女の不平等によってどの程度妨げられているかを明らかにするもの。保健分野：妊産婦死亡率・15〜19歳の女性1,000人あたりの出生数，エンパワーメント：国会議員女性割合・中等教育以上の教育を受けた人の割合（男女別），労働市場：労働力率（男女別），の3側面5指標によって算出されている。『平成27年版　男女共同参画白書』内閣府男女共同参画局 p.49。
5）世界経済フォーラムが各国内の男女の格差を数値化し，ランクづけたものであり，0が完全不平等，1が完全平等を意味している。性別による格差を示すことができる。『男女共同参画白書』平成21年，p.61
6）2014年について，男性一般労働者の給与水準を100としたとき，女性一般労働者の給与水準は72.2である。『男女共同参画白書』平成27年，p.58
7）「貧困の女性化」とは，1978年にダイアナ・ピアース（Diana Pearce）によって造語された概念である。ピアースは，アメリカにおいて貧困な成人のおよそ3分の2が女性であったことを強調するために，この語を使用した。「貧困の女性化」概念は，ジェンダー視点から貧困問題を把握する必要性を明らかにした。マーサ・N・オザワ（1990）アメリカにおける貧困の女性化，『季刊　社会保障研究』26（3），p.228
　　なお，平成20年「国民生活基礎調査」によると，「母子世帯」の平均所得金額は243.2万円に過ぎず，「その他の世帯」の637.2万円と比較して，その差は著しい。
8）たとえば，内閣府が2014年に実施した「男女間における暴力に関する調査」によると，回答した女性のうち4人に1人が，配偶者から暴力を受けた経験のあることが明らかになった。
9）林千代（2004）女性福祉とは何か，林千代編著『女性福祉とは何か』ミネルヴァ書房，p.18
10）岩田正美（2001）社会福祉における研究の到達水準と展望―対象論研究の視覚―，『社会福祉研究』80，p.195
11）婦人保護事業とは，売春防止法第3章に基づく社会福祉事業である。「婦人相談所」（同法第34条），「婦人相談員」（同第35条），「婦人保護施設」（同第36条）を内容する。売春防止法による支援対象者は，「性行に照らして売春するおそれのある者」であるが，現在では，売春問題を主訴とする女性より，売春問題以外の主訴を抱えた利用者数の方が多い。
12）『いま必要，女性福祉法』2000年10月，pp.13-21
13）須藤八千代（1997）福祉事務所とフェミニスト実践，『社会福祉のなかのジェンダ

ー』ミネルヴァ書房，p. 23
14）前掲須藤，pp. 23-34
15）たとえば，以下のような文献がある。
　　・林千代（1999）第5章　女性福祉，一番ヶ瀬康子他編『戦後社会福祉の総括と21世紀への展望』ドメス出版，pp. 253-273
　　・林千代編著（2004）『女性福祉とは何か』ミネルヴァ書房
　　・橋本ひろ子（1996）『女性福祉を学ぶ』ミネルヴァ書房
　　・佐藤恵子（2002）「女性福祉」の構築に向けての一考察—「女性福祉」の必要性と意義—，『青森県立保健大学紀要』4（1），pp. 51-58
　　・二階堂ひさ子（1999）「女性福祉」実現のための女性論，『和泉短期大学研究紀要』21，pp. 1-9
　　・杉本貴代栄（1995）『社会福祉とフェミニズム』勁草書房
　　・杉本貴代栄編著（2000）『ジェンダー・エシックスと社会福祉』ミネルヴァ書房
16）寺本尚美（2007）女性福祉関連科目の実施状況と課題—日本社会福祉教育学校連盟・日本社会福祉士養成校加盟校への調査から—，『梅花女子大学現代人間学部紀要』4，pp. 35-45
17）前掲寺本，p. 42
18）古川孝順・庄司洋子・定藤丈弘（1993）『社会福祉論』有斐閣，p. 146
19）前掲古川他，p. 159
20）前掲古川他，p. 162
21）前掲古川他，p. 163
22）柑本美和・小西豊子（1999）効果的な被害者援助の提供をめざして，『法律時報』71（10），p. 50
23）内藤和美（1994）『女性学を学ぶ』三一書房，p. 56, 79
24）拙稿（2006）ドメスティック・バイオレンス，山根常男・玉井美知子・石川雅信編著『テキストブック家族関係学』ミネルヴァ書房，pp. 159-162
25）林千代（2003）女性福祉，『AERA MOOK　社会福祉学のみかた』朝日新聞社，p. 32

● コラム②：“女性福祉”考

　この稿を書こうとしたとき，「女性福祉」の講義を終えて教室を出ようとする私に，声をかけてきた2人の女子学生の姿が浮かんできた。「性を売るのは自由です。売るのも，それに伴って生じる事柄も自己責任ではないでしょうか」という意味のことを，私に言った。

　女性福祉論といえば，1986年，社会福祉専門職員養成基準として社会福祉学教育に必要な専門科目の分野部門に婦人福祉論が明示されていた。しかし，立ち消えてしまい，当時かかわっていた方に聞いても，その理由は不明のままである。日本社会事業大学などには，早くから婦人問題論がおかれ，婦人福祉論，女性福祉論と講座名を変えて現在も続いている。しかし，全国的にみるとカリキュラムに女性福祉（論）を設定しているところは，ごくわずかである。

　社会福祉士の受験資格に必要な現場実習には，実習先として婦人相談所，婦人相談員，婦人保護施設をあげているにもかかわらず，そして，実際，実習生が配属されているのに，なぜ講義がないのか。ある婦人保護施設に，ある大学の社会福祉学科の学生が実習に来た。施設長は「売春防止法をご存じですね。この施設は，その第4章36条によって設置されているわけです」と話し始めたところ，実習生3名ともまったく知らなかったというのである。つい先頃のことである。

　売春，売春防止法は，明らかに「性」にかかわる事柄であり，なるべく避けたいという気持ちがはたらくだろうし，「性」を取り上げる難しさがつきまとう。しかし，性によって生活が破壊されるとしたら，それは社会福祉の課題である。男性とちがって妊娠・出産する女性の性は，女性の生にプラスにもマイナスにも大きく作用する。端的に言えば，マイナスの作用，つまり自力で妊娠・出産あるいは中絶もできない，今後の生活（働き，生活設計をし将来を積み上げていく……）への思考ももてないとしたら，それは社会福祉の課題である。男性だって同じ，とりわけ現在の社会状況では同じだとの反論があるだろう。しかし，産む性は育てる性という社会通念は，男性とは異なった状況を女性に対して突きつける。目先の生活のために，冒頭の女子学生が言う性を売り金銭を得る自由に女たちを走らせる。「好きでしているのよ」は，収入を得るための言である。

　「性」は基本的人権を構成する一つであり，「自由」でなければならない。戦争中，人的資源確保のために「生めよ殖やせよ」がスローガンに掲げられ，その推

進のため昭和13年に厚生省が設置されたことを考えるとき，私は，産まない，産めないも含めて性は，個人の自由な選択でなければならないと切実に主張するものである。それにしても，世間一般を言っている冒頭の女子学生の言葉に戻れば，男性の姿は見えない。買うのも自由として，結果に対する責任を負わないのも当然なのだろうか。女子学生たちはどう考えるのだろうか。

　突然，売春防止法だの性だのと言ってしまったかもしれない。しかし，法務省管轄の売春防止法の中で，第4章保護更生のみは厚生労働省の所管する社会福祉事業なのである。34条婦人相談所，35条婦人相談員，36条婦人保護施設がそれであり，婦人保護施設は社会福祉法によって第一種社会福祉事業と規定されている。売春防止法の内容への批判や，いまなお婦人といういわば時代遅れの用語を使っていることなど，いろいろな意見もあるが，ともかく，唯一，女性を対象としてきた社会福祉事業であったし，あり続けている。ここに基点をおいてみると，女性の性，その性への考え方，とらえ方，その性から派生する実態など男性と異なった状況はたくさんみえてくる。たとえば母子寮（母子生活支援施設）や障がい者施設を含む障がい者問題の中で，高齢者問題において，そして，一見普通とされる男と女の日常生活の中で立ち往生してきた女性たちがいる。少なくとも1985年の私たちの調査研究は，婦人相談所に女性一般が訪れ，夫の暴力，アルコール中毒，怠惰，不和，別居，離婚といった夫婦間の問題，望まない妊娠，中絶，近親姦，性的強要，売春関連の問題など，さらに生活困窮，無気力，虚言，周囲の人との関係悪化などが重なっての相談をし，中には緊急一時保護を必要とする場合もあることを明らかにした。私は，こうした女性を「性・異性関係に関する問題を有し，職なく，金なく，住居なくそして絆なき人々」ととらえた。暴力の問題は，大きかった。DV法以前である。

　女性福祉というと男性はどうするのか，女性学に対して男性学はいらないのか，女性問題には男性問題は……などとよく言われる。男女平等，男女共生が達成されていない現実において，女性と男性に関する社会問題は並列ではない。

　最後に，社会福祉とは，社会構造が生み出す人間の生活破壊に対する社会的対応策の一つであるということを付け加えておきたい。この観点にしっかりと足場を組まなければ，社会福祉は単なる幸せ論になってしまうだろう。それでは，真の共生には到達しない。

〈林　　千代〉

● コラム③：婦人保護事業の現場から

　女性福祉相談員として働きはじめて，15年目になる。他都市はともかく，私が働く横浜市では，一番経験年数の長い相談員になってしまった。

　私がこの仕事に就いたのは平成12年。「売春防止法」を唯一の根拠とする婦人保護事業の「婦人相談員」としてであった。実際には当時の福祉事務所に席を置き，2区（A区：月・水，B区：火・木・金）を兼区していた。

　根拠になる法律は「売春防止法」であるが，この当時でもその対象者は「ア. 売春を行っているもの」「イ. 売春を行う恐れのあるもの」とある本来の対象者については，売春の潜在化に伴い，一部の地域を除いてほとんどなくなっている状況であった。そうした状況の中で「ウ. 家庭環境の破壊，生活の困窮等正常な社会生活を営む上で困難な問題を有しており，かつ，その問題を解決すべき機関が他にないために，現に保護，援助を必要とする状態にあると認められるもの」，たとえば家庭内の不和（夫の暴力，離婚，家族・新族のトラブル等），住居問題（離婚後の住居がない，アパート立ち退きに遭うが行く先がない等），その他（男女間のトラブル，妊娠・出産等）と多岐にわたるものが婦人相談の対象となっていた。

　ここで特筆すべきは，夫の暴力の相談は平成13年「配偶者からの暴力の防止及び被害者の保護に関する法律（DV防止法）」が施行される以前にも，婦人相談で対応していたことである。これは婦人相談所が一時保護の機能を有していることから，夫の暴力から避難するために一時保護の機能が使われていたことによる。しかしこの段階では限界があり，私は当時の先輩の言葉を思い出す。「夫の暴力から逃げた母子で，小・中学校年齢の子がいる人は，夫に見つかってしまうことが多い」というのだ。なぜなら，離婚成立までは，子どもは両親の共同親権になるため，加害夫が子どもの転校先を教えろと迫ると，学校も拒否しきれないという状況があったためである。

　平成13年「DV防止法」が制定されたことで，「被害者の保護」が求められ，学校も子どもの安全を最優先にできるようになった。このように「DV防止法」が制定されたことで，いろいろな面で変化が起きたのは事実である。

　最も重要なことは，この法律で「家庭内の暴力は犯罪である」とはっきり定義されたことである。それまでは夫の暴力で警察を呼んでも，「民事不介入」の原則で，被害妻は助けてもらえなかった。しかし，DV防止法以降は，警察も夫婦間の暴力に対して積極的に介入するようになり，被害妻と話し合い，時に加害夫を

逮捕，拘留することもある。さらに，加害夫からの避難について妻と話し合い，警察が本人やその子どもを保護，もしくは区女性福祉相談につないでくれるようになった。

　さらに，相談体制も，これまで横浜市全体で10名だった相談員が，18名（＝各区に1名）に増員された。平成15年には，18区のうち，相談件数の多い3区が相談員2名の体制に。平成23年には，さらに2区が2名体制になり，平成23年9月1日横浜市DV支援センターの開設に伴い，相談員2名が配置された。名称も「女性福祉相談員」と改められ，計25名の女性福祉相談員が，より多くの女性の相談に対応できるようになった。

　こうしたことも，法律が整備されたことで実現したことであり，DV防止法の成立は，家庭の中で苦しむ女性にとって，実に意義の深いことであったと思う。このように法律が整備されることで，具体的な制度実施が充実してくるという状況を見ると，厚生労働省管轄の「売春防止法」と内閣府男女共同参画管轄の「DV防止法」という，女性の支援を行い，人権を守る根拠となる法律が，国の管轄という面で異なるのは，問題であると思う。

　「DV防止法」は第1章第2条に，「国及び地方公共団体は，配偶者からの暴力を防止するとともに，被害者の自立を支援することを含め，その適切な保護をはかる責務を有する」とあり，各市町村はDV被害者の相談窓口を設けている。一方，「売春防止法」では，婦人相談員は都道府県に義務設置，市町村については任意設置のため，相談員のいない市町村も多い。

　市町村によっては，婦人相談員がいないために離婚等の相談に乗ってもらえずに，都市部の知人を頼ってくる人もいる。女性の抱える問題を法律により分断し，問題によって対応しないという状況は，非常におかしいと思う。今後の課題として，女性の問題を包括的にとらえ，管轄も一本化した新しい法整備が望まれる。

〈武井かおる〉

第8章

家族福祉から「共生」を考える
―マイノリティのマイノリティ　父子家庭の解放へ向けて―

酒井　潔

1　問題の所在

　「家族の絵を描きましょう」，こう幼稚園児や小学生に言えば，お父さん，お母さん，そして兄弟姉妹を描き込むだろう。「核家族」が主流になった今ではさすがに，おじいちゃん，おばあちゃんも描かれた絵はめっきり少なくなったが。小学校の地域開放日に訪れると，廊下や教室に一面子どもたちの絵が貼られ，どれも家族の絵を描いている。そういうのを見ると，子どもたちが家庭で，地域に育まれ，日本の将来にほのぼのと希望が見えてくるような気にもなる。そして，父の日には子どもたちはみんな一斉に「お父さん」の絵を，母の日には「お母さん」の絵を描く。たしかに，微笑ましい。お父さんがいて，お母さんがいて……。「幸せをありがとう，ぬくもり届きました♪」。どこかのテレビ番組ではないが，人の家をそのまま訪問取材し，「家族に乾杯！」である。

　しかしすぐにそれらのおかしさが透けて見える。子どもたちの中には，父親か母親のいない，または両親のいない子もいるのではないか。授業などで「さあみんな，お母さん（お父さん）の絵を描きましょう」と命じる教師は，そうした片親，あるいは親のない子のことをどう考え，どう配慮したのだろうか。そのときその子たちは，いったい何を，どのような気持ちで描いたのだろうか。学校の先生にとって，親のいない家庭など「あってはならず」，それは「学習指導要領」にもない「想定外」の事例であったし，そうあり続けている。その子たちにとってその図画の時間は拷問にも等しかっただろう。

　片親のいない，両親のいない子どもたちも，「幸福」になる権利を当然有し，

142　第Ⅱ部　福祉の現状と課題

また人一倍幸福への希望をもっている。そして彼らなりに努めている。学校は，そんな彼らの健気な努力に冷水を浴びせかける場になっている。別の例は運動会である。昼休み，先生の指示は「みんな，応援に来ているお父さんお母さんのところへ行って一緒にお弁当を食べなさい」である。親のいない子，親はいても仕事や病気で参観できない子はどこへ行けばいいのか。片親だけで校庭の隅にまるで晒し者のようにうずくまっている生徒もいる。こういうときこそ，給食を出して生徒たち揃って教室で昼食とすべきではないのだろうか。

　のっけから学校の先生を批判するようで恐縮だが，今日の日本の学校教育の場で，（少なくとも結果として）子どもの心を傷つける言動がいたるところで反省もなく反復されているのは，紛れもない事実である。

　「家族」に「あるべき標準形」をあらかじめ設定し，「規格外」のものには見て見ぬふりをする。「家族」に規格内と規格外とを区別し，その格差を増大させる仕組みは，何も行政や法律や制度だけではない。マスコミが糾弾してやまない縦割り行政，ザル法，時代に合わない硬直した制度が「家族」を縦横に選別し，分断していることは比較的目に見える弊害である。しかし「家族」にとって，とりわけ子どもたちにとって最も脅威であるのは，一見目には見えないが，しかし日本社会に深く根づいている人間の意識，社会，文化のなす巧妙で執拗な抑圧なのである。それは社会的偏見とも言い換えられるかもしれない。

　「家族福祉」とは何かといえば，形式的な語義としては「家族の幸福」と言い換えられるであろうが，しかし中身としては，家族の幸福に対する有形無形さまざまな阻害要因を取り除く試みを意味する。そして，その最も手強い要因が，社会的偏見である。「社会的偏見」とは単に個人の抱く主観的な意見というような曖昧なものではなく，見えない仕方で，しかし確実に真綿のように子どもを親を締め上げ，傷つける。その意味でそれはすでに暴力なのである。

　小論では，テーマを「片親家庭」すなわち「ワンペアレント・ファミリー」の問題に絞ろう。そして中でも「父子家庭」の抱えるさまざまな困難や被害について，そしてまた幸福への希望について考察したい。なぜなら片親家庭は，冒頭に述べたように，学校という公教育の場ですら「あるはずのない」規格外と見なされる「マイノリティ」（少数派）であり，その中でも，母子家庭と違って父子家庭は，さまざまな文化的抑圧によって現代日本社会において疎外され

第8章　家族福祉から「共生」を考える　143

続けている「マイノリティの〔なかの〕マイノリティ」であるからだ。そして
おそらくそこにこそ，今日の日本の家族福祉の直面するさまざまな困難や矛盾
が顕著に現れ，それゆえ，すべての人が差別も排除もされることなく生きてい
ける「共生」としての福祉という価値観が最も切実に待望されるからである。

　以下の考察では，まず，ではそのように現代社会においても自明とされる家
族の規格である「夫婦」，すなわち「結婚」とはそもそも何なのか，を振り返
っておこう。その上で第二に，そういう「結婚」に基づく「マジョリティ」
(多数派)としての「両親家庭」には属さない「マイノリティ」である「片親家
庭」とその増加について概観する。そして第三に，そうした「マイノリティ」
の中でもさらに「マイノリティ」に属する父子家庭について，それが置かれた
困難な状況について述べる。最後に第四として，地域，職場，学校における偏
見や差別を乗り越えて，「母子家庭」でも「父子家庭」でもない，「ワンペアレ
ント・ファミリー」の理念，そしてその幸福追求の権利を確立するための展望
を試みたい。

2　マジョリティとしての「結婚」

　人間の現実には「社会」という面がたしかに属している。そしてその社会を
構成する個人にとって一番身近な共同体が「家族」(family)である。つまり，
われわれ個人の幸福にとって，「家族」ないし「家庭」とは，それがどのよう
な形態のものであろうと，基本的な構成要素である(「家族」の意味を最も広くと
れば，家族をもたず1人で生活する人も「単身家庭」という名の「家庭」を営むわけで
あり，その場合には孤独や病気・介護や死という問題が属し，これも「家族福祉」の一
分野をなすのだが，いまは立ち入らない)。「家族」の発生的な条件は，言うまでも
なく男女の結婚，あるいは同棲である(同性同士の結婚も近年，欧米を中心に相当
数の国において合法化されているが，それについてもここでは立ち入らない)。

　世間では「結婚」は慶事であり，「善きこと」である。成人して結婚し家庭
をもつことは，一人前の大人であることの証と見なされる。めでたく「規格」
に合った者が合格し，社会に認知されるのだ。就職や出世でも既婚者が有利な
ので，そのための結婚をする人も実際にはいる。賃貸マンションを借りたり，

住宅ローンを組もうとしたりするときも，結婚しているとそれだけで信用が増す。少なくともある種の胡散臭い目で見られることはない。

　そのように社会の「マジョリティ」を意味する結婚とは，古代から現代まで，社会の慣習と法律として認められてきた社会制度である。それは当事者（親，近縁，それ以外の者の場合も昔は稀ではなかったが）同士が，性，相互義務・権利，経済的相互協力，子育て，社会秩序維持などについて取り交わす「契約」という面をもつ。近代啓蒙主義の哲学者カント（1724-1804）は結婚についてこう定義している：「婚姻とは，性を異にする二人格の，彼らの性的特性を生涯にわたって相互的に占有するためになすところの結合である」[1]。要するに結婚とは，互いの性器を独占するために結ぶ契約だというのである。こう言ってしまうと身も蓋もないようだが，たしかに法的にはそうであるに違いない。しかし，〈自由な人格が各自の意志によりこれを行う〉という前提がある点で，その定義にはまだ多少救いがある。

　しかし今日の日本社会は，「結婚」へと勧誘すべく，イメージの限りを尽くして産業（ブライダル産業）もメディア（女性週刊誌）もマスコミ（流行語）も喧しい。結婚した（できた）女性を「勝ち組」，結婚しない女性を「行き遅れ」，「負け組」などと呼ぶ。「結婚しない（まだしない）」という選択肢をまるで認めていないかのような言い方だ。最近では，格差拡大のせいで結婚できない若者の出現と関連して，「就活」ならぬ「婚活」なる語まで登場している。〈社会から落ちこぼれないこと〉と，〈結婚すること〉が同等視されている。こうして「結婚しない（したくない）」人への差別的な雰囲気がたえず醸成されていく。

　今日の日本社会では，産業，地域，法律のシステムはほとんどみな「結婚」を単位としている。個人のライフプランも，たとえば保険会社の商品パンフに見るように，「結婚」を前提としている。学校→大学→就職→結婚（寿退職）→中堅・管理職（子育て）→定年退職→老後というのが「規格」であり，これに合わないものは「規格外」であって，後者の受け皿になる社会システムも保険商品も原則的に存在しない。給与も結婚すると勤務先から「配偶者手当」が支払われるが，離婚すると打ち切られるから所得は下がる。年金・保険では，妻は夫の「被扶養者」として夫の勤務先の年金・保険に入るので，もし離婚するとそこから放り出されるのだった（もっとも，昭和60年から，専業主婦の妻も全員

国民年金に加入することになったのだが，遅すぎる処置だと思う）。税制においても，結婚すると「配偶者控除」が受けられるが，未婚だったり，離婚したりするとこれが受けられないので税金は高くなる（しかも，配偶者の年間所得が103万円以下でなければならないという制限が，かえって妻の経済的自立の可能性を奪っているのである）。こうしてみると，「独身」は何かそれだけで処罰に値する対象であり，「離婚」などもってのほかであるかのようだ。

　日本でも離婚は確実に増加している（表1参照）。それでも離婚する夫婦はまだ7組に1組に過ぎず，2組に1組が離婚するといわれるドイツよりはるかに低い。未婚・離婚・非婚の増加に伴い，日本でも「家族の崩壊」が指摘されている。また仕事を辞めない女性の増加は「価値観の多様化」などと持ち上げられてもいる。しかし，それらはマスコミ用語に止まり，現実の社会や文化においては，「結婚」を「マジョリティ」とする意識や仕組みには根強いものがある。職場でも学校でも地域でも「結婚願望」が押し付けられる。そのような空気の中で，「結婚したほうがラク」とか「このまま独身だと職場に居づらくなるから」と考える若い人も少なくない。大学でせっかく福祉やジェンダーを学んでも，社会に出ると，あっけなく結婚する。かくて「勝ち組」に属した後は，地域での生活や育児を通して，今度は独身者を（意識するにせよしないにせよ）抑圧・排除する側にまわるのである。だからこそ，日本では「別居夫婦」のような，本音は離婚したいが建前は夫婦といった「仮面夫婦」や，夫の定年退職を待って離婚するという「熟年離婚」が後を絶たない。しかし，事実問題としては，離婚・未婚・非婚が増えていることには違いない。

　さらに，教育もまた「結婚」をこれまで前提してきた。日本国家の礎となるべき「良妻賢母」の教育を理念とした女子大学，女子短期大学が多く存在するのも日本の特色である。そこの卒業生を銀行などが大量採用し，彼女たちが数年で「寿退社」となるのがかつての標準であった。「お嫁さんにしたい女子大生」というような言い方が憚られるような風土ではないのである。最近女子大の人気は下降気味といわれ，働き続けてキャリアを積む女性も増え，「晩婚化」が進行中だと指摘されている。しかし実質は，「適齢期」を過ぎた独身者に対する無形の「ハラスメント」は男女を問わず横行しているのである。

146　第Ⅱ部　福祉の現状と課題

表1　家族類型別一般世帯　割合：1970〜2010年

世帯の家族類型	家族類型別割合（%）			
	1970年	1990年	2000年	2010年
総数	100.0	100.0	100.0	100.0
親族世帯	79.4	76.7	72.0	66.6
核家族世帯	56.7	59.5	58.4	56.3
夫婦のみ	9.8	15.5	18.9	19.8
夫婦と子ども	41.2	37.3	31.9	27.9
男親と子ども	0.8	1.0	1.2	1.3
女親と子ども	4.9	5.7	6.5	7.4
その他の親族世帯	22.7	17.2	13.6	10.2
夫婦と両親	0.4	0.5	0.5	0.4
夫婦とひとり親	0.8	1.4	1.5	1.4
夫婦，子どもと両親	4.1	4.5	3.1	1.8
夫婦，子どもとひとり親	8.1	6.0	4.5	2.9
夫婦と他の親族	0.5	0.3	0.3	0.2
夫婦，子どもと他の親族	2.0	0.8	0.8	0.8
夫婦，親と他の親族	0.8	0.3	0.3	0.2
夫婦，子ども，親と他の親族	3.9	1.6	1.0	0.7
兄弟姉妹のみ	2.2	0.6	0.6	0.6
他に分類されない親族世帯		1.1	1.1	1.1
非親族世帯	0.3	0.2	0.4	0.9
単独世帯	20.3	23.1	27.6	32.4

出典：国立社会保障・人口問題研究所（2015）『人口統計資料集』

3　「結婚」という制度・文化の排他性

　日本の場合，「結婚」と「家族・家庭」の実質は，性別役割分担という人為的装置（ジェンダー）に重ね合わされている。ジェンダー論についてはすでに多くの文献が出ているし，大学の授業や各種学会・研究会でも頻繁に取り上げられているから屋上軒を重ねることはしない。ここではむしろ生活者の視点から抑圧現象の若干を確認しておくにとどめる。

　まず，伝統的な「夫は仕事，妻は家庭と育児」という観念がある。昭和60（1985）年「男女雇用機会均等法」が制定され，すでに半数を超える妻が社会で就労し，7割を超える妻が就労を望む今日，「夫は外へ，妻は内に」は死語

第8章　家族福祉から「共生」を考える　**147**

だと言う人もいるかもしれない。しかしそれは皮相的ではないか。なぜなら，就労中の妻は家事育児をおろそかにしているという負い目を常に感じており，その裏返しとして，休日の夫は家庭サービスに精を出すよう半ば強制的に求められるからである。夕方の弁当や惣菜の店で列をなす，そのほとんどは主婦である。子どもや夫からすれば，そんなお義理の食卓なら，自分で作るか外で済ませるほうがマシかもしれない。しかし主婦たちは「いやでも女がさせられる」との固定観念にむしろ囚われているのだ。そうしたスティグマのはけ口として，妻が夫や子どもを精神的に虐待し続ける（その仕上げに，定年を迎えた夫に妻は「三行半」を突きつける）。日本の家庭では，ドイツなどと違い，妻が家庭のほとんどの案件に決定権をもつのも，そのためである。

　学校の保護者会といえば，ほとんどの場合，平日の午後の2時，3時に始まる。当然，出席者のほぼ全員が専業主婦である。たまに，父子家庭の父親が仕事の都合をつけて出席すると，担任の教師は父親に向かって，「ほかのお母さん方が気を遣いますから，もう来なくてもいいですよ」などと言う。にわかには信じがたいが，実際に，それも都内のある公立小学校でほんの数年前にあった話だ。

　東京の大学で哲学を勉強して優秀な卒論を書き，大学院にも進んで修士号を取得し，念願の職種での就職を果たした女子学生。猛烈に働いて3年後には店長に昇進した。しかしそのわずか半年後にもらった年賀状に「辞めました」とあり，私は唖然とした。結婚相手が沖縄県に赴任するのだという。なぜ女性が仕事を辞めるのだろう，それも自分から（その女性は，それから数年後，夫の再転勤に伴い首都圏に戻り，再び就職先を探しているのだという）。こういう例は後を絶たない。女性が勤めを辞めて専業主婦になる理由として，給与や昇進などにおける差別待遇も指摘される。また給与が年額103万円を超えると「配偶者控除」の対象から外れてしまうという制度も（特に）妻の経済的自立を妨げている。専業主婦のほうがラクだしトクだというわけだ。しかしそういう計算の下にはジェンダーバイアスが今も存在し続けているように思われる。「おじいさんは山へ柴刈りに，おばあさんは川へ洗濯に」は単なる昔話ではない。

　「男らしさ」や「女らしさ」，あるいは「父親」や「母親」，すなわち性的役割の表象が物理的な抑圧となって，個人の希望や努力を押し潰すという事例を，

今度は男性の側に見てみよう。日本では男性たるもの，外へ働きに出て，お金を稼ぎ，家庭を守る妻や子どもを養う「大黒柱」という役割を要求される。「フリーター」や「ニート」などの語には「フルタイム」や「扶養者」という規格から外れたものとのニュアンスがつきまとう。しかし一概に「男性」といってもそれこそ「いろいろ」である。性格的に対人関係が苦手で，家で家事や育児をやるほうがいいという男性もいて当然である。ドイツでは1980年代後半くらいから妻が外に出て働き，夫が家庭に残る「主夫」が登場し，髭の大男がかいがいしく赤ちゃんの世話をしたり，公園デビューなどもこなす姿も普通に見られるようになった。しかし日本では，まだ都会ですら，平日の昼間スーパーなどで食料品などの買い物をする男性はどうしても浮いてしまうのだ。保育園・幼稚園の送迎や学校行事に参加しても，周囲の訝しげな視線にさらされる。

　そうした加害者の一部は，自分を「結婚できて」「家庭をもちえている」「勝ち組」に帰属させ，そこから逸脱した「負け組」に対する優越感と蔑みの混ざった空虚な感情を懐いているが，これがどうしても場の空気を支配する。まして「父子家庭」の親子などは「第三項排除」の標的以外の何ものでもない。私の知人は離婚して，小学生の息子を引き取った。子どもも親も再出発にかけていたし，子どもは新しい学校に馴染もうと健気に努めていた。「ねえ，僕の家にも遊びに来なよ」。訪ねてきてくれたクラスの友達を，知人も家にいてジュースやお菓子でもてなしたという。ところがまもなく友達は誰も遊びに来なくなった。彼らの母親たちが「○○君の家はお父さんしかいないから遊びに行っちゃだめよ」と言い聞かせのだという。悲嘆と憤激から知人は小学校へ相談に行ったが，教師はなぜか「親同士のけんかだから」と何もしてくれなかった。まもなく知人の息子はクラスで孤立し，心身に変調をきたしてしまったらしい。ここには，母親のいる家が普通の家であって，母親のいない家はヘンな家であるという，信じがたい偏見がまかり通り，子どもや親を傷つけ，無力感を植えつけるという実態が見てとれる。地域の公教育もその暴力を是正するどころか，逆にそれに加担している始末なのである。

　このように職場，地域，学校のどこでも，「結婚」・「両親そろった健全な家庭」という記号が有形無形に，個人から幸福の可能性を奪っている。離婚件数が増えてはいても，特に日本の場合，結婚制度そのものが社会の「あるべき

標準」であり，それに外れた親や子どもを排除し続けていることにほとんど変化はない。その点で，「家族福祉」は，他の領域の福祉，たとえば障害者，高齢者，医療などの領域に較べて，特に立ち遅れているといえるだろう。

4 マイノリティのマイノリティ—悩める父子家庭—

　前述のように，日本の家族の7分の1が離婚家庭であるが，その離婚家庭＝マイノリティのうち，母子家庭は6分の5を占める「マイノリティのマジョリティ」である。これに対し，父子家庭は母子家庭のさらに5分の1に過ぎない。つまり父子家庭は「マイノリティのマイノリティ」なのである。2011年の厚生労働省「全国母子世帯等調査」によれば，母子家庭123万8,000世帯に対し，父子家庭は22万3,000世帯である。父子家庭の内訳は離婚74.3%，死別16.8%となっている。そしてまた特に日本の特徴であるが，離婚後に男性側が全児の親権者となる割合は20%以下である。たしかに母子家庭への対策も遅れ，法的には「母子及び寡婦福祉法」（これも銃後の守りとしての家族という観点がもとで，戦争未亡人が対象だった）が，施設的にも「母子生活支援施設」が存するのみであった。しかし父子家庭となると，数的マイノリティにとどまらず，それら最小限のセーフティネットからもこぼれ落ちる絶対のマイノリティなのである。

　法的整備の遅れ（ちなみに現在，父子家庭は「母子及び寡婦福祉法」の対象という扱いである）や社会施設の不足だけではない。それらにもまして父子家庭を襲うものは，父親と子どもに対する社会の冷たいまなざしである。しかし父子家庭のこうした二重の苦しみ・疎外については，不思議なことに，学会でもマスコミでもほとんど取り上げられてこなかった。高齢者福祉や障害者福祉などの場合と違って，父子家庭とは，何かそれが存在することに眼を向けてはならない事象であるかのような扱いであった。

　管見に入るかぎり，この誰もが知りながら知らないふりをする父子家庭の置かれた状況について，少なくとも正面からこれを取り上げ，父子家庭の解放の必要を公に訴えた人はたぶん春日キスヨ氏だけである。

　氏は，その著『父子家庭を生きる—男と親の間—』（勁草書房，1989年）において，「父子家庭」が直面する文化的，社会的，経済的な差別について，「女の

領分とされる家事や育児を，慣れないながらも引き受ける父子家庭の男性は，この社会の支配構造から，二重にはみ出した存在である」と結論しておられる。同書の観察と指摘を手引きに，私の知見も加えながら，父子家庭の苦悩について以下に述べる：

第一に，同じ片親家庭でも，母子家庭の場合に対するのとは明らかに違う冷たいまなざしが父子家庭を苛む。日本の伝統的な性別役割分担や，1960〜70年代の高度経済成長の前提だった家族観は，妻持ち男性にはプラスに働くが，父子家庭の男性には（妻を失った分）逆にマイナスに働く。女性の社会進出が顕著になり，専業主婦が減り，社会構造が変化さえ通り越し液状化しつつある今日も，この力学だけはしぶとく残る。

第二に，地位や名誉，それに伴う信用が幅を利かせる日本型男性社会に変化の兆しはなく，妻帯者に較べて独身・離婚男性が軽んじられるという文化的差別がいまだに現存する。妻子に向き合うことなく外で稼ぐことだけで権威をもちえた男性は，離婚した途端，それまでの権威すなわち彼に（上辺であれ）従属する者としての妻を失う。また家事や育児を負担することで外での稼ぎにも制限が生じる。さらに，「女親がいなければ育児はできない，子どもは不幸になる」というこれも頑迷な文化的偏見が存する。この偏見の罪悪は大きい。男親に育てられた子どもが非行に走ったりしたとき，周囲ばかりか，当の子ども自身が「親のせいだ」と嘯くのだ。子どもの危機に対し，仕事，家事，育児のすべてをただ１人で背負い，しかも親戚や地域の援助もほとんどない状況（女の領分を右往左往する男など「恥ずかしい存在」であると無視されるのである）では父親はなす術をもたない。

第三に，「母子世帯は経済的に困窮するが，父子家庭はそれほどでもない」と一般に思われている。たしかに統計的には，母子家庭の年収が約223万円であるのに対し，父子家庭の年収は380万円である（2011年）。また「平成５年度全国母子世帯等調査結果の概要」（表２参照）によれば，母子世帯の場合，「困っていることの内訳」のその最大のものは「家計」で35.8％（父子は17.1％で３番目）であるのに対し，父子世帯が最も困っているのは「家事」で28.8％（母子ではわずか２％）となっている[3]。しかし春日氏によれば，父子家庭にとっても「家計」は大きな困難であると指摘する。なぜなら，男性の勤務体制は，普

通は妻がいて，しかも専業主婦であることを前提し，男性のもつ知力・体力を目いっぱい吸い上げるような仕組みになっているからである。残業あり，転勤あり，つきあいありでナンボなのである。だから，育児や家事に多くの時間を割かねばならない男性の給料は実は低い。仕事・つきあいか子どもか，という二者択一を迫る社会は，父子家庭の男性からどんどん余裕を奪っていく。

第四に，さらにダメ押しのように，父子家庭へのマイナスイメージをつくり上げるメディアの偏見が加わる。それは「両親がいてこそ子は育つ」とか「小さいうちは母親が一番」などといった社会通念を広め，それはホームドラマやバラエティ番組などを通じて増幅される。そして，生きるための仕事（会社）と，「子の親」であることの折り合いをなんとかつけようと，孤立無援のまま懸命に努める父子家庭の男性の努力を踏みつぶしていく。

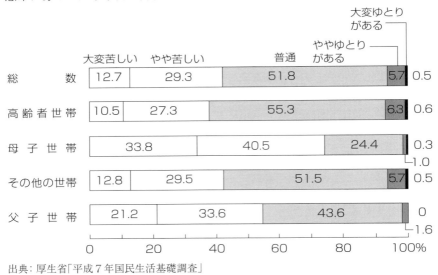

出典：厚生省「平成7年国民生活基礎調査」

図1　世帯類型別にみた生活意識別世帯数の構成割合

表2　困っていることの内訳（％）[2]

世帯類型	総数	家計	住居	健康	仕事	家事	その他
母子世帯	100.0	35.8	23.6	17.3	12.8	2.0	8.5
父子世帯	100.0	17.1	11.8	19.4	4.7	28.8	18.2

出典：厚生省「平成5年度全国母子世帯等調査結果の概要」

5 「ワンペアレント・ファミリー」へ向けて
—母子家庭でも，父子家庭でもなく—

そもそも家族福祉学自体も，これまで国の年金モデルや保険会社のライフプランが示す両親家族に照準を合わせていたのではないだろうか。「家族福祉」とは，個人が家族という仕方で生きる限り，個人の幸福に必然的にかかわる。家族福祉が，幸福を求めようとする各家族に立ちはだかる障害を除去するための理論かつ実践であるとすれば，努力以前にハンディを強いられる「片親家庭」，特に「父子家庭」こそ，その重い課題の一つであるに違いない。にもかかわらず，これまで，それを固有の対象とする法律・制度がなかったことや，家族意識そのものが希薄化の傾向にあることを理由として，父子家庭を家族福祉学は実質的には無視してきた。代わりに取り上げられてきたのは「児童」「老人」「介護」「不登校」「障害児」「母親の育児ストレス」などだった。家族福祉のコアではなく，そのいわば周縁に「母子家庭」が取り上げられ，父子家庭はさらにその周縁に位置づけられ，一行も言及されない場合も稀ではない。父子家庭は学校教育の現場からも行政からも，福祉専門家の対象からも排除され続けてきたといっても過言ではないであろう[3]。

このような「見て見ぬフリ」をこれ以上続けてはならない。いまこそ母子福祉とともに，父子福祉を学会や行政のまともな対象とし，広く社会にも認知させなければならない。

その場合に，基本的な視座とアプローチとして，あらかじめ2つの点をはっきりさせておきたい。第一に，父子家庭の幸福追求権を妨げてきた最大のものは，繰り返すように，必ずしも目には見えない，社会的偏見や文化的差別であるがゆえに，父子家庭は決して単なる「予算」や「施設」，つまりモノ・カネ（ましてそれがばらまき行政の一環であってはならない），あるいは技術的な対策の問題に矮小化されてはならない。どのような法改正を行い，制度を設け，予算をつけたとしても，父子家庭に対する社会の意識そして視線が改められなければ，父子の苦しみは終わらないのである。

第二に，1996年以後，自治体の広報などに，「父子世帯支援対策事業」という文字が時折見られるようになってきた。しかし，ほぼどれもが，休日に父子

第8章　家族福祉から「共生」を考える　**153**

家庭の親子を集めてバスに乗せ，イチゴ狩りやぶどう狩りへ行くという類のものである。いったいこれが父子に幸せをもたらすのだろうか。行政担当者のセンスの欠如，そして（特に子に対する）思いやりのなさを露呈してはいまいか。そもそも予算執行の問題でしかないのか。また，最近では父子家庭の父親たちによるホームページやサークルの立ち上げなどの草の根運動が紹介されたりもしている。しかし私はそれはあまり問題の解決にならないと思う。「父子家庭」という看板をことさらに掲げ，あるいは自らのアイデンティティを「父子家庭」と認識し続けることは父子家庭の本当の解放にはならない。それはかえってジェンダーにとらわれることにならないだろうか。むしろ「父子でも母子でもなく」という視点の社会的普及に意を注ぐべきである。そして，さらなる歩みは，「両親」でも「片親」でもない，そういう意味で「ワンペアレント・ファミリー」の理念を構築し，社会に普及させねばならない。

　結局「何が幸せか」「どういう家族が幸せな家庭か」ということは，一人ひとりが，またそれぞれの家族が自ら考え，選択し，求めていくべきものである。決して，行政が，会社が，制度が，世間の通念が，まして学校の教師が指定するものではない。「子どもはなんと言っても母親次第」「男に子育てはできない」，あるいは「お父さんは保護者会に来なくていいですよ，ほかのお母さん方が気を遣いますから」等という発言自体が顰蹙を買うような，そのような社会に変えていかねばならない。このようなスタンスに改めなければ，「父子福祉」と言ってみてもおそらく無意味であるだろう。「幸せ」の形はさまざまであるがゆえに，父子家庭も母子家庭も両親家庭と同じように幸福を求める権利を有し，そこにくらし育つ子どもたちの未来へ向けて幸福が希望されうるし，またそうでなければならないのである。「父子家庭」ほど「共生」の考え方が切実に求められる福祉分野はおそらくないであろう。

　では，父子家庭の福祉へ向け，私たちにはさしあたりどのような実践が可能であるだろうか。父子家庭に対する現実社会の差別をなくすために，比較的抵抗を受けずに着手できるのは，むしろ「目に見える改革」である。大きく見てそれは法・制度，会社，学校，地域という4つの領域で進められねばならない。

　まず法・制度としては，なんと言っても父子家庭に対する児童手当支給の保留を速やかに解除すべきである。収入をゼロまたは限度額以下と申告できる母

子家庭だけが交付を受けられるという現状を改めるべきだ。父子家庭の男性は，先述のように，収入減を強いられる上に，家事や育児のための経費が発生しやすいのだから，そのための援助として，税控除，および補助金支給が必要である。その際，数字による所得制限をできるだけ設けないほうがよい。収入のある父子家庭には援助は不要という考え方は間違っている。

　次に会社では，父子家庭の男性社員については，勤務時間帯，残業，有給休暇，出張，転勤などに関して配慮すべきだ。また職場の上司や同僚は，つきあいと称する会合についても父子家庭の男性社員には柔軟に配慮すべきだし，またできるはずである。当然ながらこれらの措置や配慮は母子家庭の女性社員にも必要である。それらを早急に実現しつつ，配属部署などを見直し，（ただですら配偶者控除の停止，配偶者手当の停止によって収入を減らしている）父子家庭への，企業としての財政的支援や福利厚生策を講じるべきであるだろう。

　そして学校——社会的文化的偏見・差別の再生産あるいは刷り込みの場としての——における教員の意識改革・啓蒙が求められる。運動会，学芸会，遠足などの学校行事のありようを根本的に見直し，父子家庭を苦しめるものは早急に改めるべきだ。またクラス担任が，父子家庭の保護者にどう対応すべきなのか，個々の授業の中で「マイノリティのマイノリティ」を排除してはいないかの自己点検，さらには教員同士の参観授業などによる相互批判が望まれる。教員一人ひとりの意識改革が不可欠である。そのためには自発的な研修だけでなく，外部機関による審査そして専門家による教員研修も必要であろう。

　最後に，地域社会の意識改革である。父子家庭は（母子家庭も別ではないが），父親が育児や家事に時間を割けない勤労者だと，残業や休日出勤が多ければ，地域から孤立しやすい。身近に相談したり助けを呼んだりできる人がいない。父子のどちらかが病気やケガをしたりするとたちまち深刻な状況に至る。地域の行事や会合に父子家庭の父子が参加しやすいように，周囲は最大限の努力をすべきだろう。父親が参加できない場合には，役員または有志が子どもの参加を促すような手だてをすべきだ。それはまた「父子」だけを特別扱いするのではなく，母子家庭も父子家庭も両親家庭もその相違が問題にならないような，まして特別視されもしないような，そもそも区別すること自体憚られるというような共通理解を地域の中に育てていくことである。そのためには，地域の学

第8章　家族福祉から「共生」を考える　155

校などとの連携も必要であろう。大人たちは父子家庭に対して「憐れみ」の，そして間違っても「かわいそうだよな」とか「うちは離婚しなくてよかったねえ」という目で見てはならない。父子家庭も，母子家庭も，両親家庭もみな同じ程度に尊重されねばならない。それらの間の区別が少なくとも社会的な意味をもちえないように私たちは互いに努力しなければならない[4]。

6 展望

「結婚」は「幸福」であり，「離婚」は「不幸」である。「両親がそろって子は育つ」，「片親家庭では子はかわいそう」。こんなことはいったいいつ誰が決めたのだろうか。

個人の「幸福」，そして家族の幸福は，他人が，社会が，行政が決めることではない。各人が各人の思う幸せを追求する自由を縦軸とし，それを互いに認め合う寛容を横軸として成り立つのが「共生」の社会なのである。それは，両親家庭が「マジョリティ」，母子家庭が「マイノリティ」，父子が「マイノリティのマイノリティ」であるような社会ではない。父子家庭も母子家庭も両親家庭も，幸せの多様な形のその一つであるに過ぎない。それらのどれか一つを選んだとき，その中身を自ら実現しようとするときに，もしなんらかの障害があるならば，それを明らかにし，除去するのが家族福祉の使命である。

どういう幸せを個人が，個々の家族が求めるかについて，社会，文化，学校，地域はどこまでもオープンで等スタンスであるべきであって，けっして特定の価値観を押し付けたり，まして干渉したりすべきでない。私たち自身にも意識改革への第一歩が求められるであろう。

1）カント，インマヌエル（1972）人倫の形而上学〈法論〉，野田又夫責任編集『世界の名著32 カント』（加藤新平・三島淑臣訳）中央公論社，p.408
2）厚生労働省「平成23年度 全国母子世帯等調査結果報告」によれば，「困っていることの内訳」は，父子世帯では，家計（36.5%），仕事（17.4%），家事（12.1%）であり，家事が6割近く減少したのに対し，家計が2.13倍，仕事が3.7倍に増大している。
3）たとえば，東京都『社会福祉の手引』「ひとり親家庭」を見ると，2008年度版では

「父子家庭」の文字すらなかったが，2014年度版（pp. 153-159）では，全18件の支援事業・助成のうち3件においてようやく「父子家庭」を明記し対象に含めている。

4）なお，最近の資料として以下のものを参照した。

　・岩田美香（2009）階層差から見た父子家庭の実態，『家計経済研究』81号，pp. 43-51

　・厚生労働省雇用均等・児童家庭局家庭福祉課（2014）ひとり親家庭の支援について

第9章

児童福祉
―「親子」を考える―

鈴木　公基

1　児童福祉とは

▶ 子どもの幸せと児童福祉

　私たちは，子どもに出会うとその無邪気さや素直さに心を奪われ，和やかな気持ちになることが多い。同時に，その子どもが成長した姿，将来について想像し，健やかに育ってほしいと願わずにはいられない。

　子どもはさまざまな可能性を秘めて世の中に生まれ育っていく。このことは，どんな子どもでも幸福になる可能性があり，また，不幸になる可能性もあるということを意味している。実際，大人になる前からさまざまな困難を抱える子どもたちがいる。十分な世話や教育を受けられずに育った子ども，障がいを抱えて生まれてきた子ども，与えられた環境に適応できない子ども，守ってもらえるはずの大人から守ってもらえない子ども。このような子どものさまざまな問題について，私たちは個人の問題，家庭の問題，あるいは運が悪かったといって無関心でいることはできない。なぜならすべての子どもが幸せに生きる権利をもっているからである。

　子どもたちが私たちのいる社会で生きていく以上，先に挙げたようなさまざまな問題には社会全体でかかわらなければならないのである。このような，子どもが幸せに生活し健やかに育っていくことを，社会として保障するのが児童福祉の大きな役割である。

158　第Ⅱ部　福祉の現状と課題

▶ 児童福祉の理念

児童福祉の目的は，子どもの健全な成長と発達である。児童福祉法第1条第1項には「すべて国民は，児童が心身ともに健やかに生まれ，且つ，育成されるよう努めなければならない」と明記されている。これらのことを踏まえながら児童福祉の理念について考えてみたい。

児童福祉の理念については，これまで目的概念および実体概念という2つの立場から論じられてきた（高橋，1983）。目的概念の立場からは，児童福祉のあるべき姿について論じられてきた。先にも述べたように児童福祉の大きな目的は，子どもが心身ともに健やかに生まれ発達することであるが，さらに，子どもにとっての健やかさとは何なのか，望ましい子どもの姿はどのようなものなのかが議論の課題となる。これらの課題について，明確な答えを出すことは簡単ではないかもしれないが，一人ひとりが十分に考え，それぞれの答えを見つけていくことが求められるだろう。

実体概念の立場では，児童福祉の制度的な側面が問題にされる。たとえば，児童福祉政策や制度は実体概念の立場からは重要な議論の対象である。この立場では，誰に対して（対象），誰が（主体），どのような（内容）援助を行うのかが検討されるべき課題となる。法律や政策のようなマクロな観点ばかりでなく，それぞれの福祉施設や援助の方法などに至るまで，それらをより構造的に整理していこうとする場合は，実体概念的な児童福祉ということができるだろう。

目的概念あるいは実体概念のどちらか一方の立場が重視されるのではなく，どちらもが十分に検討され統合されていく必要がある。2つの考えが有機的に結び付くところに意味ある児童福祉が展開されていくということができるだろう。

▶ 児童福祉の社会的役割

子どもの健全な成長と発達に対して義務や責任を負うのは誰なのだろうか。当然のことながら，子どもの保護者はその義務・責任を負わなければならない。しかしながら，子どもの幸せを脅かす問題は，さまざまな要因によって生じ，そのすべてが保護者によって対処可能なものではない。

このことから，子どもの健全な成長と発達に対する一義的な義務と責任はわ

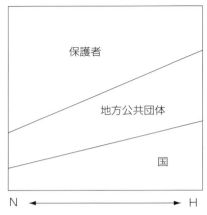

図1　児童育成の責任分担の在り方（植木，2009）

が国では保護者にあるとされているものの，同時に，国や地方公共団体もこの責任を負うことが児童福祉法第2条（「国及び地方公共団体は，児童の保護者とともに，児童を心身ともに健やかに育成する責任を負う」）に明記されている。この考え方は児童育成の責任分担といわれており，子どもの問題の程度が高まるに従って国や地方公共団体の児童育成責任の割合が増加する（図1）。たとえば，障がいをもつと判断される子どもには，療育や特別児童扶養手当の支給等の公的サービスが用意される。

　また近年では，特別な問題性を抱えていない子どもも児童福祉の重要な対象となっている。すなわち，児童の健全育成という考え方が重視されるようになった。保育園・児童館の設置や子育て支援などのサービスは，健全育成の観点からも重視されているものである。このように，児童福祉は社会状況などに応じて変化し，その時々のニーズに適切に対応することが求められているのである。

2　児童福祉に求められる観点

▶ 子どもとは

児童福祉法第4条においては児童について定義されており，そこでは児童と

は満18歳に満たない者とされている。なお，満1歳に満たない者は乳児，満1歳から小学校就学の始期に至る前の者を幼児，小学校就学の始期から満18歳に達するまでの者を少年としている。

　一方，他の法律では異なった定義がされていることも少なくない。少年法では20歳に満たない者を少年として，20歳以上の者を成人としている。民法では，満20歳をもって成年，それ以外を未成年としている。なお，児童の権利に関する条約（1989年。日本は1994年に批准）では，児童を18歳未満のすべての者としている。

　以上は法的に明記されている子どもについてのとらえ方であるが，同時に，年齢ばかりではない，より理念的なとらえ方もまた重要である。網野（2003）は児童という言葉がもつ本質的な意味は自立していない時期の人間，あるいは自立途上の人間というところにある，としている。さらに，このような意味で児童とそれ以降を区別する基準として，①個人的自立（身体的成熟，心理的成熟），②社会的成熟（社会的認知，社会的制約）の2つの観点を挙げている。このような意味では，児童福祉の役割は，未熟で自立していない子どもたちを，成熟し自立した大人へと健全に成長させること，ということもできるだろう。

▶ 発達という観点

　子どもの健全な成長と発達という児童福祉の目的を考えたとき，「発達」はきわめて重要なキーワードである。では，発達とはいったいどのようなことを指しているのだろうか。発達の意味を確認しながら，子どもにとっての健全な発達ということについて考えてみたい。

　発達とは「受精から死に至るまでの一生にわたる変化」である。近年における生涯発達の考えからは，発達は成人すれば終わるのではなく，一生発達し続けるものとしてとらえられている。別な見方をすれば，人間はそのとき，その状況に応じて柔軟に変化することにより適応的に生活することができるのである。うまく変化ができず適応できない場合には，その人は生活に困難を抱え，健やかに発達していくことが難しくなるのである。

　発達心理学の分野では，人間がそれぞれの発達段階で達成すべきものを発達課題として整理している。発達課題の提唱者としては，ハヴィガーストやエリ

第9章　児童福祉　**161**

クソンといった者たちが有名である。たとえば，エリクソンによると乳児期の発達課題は「信頼感」の獲得であるという。この時期に養育者から適切な養育を受けない場合，信頼感は獲得されず不信感が形成されてしまう（Erikson，1968）。不信感が形成されてしまうと，その子どもはさまざまな人たちに不信感を抱きやすくなり，その後の発達に悪影響を及ぼすとされている。発達課題は，幼児期，児童期，思春期といったそれぞれの時期の子どもたちにとって何が重要な要素であるのかを知る上で有効なものである。発達の観点が欠けてしまうと，子どもに行う支援がその場限りのものになってしまったり，その後の発達には無意味なもの，あるいは悪影響を及ぼすものになってしまったりする場合がある。児童福祉による一つひとつの支援に意味があるかどうかは，その子どもが自分の立ち向かうべき課題にしっかりと向き合うことができ，その達成に向けて行動することができるのかという観点を抜きにして考えることはできないのである。

　ただし，すべての子どもたちが同じ時期に同じ課題を達成することが必要なのではない。児童福祉の立場からかかわる子どもたちの多くは，一般的な発達を歩むのが困難である場合が多い。たとえば，障がいを抱えた子どもであれば，一般的な子どもたちと同じスピードで発達課題を達成することは難しい。したがって，ゆっくりでもよいので，その子どもに合わせた適切なスピードで課題を達成していくことが目標にされる。忘れてはならないことは，どんな子どもでも成長・発達したいという気持ちをもっていることである。その気持ちを支え実現できるよう，それぞれに合った支援の展開，すなわち心理面をふまえた支援が，現在の児童福祉には新たに求められるようになっている。

▶ 自立支援を踏まえた児童福祉へ

　児童福祉には，子どもの「保護」と「自立支援」という2つの重要な考え方がある。過去の児童福祉では保護がその重要な役割であったが，1997年に改正された児童福祉法においては，自立支援の考え方が強調されるようになった。すなわち，その時々の子どもの生活をどのように守るか，という観点ばかりでなく，将来の子どもの生活をどのように支援していくか，という観点が明確に提示されたのである。

本来，自立支援の役割は家庭にあると考えられる。しかし，家庭における自立支援が適切に機能しない場合，その子どもは将来，保護される対象となる可能性が高まる。たとえば，小学生では大きな問題を示さなかった子どもが，思春期に入り非行集団に入って事件を起こしてしまったような場合は，家庭の自立支援機能が適切に働いていなかったと考えることができるだろう。自立支援は将来の幸せにつながる重要な意味をもつものである。別な言い方をすれば，子どもにとってのいまの幸せは，それ以前の自立支援が十分に行われた結果であり，将来の幸せは，「いま」の自立支援が十分かつ継続的に行われた結果ということができるだろう。

3 わが国における児童福祉の展開

　児童福祉の活動は，公的な制度に基づいて行われるサービスと，ボランティア活動等により展開される活動とがある。公的サービスの仕組みを知ることにより，わが国の児童福祉がどのように展開されているのかを理解する手がかりになるだろう。ここでは，児童福祉の行政機関と関連機関，および児童福祉施設について見ていく。

▶ 児童福祉の行政機関と関連機関

　児童福祉に関する行政機構は図2のとおりである。中央行政機関において福祉を担当するのは言うまでもなく厚生労働省である。その中でも児童福祉行政は雇用均等・児童家庭局が担っている。一方，都道府県では児童福祉に関するさまざまな企画をするとともに，児童相談所，福祉事務所，保健所等の設置・運営を行っている。

　中でも児童相談所は重要な役割を担っている。その主たる目的は，児童の福祉を図るとともにその権利を保護することである。児童相談所には心理判定員，児童福祉司等の専門職員が置かれ，児童の問題を把握し，効果的な処遇について検討が行われる。主な業務内容は，相談，判定，指導，措置，一時保護であるが，その他に親権喪失の宣告請求，後見人の選任および解任の請求を家庭裁判所に対して行うなどの重要な業務も行っている。このように，児童福祉のさ

第9章　児童福祉　**163**

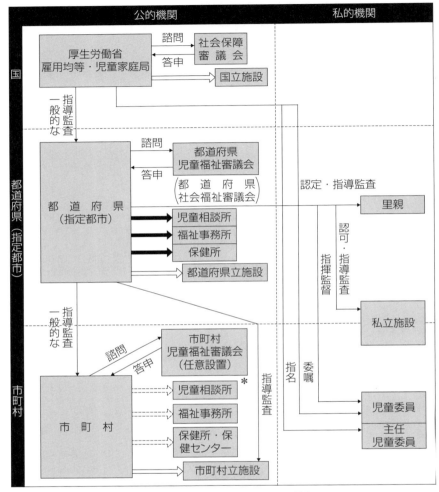

図2 わが国の児童家庭福祉行政の仕組み

（注）　──→ 印は，下部の行政機関を示す。
　　　　⇒ 印は，下部の付属機関を示す。
　　　　⇢ 印は，全部の市町村には設置しない下部の行政機関を示す。
＊：中核市並びに政令で定める市は児童相談所を設置することができる。
吉田（2010）

まざまな問題にどのように対処し，その後どのように処遇されていくのかにあたっての重要な役割を担っている。

なお，福祉事務所は児童相談所と類似・重複する業務を行っているが，一般的には比較的軽易な問題について対応している。

▶ 児童福祉施設

児童福祉施設は，児童およびその保護者に適切な環境を提供し，養育，保護・訓練および育成等を中心にして児童の福祉を図るものである。現在では12種類の施設が設置されている。それらは表1のとおりである。施設の設置主体は，国，都道府県，あるいは市町村や民間によるものなどさまざまであることは留意しておく必要がある。また，これら施設のほかに，里親，保護受託者，指定国立療養所等も児童の養育・訓練に重要な役割を果たしている。

はじめにも述べたとおり，ここまでに示したのは公的サービスの仕組みである。実際の児童福祉の実践はこの限りではない。すなわち，一つひとつの児童福祉実践はそれぞれの援助者・実践家によって行われていることを忘れてはならない。

4 現代における親子関係の問題

▶ 現代の家族と児童福祉

子どもを養育する主体は親であり，その責任は一義的には親にある。子どもの育つ主要な環境は本来家庭であり，そこで子どもは発達のための重要な学習をする。当然のことながら，家庭環境は子どもの発達にとって多大な影響を及ぼしている。

家庭の中でも「親」の影響力は特に大きい。過去の児童福祉的問題では，子どもが十分な養育を受けていない，あるいは，虐待のように逸脱した養育による悪影響など，いわゆる保護の事例が多かった。しかしながら近年においては，必ずしも保護ばかりではない児童福祉ニーズが増えてきていると感じられる。たとえば，従順だった子どもが突如非行に走る，問題のなかった子どもが突然

第9章　児童福祉　**165**

表1　児童福祉施設の種類と概要

施設種	設置の目的および対象者
助産施設	保健上必要があるにもかかわらず，経済的理由により，入院助産を受けることができない妊産婦を入所させて，助産を受けさせる。
乳児院	乳児を入院させて，これを養育し，あわせて退院した者について相談その他の援助を行う。
母子生活支援施設	配偶者のない女子とその子どもを入所させて，保護するとともに，自立の促進のための生活支援を行う。あわせて退所した母子について相談その他の援助を行う。
保育所	保育を必要とする乳児・幼児を日々保護者の下から通わせて保育を行う。
幼保連携型認定こども園	義務教育及びその後の教育の基礎を培うものとしての満三歳以上の幼児に対する教育及び保育を必要とする乳児・幼児に対する保育を一体的に行い，これらの乳児又は幼児の健やかな成長が図られるよう適当な環境を与えて，その心身の発達を助長する。
児童厚生施設	児童遊園，児童館等児童に健全な遊びを与えて，その健康を増進し，情操をゆたかにする。
児童養護施設	保護者のない児童（原則として，乳児を除く），虐待されている児童その他環境上養護を要する児童を入所させて，養護する。あわせて退所した者に対する相談その他の自立のための援助を行う。
障害児入所施設	次の区分に応じ，障害児を入所させて，支援を行う。 (1) 福祉型障害児入所施設 　　保護，日常生活の指導及び独立自活に必要な知識技能の付与。 (2) 医療型障害児入所施設 　　保護，日常生活の指導，独立自活に必要な知識技能の付与及び治療。
児童発達支援センター	次の区分に応じ，障害児を日々保護者の下から通わせて，支援を提供する。 (1) 福祉型児童発達支援センター 　　日常生活における基本的動作の指導，独立自活に必要な知識技能の付与又は集団生活への適応のための訓練。 (2) 医療型児童発達支援センター 　　日常生活における基本的動作の指導，独立自活に必要な知識技能の付与又は集団生活への適応のための訓練及び治療。
情緒障害児短期治療施設	軽度の情緒障害を有する児童を，短期間，入所させ，又は保護者の下から通わせて，その情緒障害を治療する。あわせて退所した者について相談その他の援助を行う。
児童自立支援施設	不良行為をなし，又はなすおそれのある児童及び家庭環境その他の環境上の理由により生活指導等を要する児童を入所させ，又は保護者の下から通わせて，個々の児童の状況に応じて必要な指導を行い，その自立を支援する。あわせて退所した者について相談その他の援助を行う。
児童家庭支援センター	児童に関する家庭その他からの相談のうち，専門的な知識及び技術を必要とするものに，必要な助言を行う。市町村の求めに応じ，技術的助言その他必要な援助を行うほか，必要な指導を行う。児童相談所，児童福祉施設等との連絡調整その他厚生労働省令の定める援助を総合的に行う。

注：児童福祉法をもとに作成。

学校に行かなくなるなど，良好に育ってきたと思われる子どもが突然問題を呈するようになり，福祉機関を訪れることが少なくない。

　これらの問題を考えるにあたり，現代の家族を取り巻く状況について次の3点から確認しておきたい。

　核家族化　親と未婚の子どものみで形成される核家族の割合が大きくなっている。親以外に祖父母等がいれば，子どもの世話における個々人の相対的負担が減るが，夫婦のみでの子育てや家庭運営は相対的に負担が大きい。

　地域コミュニティの崩壊　地域住人間でのかかわりが少なくなっており，以前は機能していた地域コミュニティの機能が働かなくなっている。たとえば，子どもたちの安全や人間的教育（挨拶，欲求不満耐性など）といった点で，地域コミュニティの果たす機能は大きいが，コミュニティが崩壊したことにより，それらは家庭やその他の場で行わなければならなくなる。

　価値観の多様化　現代においては，生き方，将来，ふるまい方など，その志向性は個々人の自由である。価値観の多様化は，家庭をもつこと，親となることについての価値も変化させたといえる。親になったからといって，必ずしも子どもを優先することに価値を置かない親も増えてきている。

▶ 健全な親子の姿―利害関係を伴わないアンバランスな関係―

　家族や家族を取り巻く状況は急速に変化しつつあるが，子どもの成長と発達に必要な家族の姿は，その変化に対応していないように思う。それでは，子どもの成長と発達という観点から，「よい親」とはどのような親と考えることができるだろうか。「子どもの気持ちをわかってくれる」「子どもの将来を考えてくれる」……など，さまざまなイメージを思い描くだろうが，これらのイメージの暗黙の前提となっているものは，私たちがもっている「親は『子どものためを思って』行動する」という思いだろう。親は，それが自分の利益になろうとなるまいと，子どもの生活や人生を考え，それが幸福へとつながるように努めるというのが，多くの人々がもっている価値観であり，子どもの成長と発達にとって必要な姿であると考えられる。

　このような関係性の特徴は，友人関係，恋人関係などにはない特殊なものであり，利害関係を伴わないアンバランスな関係ということができる。このアン

バランスな関係が前提とされ，親は自分のさまざまな資源を子どもに投資することができるのである。

▶ 事例から見る今日的な親子関係の問題

　ここでは，現代の児童福祉において特徴的に見られる，一見すると，経済的にも十分で良好な家庭の子どもが，問題を呈した事例について紹介する。これらの事例を通して，現代の問題となる親子の姿やその心理について理解し，求められる児童福祉の役割について検討したい。以下に事例を紹介するが，プライバシーを保護するため，本質を変えない程度に変更を加えている。

　①　事例の紹介：同級生の家に繰り返し侵入していたF君

　F君は小学校5年生の男子。父親，母親，兄（中学生），本人の4人家族である。父親はいわゆる仕事人間であり，早朝に家を出ては深夜に帰宅することが多い。母親は専業主婦である。学校ではさほど目立つという存在ではなく，問題もない児童であった。地域のサッカークラブではゴールキーパーとして活躍しており，母親はそのことがたいそう自慢であった。サッカークラブの活動には母親も熱心であり，練習や試合のたびに応援に行っていた。

　事件が発覚したのは夏休みであった。同級生のYさん（女子）の家の洗面所の窓からF君が入っていくところを近所の人が目撃した。不審に思い通報したところ，まもなく警察が到着し隠れていたF君を発見した。以前からこの地域の女子の家からは，ハンカチや体操着などがなくなっていたということもあり，警察はF君にそのことについて尋ねた。警察の質問に対してF君は無言であったが，F君の家を捜索したところ，Yさんのものばかりではなく，複数の女子児童のものと見られる衣類などが発見された。

　②　事例を通して見えてくる親の特徴

　子どもへの過剰な関心・心理的密着　親（多くの場合，母親）が子どもに対して強い関心をもっている。多くの子どもの生活場面に関与し，必要以上の世話を焼いている。事例の母親は「子どもが私のすべてです」「子どもには私がいなければだめだし，私には子どもがいなければだめ」ということも話しており，心理的に密着した状態と考えられる。

　子どもに関する不安定な態度（評価）　自分の期待どおりに子どもがふるまっ

168　第Ⅱ部　福祉の現状と課題

ている場合には非常に好意的に評価するものの，期待どおりのふるまいをしないときには激しく非難し，怒りをあらわにする。F君の母親は，事件が起こる前と後とでは大きく態度が変わった。事件前は「目に入れても痛くないくらいかわいい」と思っていたが，事件後には「自分の生活をメチャクチャにした悪魔」とさえ言っている。

子育てに関する夫婦間の不一致（子育て参加への偏り）　子育てを担っているのは母親であり，父親はほとんど子育てに参加していない場合が多い。また，夫婦間での話し合いも少ないため，夫婦間で子どもや子育てについての考え方が食い違ってしまっている。そのような状況は，子どもが混乱し不安を抱く原因となる。夫婦が共に子育てに参加すれば，夫婦間で一貫した，また協力的な子育てが可能になり，子どもは父親と母親の両方から効果的な支援を受けることができ，発達的に好ましい状況となる。しかしながら，不一致や子育てへの不参加は，発達に悪影響を及ぼす場合がほとんどである。

　以上のような，特徴の根底にある親の心理としては，次の2つを考えることができるだろう。第一に，親が自分の依存欲求・承認欲求を子どもとの関係の中で満たそうとしていること，第二に，親の統制感を子どもとの関係の中で得ようとしていることが考えられる。これらは，自分の居場所や，自分の存在意義を見出そうとする必死の心理ともとらえられる。しかしながら，それが子どもや子育てに対して過剰に向けられると，ゆがんだ親子関係へと発展していくこととなる。

　③　事例を通して見えてくる子どもの心理発達的特徴

自己の不明確さ　自分が何を感じ，考えているのか理解することが困難である。したがって，自分の行動についてもうまく説明することができない。事例のF君は，あたかも事件を犯したのが自分ではないかのような態度を示した。思考や行動の主体としての自己の感覚が確立されておらず，置かれた状況と自分とを関連づけることが困難な状態と考えられる。

アンバランスな態度　ポジティヴな感情は大いに表現するものの，本来，ネガティヴな感情を抱くと思われることに対してはほとんど無反応であった。事例のF君は，家に侵入しているときのスリルやおもしろさについては語ることができるものの，被害を受けた人や家庭に対する謝罪の気持ちなどは表され

ることがなかった。

大人への過剰な適応　親や教師など大人の期待や欲求に対してはとても敏感であり，従順にふるまうことが多い。同時に大人に対する緊張が高く，過剰なまでに望ましい応答をしようとする傾向がある。大人の前では自分の意思とは関係なく行動しているように見える。事例で興味深かったことは，質問に対する母親からの返答と，子どもの返答がほとんど同じであったことである。

④　現代の児童福祉実践に求められること

　一見，問題なく見えていた家族の子どもが突然，問題を呈するようになるまでには，家族の中に表からは見えない悪循環が形成され，不安やストレスが積み重なっていくのだろう。言い換えれば，家族の多くが不安や悩みを感じながらも，それに目を向けずにやり過ごしてきたことが問題だったのだろう。

　このことを鑑みて，現代の福祉実践に求められることを考えていきたい。第一に，親や子どもを受容することである。不安や悩みを誰にも語ることなく過ごしてきた者たちは，受け入れてもらえているという感覚が低い。したがって，そのはじめの役割を児童福祉の実践が担う必要があるだろう。第二に，家族を再構成することである。適切に機能しなくなった家族では，その悪循環を変えずして問題を解決することは難しい。夫婦で話し合う場，家族で話し合う場を提供し，家族の方向性を見出させることも重要である。家族の中に存在していた食い違いを，１つでも減らし，お互いの不信や猜疑心を減らしていく努力が求められる。もちろん，親への再教育や子どもへのカウンセリング・心理療法等の対処も必要である。しかし，現代の児童福祉の事例では，人間関係が問題となっていることが少なくない。だとすれば，現代に求められているのは，人間関係を回復させる児童福祉といえるだろう。

〔引用文献〕
網野武博（2003）児童福祉の理念，福祉士養成講座編集委員会編『新版　児童福祉論』中央法規出版，p.2
植木信一（2009）児童福祉の視点，植木信一編著『児童福祉』北大路書房，p.7
高橋重宏（1983）児童福祉とは，高橋重宏・江幡玲子編著『児童福祉を考える─子供のしあわせと家族福祉の接点─』川島書店，p.55

吉田幸恵（2010）児童家庭福祉行政のしくみ，福田公教・山縣文治編著『児童家庭福祉』ミネルヴァ書房

Erikson, E. H.（1968）*Identity : Youth and crisis.* NY : Norton，岩瀬庸理訳（1973）『アイデンティティ―青年と危機―』金沢文庫

● コラム④：子どものしあわせについて考える
―「子どもの最善の利益」「特別養子縁組」―

　「子どもの最善の利益」と「特別養子縁組」はいずれも，多くの人々にとって耳慣れない，縁遠い響きがあるものと思われる。

　「子どもの最善の利益」は，国際人権条約の１つである「児童の権利に関する条約」において基本原則として掲げられ，子どもの福祉にかかわる問題解決を導くに際して，準拠する原則となっている。この条約は，18歳未満を「児童（子ども）」と定義し，生きる権利・守られる権利・育つ権利・参加する権利という４つの包括的な権利を実現するために具体的な事項を規定している。1989年に国連総会で採択され，1990年に発効。日本は1994年に批准している。

　子どもたちは，発達・成長する生きる権利をもっている。子どもたちは，あらゆる種類の差別・虐待・搾取から守られなければならない。子どもたちは，教育を受ける権利をもっている。子どもたちは，自分にかかわりのあることについて自由に意見を表し，活動する権利と，社会の一員としてルールを守って権利行動をする義務がある。

　「特別養子縁組」は，1973年の菊田医師による赤ちゃん斡旋事件を契機として，1998年に民法に創設された制度で，「（子の利益のための特別の必要性）第817条の７　特別養子縁組は，父母による養子となる者の監護が著しく困難又は不適当であることその他特別の事情がある場合において，この利益のため特に必要があると認めるとき，これを成立させるものとする」と規定された。このように，特別養子縁組は子どもの福祉の観点から導入された制度である。

　1947年に民法が大規模に改正され家制度が廃止されて以来，70年を経た今日でも，なお血縁や家系の存続を重んじる日本の社会にあって，非血縁の養子縁組をした親子はさまざまなスティグマにさらされる。特別養子縁組は，子どもの最善の利益を図るため，法律上も実の親子関係を成立させ，戸籍上，実子と同じ「子」「長男」「長女」と表記する。他方，裁判確定に基づく入籍の旨を記載し，養子の出自を知る権利や近親婚の防止に配慮している。このように，特別養子縁組は，新たな家族の絆を創り，なんらかの事情で産みの親が育てることのできない０歳から６歳未満の子どもを養育することを目的としている。

　養子縁組は，親子の新しい法律関係を成立させるが，日本の養子縁組は，とても幅広い概念である。養子とは子を養うという意味であるが，成人間の縁組も，養子と表現して含めている。養子縁組制度には，養親になる者と養子になる者（養子が未成年の場合は，法定代理人）の契約により成立させる契約型の「普通養子縁組」と，公的機関の宣言によって成立させる決定型の「特別養子縁組」があ

る。普通養子縁組の多くは，家系の存続等の実利的目的のために行われている。戸籍上の養親との関係は「養子」と記載されるが，実親との関係は残り，養子が二重の親子関係をもつ縁組である。

　産みの親が育てることができない子どもを，子どもの最善の利益のために社会の中で育てていく社会的養護は，乳児院や児童養護施設などの「施設養護」と里親や養子縁組などの「家庭養護」に分けている。現在の日本では，「施設養護」が約9割，「家庭養護」が1割と，施設養護に著しい偏りが見られる。アメリカ・イギリス・オーストラリアでは家庭養護が7～9割を占めているのとは，対称的である。

　子どもは安全・安心な環境の中で養育され，親を中心とする大人との愛着関係が形成され，心身の発達・成長が促されることが必要である。子どもは，適切な養育を受けることにより，親をはじめとする信頼できる大人との相互のかかわりを通して，誕生時から人間関係を形成しはじめ，発達・成長していく。

　このような子どもの養育の特質をふまえ，2009年に国連総会で採択された「子どもの代替養育に関するガイドライン」では，養子縁組を推奨している。日本においても，2011年に取りまとめられた「社会的養護の課題と将来像」において，社会的養護は，できる限り家庭的な養育環境の中で，特定の大人との継続的で安定した愛着関係の下で，行われる必要があるとの基本的方針を示している。

　しかしながら，現在，社会的養護を必要としている子ども約4万人に対して，家庭養護を受けている里親委託は約4600人，里親委託率は14.8％であり（2013年3月厚生労働省），中でも養親が惜しみなく子どもに愛情をそそぎ，永続的な養育環境を提供できる特別養子縁組は，施行当初は1000件を超えた成立を見た年もあったが，ここ十数年は年間300件台にとどまっている。

　特別養子縁組が広がらない理由を端的に指摘することは難しいが，日本の社会には，血縁・家系の存続を重視する価値観が根強く，その延長上に親権の尊重がある。また，育てることを断念した子の出生が，産みの親の戸籍に記載され続けている事実は，主な要因の一つであろう。さらに，育ての親に対して，積極的な心理的・経済的サポートが少ないことなどが，特別養子縁組の進展を阻んでいる。

　予期せぬ・望まれない妊娠に悩む産みの親にとっても，不妊治療の終結によって産むことを断念し，子育てを望む育ての親にとっても，赤ちゃん（新生児）からの特別養子縁組は，子どもの最善の利益を図るための養育環境を子どもに用意することができる。このような観点から，民間の支援組織や愛知方式の赤ちゃん縁組を契機とした児童相談所が，特別養子縁組の地道な活動と啓蒙活動を推進している。

〈石井富美子〉

第10章

障害児・者福祉

小野　昌彦

　本章では，障害児・者福祉の福祉行政サービスの現状，行動療法による個別支援の方法を紹介する。これからの障害福祉がめざす個別支援計画による地域支援の実際を，放課後デイサービスにおける発達障害事例（仮想事例）で示す。

1　障害児・者福祉概論—個別サービスの質の向上へ—

▶ 障害のある方とは

　広辞苑によると，「障害」は，「①さわり，さまたげ，じゃま，②身体器官に何らかのさわりがあって機能を果たさないこと，③障害競争・障害物競走の略」とある。

　障害者基本法（1998年改正）によると，「『障害者』とは，身体障害，知的障害又は精神障害（以下『障害』と総称する）があるため，長期にわたり日常生活又は社会生活に相当な制限を受ける者をいう」と規定されている。

　障害種は，大別して身体障害，知的障害（精神障害）の2つの領域に分けられる。

　身体障害は，身体障害者福祉法第4条において以下のように定義されている。「この法律において，『身体障害者』とは，別表に掲げる身体上の障害がある18歳以上の者であって，都道府県知事から身体障害者手帳の交付を受けたものをいう」としている。

　知的障害は，1990年に厚生省（当時）が実施した精神薄弱児（者）福祉対策基礎調査において以下のように定義されている。すなわち，知的障害とは「知的機能の障害が，発達期（おおむね18歳まで）に現れ，日常生活に支障が生じて

174　第Ⅱ部　福祉の現状と課題

いるため，何らかの特別な援助を必要とする状態にあるもの」とされている。

2012年に施行された障害者総合支援法では，「難治性疾患克服研究事業」の対象である130疾患と関節リウマチの難病の患者が障害者として加えられた。

▶ 障害者福祉制度の経緯と課題

日本における障害者への福祉制度は，「身体障害者福祉法」「知的障害者福祉法」「精神保健福祉法（精神保健及び精神障害者福祉に関する法律）」の成立によって確立し，各法の対象とする障害種別に，課題克服のために整備，拡充が図られてきた。

1970年，「心身障害者対策基本法」の制定，同法改正による「障害者基本法」が1993年に制定された。「障害者基本法」は，障害の定義といった障害者福祉に関する基本的事項を明確にした。

2003年に施行された「支援費制度」は，利用者が自らサービスを選択し，事業者との契約に基づき利用する利用者本位サービス，「居宅支援」サービスの充実が図られた。しかし，制度発足直後から財源不足問題，地域や障害種別によりサービス水準が異なるという課題も表面化した。

これら課題を解決するため，2006年，「障害者自立支援法」が施行された。この法律の主な特徴は，以下のとおりである。

A　利用者本位のサービス体系

障害の種別（身体障害，知的障害，精神障害）にかかわらず，障害のある方々が必要とするサービスを利用できるように，サービスを利用するための仕組みを一元化し，事業体系を再編していること。

B　サービス提供主体の一元化

今までは，サービスの提供主体が都道府県と市町村に分かれていたが，障害のある方々にとって最も身近な市町村が責任をもって，一元的にサービスを提供するようになったこと。

C　支給決定手続きの明確化

支援の必要度に応じてサービスが利用できるように，障害程度区分が設けられた。また，支給手続きの公平公正の観点から市町村審査会における審査を受けた上で支給決定を行うなど，支給決定のプロセスの明確化，透明化が図られ

第10章　障害児・者福祉　**175**

たこと。

　D　就労支援の強化

　働きたいと考えている障害のある方に対して，就労の場を確保する支援の強化が進められていること。

　E　安定的な財源の確保

　国の費用負担の責任を強化（費用の2分の1を義務的に負担）し，利用者も利用したサービス料および所得に応じて原則割の費用を負担するなど，みんなで支え合う仕組みになったこと。

▶ 障害者自立支援法における障害福祉サービス

　障害者自立支援法における障害福祉サービスは，個人に対する費用の給付である自立支援給付と，市町村に実施責任がある地域生活支援事業のサービスに区分できる。

　自立支援給付には，介護給付，訓練等給付，自立支援医療等，補装具がある。介護給付には，居宅介護（ホームヘルプサービス），短期入所（ショートステイ），生活介護，共同生活介護（ケアホーム），施設入所者を対象とした夜間の介護の施設入所支援などが利用できる。訓練等給付では，自立訓練，就労移行支援，就労継続支援，共同生活援助が利用できる。

▶ 障害者自立支援法の課題と障害者総合支援法の制定

　障害者自立支援法に関しては，利用者負担について，利用したサービス料に応じて原則1割の定率負担が発生する「応益負担」方式導入や，「障害程度区分」が現状になじまないという課題が明らかになった。

　この課題に対して，障害者自立支援法は2010年に児童福祉法等とも併せて改正され，「応能負担」（所得に応じた負担）を原則とする利用者負担の見直し，相談支援体制の強化，障害児支援の充実・強化としての施設一元化や新サービスの創設などが実施された。

　さらに，2012年には，障害者自立支援法を「障害者総合支援法（障害者の日常生活及び社会生活を総合的に支援するための法律）」とする法律が制定された。主な内容は以下のとおりである。

176　第Ⅱ部　福祉の現状と課題

A　目的・基本理念

目的規定において，「自立」という表現に代わり「基本的人権を享有する個人としての尊厳」と明記され，障害者総合支援法の目的の実現のため，障害福祉サービスよる支援に加えて，地域生活支援事業その他の必要な支援を総合的に行うこととなった。また，2011年7月に成立した障害者基本法の改正をふまえ，新たな基本理念が法律に規定された。

B　障害者の範囲の見直し

障害者自立支援法では，支援の対象が身体障害者，知的障害者，精神障害者（発達障害者を含む）に限定されていたが，障害者総合支援法では一定の難病の患者が対象として加えられた。一定の難病とは，「難治性疾患克服研究事業」の対象である130疾患と関節リウマチである。難病の患者への福祉サービスについては，これまでは補助金事業として一部の市区町村での実施にとどまっていたが，障害者総合支援法の対象となることにより，すべての市区町村での実施が可能になった。

C　障害支援区分への名称・定義の改正

現在の「障害程度区分」が知的障害，発達障害，精神障害の状態を適切に反映していないとの指摘をふまえ，障害の多様な特性その他の心身の状態に応じて必要とされる標準的な支援の度合いを総合的に示すものとして「障害支援区分」へと改正された。

D　障害者に対する支援の見直し

障害者の高齢化・重度化に対応するとともに，住み慣れた地域における住まいの場の確保の観点から，「共同生活介護（ケアホーム）」は「共同生活援助（グループホーム）」に一元化された。「重度訪問介護」および「地域移行支援」は，それぞれ利用対象が拡大され，重度訪問介護は，これまでは重度肢体不自由者が対象のサービスであったが，新たに重度の知的障害者および精神障害者も利用可能となった。地域移行支援については，これまでは施設に入所している障害者および精神科病院に入院している精神障害者が対象のサービスであったが，「地域における生活に移行するために重点的な支援を必要とする者」も対象に追加された。

E　地域生活支援事業の見直し

　法律の目的に，地域生活支援事業による支援を行うことが明記されたことを受けて，市区町村および都道府県が行う地域生活支援事業の必須事業に新たな事業が追加された。それは，①障害者に対する理解を深めるための研修・啓発，②障害者やその家族，地域住民等が自発的に行う活動に対する支援，③市民後見人等の人材の育成・活用を図るための研修，④意思疎通支援を行う者の養成（手話奉仕員の養成を想定），であった。

　都道府県が実施する地域生活支援事業の必須事業としては，①意思疎通支援を行う者のうち，特に専門性の高い者を養成し，または派遣する事業（手話通訳者，要約筆記者，触手話および指点字を行う者の養成または派遣を想定），②意思疎通支援を行う者の派遣にかかわる市区町村相互間の連絡調整等，広域的な対応が必要な事業が追加された。

F　サービス基盤の計画的整備

　障害福祉計画に必ず定める事項に「サービス提供体制の確保に係る目標に関する事項」と「地域生活支援事業の種類ごとの実施に関する事項」を加え，いわゆる PDCA サイクルに沿って障害福祉計画を見直すことを規定する等，サービス提供体制を計画的に整備するための規定が設けられた。また，自立支援協議会の名称についても，地域の実情に応じて定められるようにするとともに，当事者や家族の参画が法律上に明記された。

G　検討規定

　障害福祉サービスの在り方や支給決定の在り方等幅広い内容について，法律の施行後３年を目途に検討を行い，その結果に基づいて所要の措置を講ずることが規定された。具体的には，①常時介護を要する障害者等に対する支援，障害者等の移動の支援，障害者の就労の支援その他の障害福祉サービスの在り方，②障害支援区分の認定を含めた支給決定の在り方，③障害者の意思決定支援の在り方，③障害福祉サービスの利用の観点からの成年後見制度の利用促進の在り方，④手話通訳等を行う者の派遣その他の聴覚，言語機能，音声機能その他の障害のため意思疎通を図ることに支障がある障害者等に対する支援の在り方，⑤精神障害者および高齢の障害者に対する支援の在り方等について検討が行われる。また，検討にあたっては，障害者等およびその家族その他の関係者の意

178　第Ⅱ部　福祉の現状と課題

見を反映させるために必要な措置を講ずることとされている。

　なお，この障害者総合支援法への改正は 2 段階で施行され，上記のうち，A，B，E~G が2013年 4 月 1 日から，C，D が2014年 4 月 1 日からそれぞれ施行されている。

▶ 障害児・者の福祉サービス

　障害者総合支援法による総合的な支援は，自立支援給付と地域生活支援事業で構成されている。障害児に関するサービスは2012年 4 月より大きく再編され，すべて児童福祉法に位置づけられた。

　A　障害者へのサービス

　図 1 に障害者を対象としたサービスを示す。「障害福祉サービス」は，勘案すべき事項（障害の種類や程度，介護者，居住の状況，サービスの利用に関する意向等）およびサービス等利用計画案をふまえ，個々に支給決定が行われる「障害福祉サービス」「地域相談支援」と，市町村の創意工夫により，利用者の方々の状況に応じて柔軟にサービスを行う「地域生活支援事業」に大別される。

　サービスは，介護の支援を受ける場合には「介護給付」，訓練等の支援を受ける場合は「訓練等給付」に位置づけられ，それぞれ利用のプロセスが異なる。表 1 に福祉サービスにかかわる自立支援給付等の体系を示す。

　B　障害児へのサービス

　障害児を対象とした施設・事業は，施設入所等は児童福祉法，児童デイサービス等の事業関係は障害者自立支援法，重症心身障害児（者）通園事業は予算事業として実施されてきたが，2012年 4 月より児童福祉法に根拠規定が一本化され，体系も再編された。以下に児童福祉法による障害児を対象としたサービスの概要を示す。

① 　障害児施設：障害種別で分かれていた障害児施設は，通所による支援（障害児通所支援〔児童発達支援等〕），入所による支援（障害児入所支援〔障害児入所施設〕）の 2 つに大別された。

② 　居宅サービスと通所サービスの一体的利用：通所サービスの実施主体が平成24年より市町村に移行されたことにより，居宅サービスと通所サービスが一体的に利用できる。

第10章　障害児・者福祉　**179**

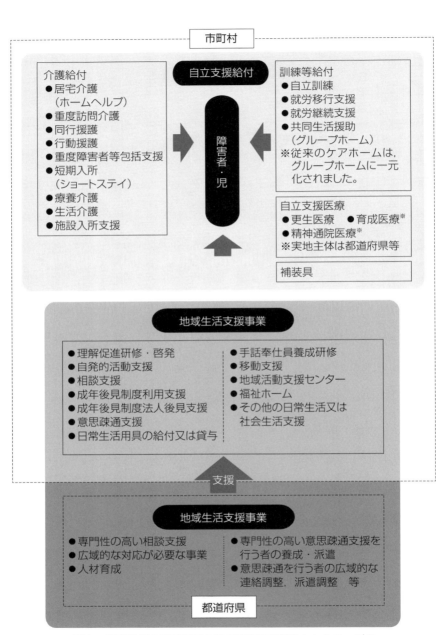

図1 障害者総合支援法における障害者を対象としたサービス

表1　福祉サービスにかかわる自立支援給付等の体系

1　介護給付

①　居宅介護（ホームヘルプ）	自宅で，入浴，排せつ，食事の介護等を行います。
②　重度訪問介護	重度の肢体不自由者又は重度の知的障害若しくは精神障害により，行動上著しい困難を有する人で常に介護を必要とする人に，自宅で，入浴，排せつ，食事の介護，外出時における移動支援などを総合的に行います。
③　同行援護	視覚障害により，移動に著しい困難を有する人に，移動に必要な情報の提供（代筆・代読を含む），移動の援護等の外出支援を行います。
④　行動援護	自己判断能力が制限されている人が行動するときに，危険を回避するために必要な支援や外出支援を行います。
⑤　重度障害者等包括支援	介護の必要性がとても高い人に，居宅介護等複数のサービスを包括的に行います。
⑥　短期入所（ショートステイ）	自宅で介護する人が病気の場合などに，短期間，夜間も含め施設で，入浴，排せつ，食事の介護等を行います。
⑦　療養介護	医療と常時介護を必要とする人に，医療機関で機能訓練，療養上の管理，看護，介護及び日常生活の支援を行います。
⑧　生活介護	常に介護を必要とする人に，昼間，入浴，排せつ，食事の介護等を行うとともに，創作的活動又は生産活動の機会を提供します。
⑨　障害者支援施設での夜間ケア等（施設入所支援）	施設に入所する人に，夜間や休日，入浴，排せつ，食事の介護等を行います。

※平成24年4月から障害児支援が強化され，児童デイサービスは障害児通所支援に再編されました。

2　訓練等給付

①　自立訓練	自立した日常生活又は社会生活ができるよう，一定期間，身体機能又は生活能力の向上のために必要な訓練を行います。機能訓練と生活訓練があります。
②　就労移行支援	一般企業等への就労を希望する人に，一定期間，就労に必要な知識及び能力の向上のために必要な訓練を行います。
③　就労継続支援（A型＝雇用型，B型＝非雇用型）	一般企業等での就労が困難な人に，働く場を提供するとともに，知識及び能力の向上のために必要な訓練を行います。 雇用契約を結ぶA型と，雇用契約を結ばないB型があります。
④　共同生活援助（グループホーム）	夜間や休日，共同生活を行う住居で，相談や日常生活上の援助を行います。また，入浴，排せつ，食事の介護等の必要性が認定されている方にはサービスも提供します。 さらに入居者間の交流を保ちながら一人で暮らしたいというニーズに応えるためにサテライト型住居があります。※ ＊平成26年4月1日から共同生活介護（ケアホーム）はグループホームに一元化されました。

※サテライト型住居については，早期に単身等での生活が可能であると認められる者の利用が基本となっています。

第10章　障害児・者福祉　181

③　放課後等デイサービス，保育所等訪問支援：学齢児を対象とした放課後
　　支援が充実されるとともに，障害があっても保育所等の利用ができるよう
　　に訪問サービスが創設された。
④　在園期間の延長措置の見直し：18歳以上の障害児施設入所者には，障害
　　者総合支援法に基づく障害福祉サービスが提供される。なお，現に入所し
　　ている方が退所させられないよう配慮される。
表2に市町村，都道府県における障害児を対象としたサービスを示す。

表2　市町村・都道府県における障害児を対象としたサービス

市町村

障害児通所支援	児童発達支援	児童福祉施設として位置づけられる児童発達支援センターと児童発達支援事業の2類型に大別されます。 様々な障害があっても身近な地域で適切な支援が受けられます。 ①児童発達支援センター 　通所支援のほか，身近な地域の障害児支援の拠点として，「地域で生活する障害児や家族への支援」，「地域の障害児を預かる施設に対する支援」を実施するなどの地域支援を実施します。 ②児童発達支援事業 　通所利用の障害児に対する支援を行う身近な療育の場です。
	医療型児童発達支援	
	放課後等デイサービス	学校就学中の障害児に対して，放課後や夏休み等の長期休暇中において，生活能力向上のための訓練等を継続的に提供します。 学校教育と相まって障害児の自立を促進するとともに，放課後等の居場所づくりを推進します。
	保育所等訪問支援	保育所等を現在利用中の障害児，今後利用する予定の障害児に対して，訪問により，保育所等における集団生活の適応のための専門的な支援を提供し，保育所等の安定した利用を推進します。

都道府県

| 障害児入所支援 | 福祉型障害児入所施設 | 従来の障害種別の施設と同等の支援を確保するとともに，主たる対象とする障害以外の障害を受け入れた場合に，その障害に応じた適切な支援を提供します。また，医療型は，このほか医療も提供します。
18歳以上の障害児施設入所者には，自立（地域生活への移行等）を目指した支援を提供します。 |
| | 医療型障害児入所施設 | ＊重症心身障害児施設は，重症心身障害の特性を踏まえ児者一貫した支援の継続を可能とします。
＊現に入所していた者が退所させられないように配慮されます。また，引き続き，入所支援を受けなければその福祉を損なうおそれがあると認めるときは，満20歳に達するまで利用することができます。 |

182　第Ⅱ部　福祉の現状と課題

▶ 障害者権利条約に関連する国内法の整備

2006年，国連総会で「障害者権利条約（障害者の権利に関する条約）」が採択された。日本は，2007年にこの条約に署名し，国内のさまざまな政策分野における障害を理由とする差別の禁止と「合理的配慮」（障害のある方が他の者と平等にすべての人権等を享有・行使するために必要な調整等）の実現に向け国内法の整備を進めた。

2011年，インクルージョン，共生社会の実現をめざすことや，「合理的配慮」の概念を盛り込んだ「障害者基本法」改正が実施された。また，2011年には「障害者虐待防止法（障害者虐待の防止，障害者の養護者に対する支援等に関する法律）」が成立した。2012年には，障害者就労施設等が供給する物品や役務の需要の増進を図る「障害者優先調達推進法（国等による障害者就労施設等からの物品等の調達の推進等に関する法律）」，2013年には，「障害者差別解消法（障害を理由とする差別の解消の推進に関する法律）」が成立した。

2 障害福祉における個別支援の方法—行動療法について—

インクルージョンの理念を実現するためには，個別支援計画の作成，実施が必要である。そのためには，個別支援計画作成の基礎となる行動理論，行動療法を知ることが必要となる。以下に小野（2007a）をもとに，行動療法について説明する。

▶ 行動療法の始まり

一般に広く知られている心理技法としては，精神分析，クライエント・センタード療法などがある。それぞれに大きな影響を教育界に及ぼしていたが，いずれも心理学の基礎的研究をベースとして確立されたものではないといえる（小林，2001）。

行動療法は，この精神分析やクライエント・センタード療法を批判する形でスタートしたアプローチである。すなわち，心理学の基礎的研究をベースとした学習理論を人間が抱える心理的問題の解決に適用する心理療法アプローチの総称である。

第10章　障害児・者福祉　**183**

▶ 行動療法とは何か

行動療法は，「不適応行動を変容する目的で実験的に確立された学習の諸原理を適用し，不適応行動を減弱・除去するとともに，適応行動を触発・強化する方法である」とウォルピは定義している。

行動療法の立場は，たとえば，吃音，チックなどの神経症といった不適応行動は，学習されたもの，すなわち永続的な変容ととらえている。そして，実験によって得られた知見を基礎にした学習理論をベースにして，これらの不適応行動の症状形成過程を考えていた。

したがって，学習したことをなくしていくための原理を用いて，不適応行動の減少または消失を試みることが，いわゆる援助する過程と考えたのである。一方，特に不適応行動の見られない方に対しては，適応するために必要な行動をたくさん学習させるために，学習を促す原理を中心に援助を組み立てたのである。

すなわち，行動療法は，心理学の研究成果を活用し，基本的に障害の有無に関係なく，①その方のニーズに対応して不適切な行動をなくし，②適切な行動の習得を促進する，という2点を試みるため，個別支援計画を考案し，実施する手法であるといえる。

▶ 行動療法の基本的な援助姿勢

A 「行動」とは何か―心のとらえ方―

人間を援助する際，必ず問題としなければならないのは「心」のとらえ方である。この「心」のとらえ方には，大別して2つある。

1つは，目に見える「行動」としてとらえる立場である。人間の「気持ち」を伝えるには，言葉といった言語的表出方法，表情・動作といった非言語的な表出方法が可能である。そのどちらも「行動」としてとらえることが可能である。たとえば，教師がある子どもを見て，「あの子は『楽しい』と言っていた」「あの子は両方の眼を大きく開けて，『楽しい』と言った」というとらえ方である。

もう1つの立場は，具体的な「行動」以外から理解する，すなわち，推測と

解釈といった形で，理解する側の内的過程を経由するとらえ方である。たとえば，教師がある子どもを見て，「あの子は楽しそうだねえ」「楽しそうに両目を開けていた」というとらえ方である。すなわち，「あの子」を見ている方の内的過程から「楽しそう」という言葉が出ている。

行動療法は，前者のとらえ方をする。なぜならば，理解する側の内的過程の推測が入っては，問題の客観的特定，評価が困難になると考えるからである。

B　行動科学レベルの援助

行動療法は，基本的に行動科学のレベルにおいて，人間の行動を理解し，その変容を援助するものである。すなわち，観察可能な行動を適切に理解し，客観的に測定する。そして，収集可能な情報を的確に把握して行動アセスメントを実施し，その行動に影響する要因についての援助を的確に実施する。生じた行動変容を手がかりとして，またはそれを前提として，必要があれば子ども自身による行動変容や行動コントロールに導いていく。こうした考えが行動療法の立場といえる。

▶　行動療法の一般的手続き

行動療法は，いわゆる診断の過程である「行動アセスメント」と，それに対応した援助の過程「トリートメント」という2過程によって構成されている。そして，以下のような手続きで援助を進めていく。

① 行動アセスメントとして，問題とすべき行動がどのような条件（状況）のもとに学習されてきたのかを明らかにする。

② 現在において，変容すべき対象となる行動（ターゲット行動）は何であるかを決定する。

③ 問題とされる行動変容のための援助仮説を立てる。

④ 援助仮説に基づいて方法を考案する。方法は，学習理論を中心とした行動理論を基礎として，各事例の条件に対応して新しく考案するか，すでに開発された技法を活用する。

⑤ 具体的なターゲット行動およびそれに関連した行動について，可能な限り　観的な評価，測定を実施する。

⑥ 考案した手続きに従って具体的な措置を実施する。そして，再び評価，

測定を実施する。

⑦　行動アセスメントが適切であり，的確な援助仮説とそれに基づく方法を適用しているとすれば，ターゲット行動が，予測した方向に変容する。この場合は，そのまま援助を進める。予測した方向に変化しない場合には，援助過程で得られた新しい情報を加えて第2援助仮説を設定する。そして，上記の④〜⑦の手順を再び実施する。

以上の手続きを，問題行動の変容まで繰り返す。

▶　行動アセスメントとは何か

行動アセスメントとは，問題となっている行動だけではなく，対象者と環境（周囲の人など）の相互作用のゆがみの実態を解明し，その実態から対象者および周囲について，どのような変容を生じさせることができれば問題を解消できるのかを明らかにすることである。基本的に，以下の4つの過程を総称して，行動アセスメントという。

①　現時点において，問題となる行動と子ども自身および周囲の人々がどのようなかかわりをもっているかを明らかにする。

②　必ずしも特定の日を指定できるわけではないが，問題の発生時点を明らかにし，そこでの子ども自身および環境の条件，特に変化した条件を見出す。また発生条件を探るにあたっては，子どもの生育史の情報も参考にする。

③　発生時点から現在の時点まで，問題となる行動条件がいかなる条件によりどのように変容してきたか，そしていかなる条件がその行動を維持してきたのかを明らかにする。

④　将来のある時点において，子どもが，その環境の中で積極的な役割をもち，いきいきと生活している状態をイメージ化する。それを実現させるためには，子ども自身および環境をいかなる方向に変容させることが必要であるかを把握する。

▶　行動療法の技法について

技法には，大別してオペラント的方法とレスポンデント的方法がある。行動

186　第Ⅱ部　福祉の現状と課題

理論において，人間の行動は，オペラント行動とレスポンデント行動に分類される。オペラント行動は，「行動の結果として生じる刺激，すなわち随伴刺激によって制御される行動」と定義される。人間の反射行動以外，たとえば，歩く，話すといったほとんどの行動がオペラント行動といえる。このオペラント行動の学習，すなわち獲得や消去に用いる技法をオペラント的技法という。有名な技法としては，シェーピング法がある。

次に，レスポンデント行動は，「先行する刺激によって誘発される，あるいは制御される行動」と定義される。たとえば，大きなクラクション音によって生じる驚きの反応，梅干しを見て生じる唾液分泌などである。このレスポンデント行動の学習に用いる技法をレスポンデント的技法という。たとえば，系統的脱感作法，主張反応法などがある。

▶ 客観的評価について

子どもや家族の言語による報告ばかりではなく，標準化された検査や行動観察法を用いることが必要である。また，可能であるならば単一事例実験計画法（小林，1997）を適用する。

▶ 追跡研究

計画的支援終了後も，介入の効果，自分自身が対応する事柄が順調に進行しているかどうか，適切行動の維持条件確認，条件変化などを確認することに大きなねらいがある。

以上，行動療法について説明した。障害の有無にかかわらず個別支援方法として，世界的にはスタンダードである。わが国においても，真の個別ニーズへの対応のために，福祉，看護，教育領域での普及が望まれる。

3 放課後等デイサービスにおける個別支援の実際

放課後デイサービスは，主に6歳から18歳の障害のある児童生徒を対象として，放課後や夏休み等長期休業日に生活能力向上のための訓練および社会との

交流促進等を継続的に提供するものである。利用に際して療育手帳や身体障害者手帳は必須ではないため，学習障害，発達障害等の児童生徒も利用しやすい利点がある。

ここでは，この放課後等デイサービスに通う児童の問題行動に対して行動論の立場から作成された「教師のための問題行動解決10ステップ」(小野，2012)を適用して指導した事例(仮想)をあげ，個別支援計画による支援を紹介する。

▶ 「教師のための問題行動解決10ステップ」の手順

「教師のための問題行動解決10ステップ」とは，小林・小野(2005)の実践経験等を行動論の視点から整理して作成した問題解決手順である。以下に手順を示す。

ステップ1　担当者との相談により対象の子どもを決定し，レーダーチャート評価を実施する。レーダーチャート評価項目(学校用)は，通学状況，学習準備状況，学習習得状況，授業参加態度，学校における対人関係，給食(昼食)参加状況，係活動への参加状況，学校行事への参加状況，課外活動への参加状況欠席の連絡方法，家庭での生活習慣である。対象の状況・場面に応じて評価項目，段階を修正する。主担当者が，本人，保護者，教員から情報を収集してレーダーチャートを作成する。

ステップ2　レーダーチャート評価を参考に，問題となる領域を見つける。

ステップ3　教師が対応する領域の優先順位を決定する。順位決定の基準は，①他に危険を及ぼすこと，②生命に関連すること，③他の領域に大きな影響を及ぼすこと，である。

ステップ4　特定した領域における対応優先順位が高い行動を抽出し，行動アナログ記録を作成する。

ステップ5　行動アナログ記録から目標行動を決定する。

ステップ6　目標行動に関してMAS(Motivation Assessment Scale；Durand, 1990)チェックリストを実施して，その行動の機能を決定する。

機能分析において，行動の機能は4つあると考えている。それは，①「もの・活動の要求」の機能，②「注目の要求」の機能，③「逃避・回避」の機能，④「自己刺激(感覚)」の機能である。「もの・活動の要求」の機能とは，ある

行動が，ある行動とその前後の行動の関係から，遂行する人間の物質や活動の要求を満たす機能，目的をもっていることをいう。「注目の要求」の機能とは，ある行動が，ある行動とその前後の行動の関係から，遂行する人間が他者からの注目を得るという要求を満たす機能，目的をもっていることをいう。「逃避・回避」の機能とは，ある行動が，ある行動とその前後の行動の関係から，遂行する人間が，ある事柄，あるものから逃避・回避するという機能，目的をもっていることをいう。「自己刺激（感覚）」の機能とは，ある行動が，ある行動とその前後の行動の関係から，遂行する人間が自分自身に刺激を与えるという機能，目的をもっていることをいう。

ステップ7　対象の目標行動の仮定された機能に対応した対処法を考える。

「注目・要求」「もの・活動の要求」「自己刺激」の機能においては，対処法①問題行動の機能を消失させるためには，どのような応じ方がよいかを考え，対処法②同機能をもつ適切な代替行動を対象児童生徒に獲得させることを考える。

「逃避・回避」の機能においては，対処法①は，他の3機能と同じであるが，対処法②は，逃避・回避しないために，対象児童生徒は，どのような行動を獲得すればよいかを考える。

ステップ8　考察した対処法を，問題解決思考支援シートに記入して全体を整理する。

ステップ9　実際に子どもに対応し，結果状況を行動アナログ記録表にチェックする。

ステップ10　目標行動が変容した場合は従来の対応を継続し，変容しない場合はステップ6からステップ9を再度実行する。

▶ 指導員を蹴る行動を個別支援計画によって改善した事例（仮想事例）

対象児童と放課後等デイサービスの状況　小学1年生男子（以下，「M」とする）。両親が共働きであること，Mが発達障害の疑いという診断を医師から受けていたことから，NPO法人が運営する放課後等デイサービスを活用していた。この放課後等デイサービスの主たる対象者は，療育手帳を取得しているか，医師の診断書が出ている児童であった。サービス利用時間は，月曜日から金曜日

12時から18時，土曜日および学校休業日は10時から18時であった。日曜日，祝日および年末年始，お盆は休業していた。サービス内容は，①学校からサービス施設，サービス施設から対象児童の自宅までの送迎，②サービス施設内外における日常生活における基本的動作の指導，③社会生活への適応力を高めるための集団療育，④各児童に合わせた個別指導，であった。

この施設は，厚生労働省の定める指定基準を厳守し，障害児療育サービスを提供する職員として，管理者として常勤職員1名，サービス管理責任者として常勤職員1名，指導員として常勤職員2名，非常勤職員2名を配置している。利用定員は，サービス提供時間において10人であった。

Mは，月曜日から金曜日の放課後18時までサービスを利用していた。

ステップ1　指導員が，Mのレーダーチャート評価（対象施設用に修正）を実施した。「学習準備状況」「学習習得状況」「指導参加態度」「食事（おやつ）参加状況」が3段階，「施設外活動への参加状況」「欠席の連絡方法」が2段階，「デイサービスにおける対人関係」「放課後等デイサービス行事への参加状況」「家庭の生活習慣」が1段階であった。

ステップ2　レーダーチャート評価結果から，Mは，「放課後等デイサービスにおける対人関係」「放課後等デイサービス行事への参加状況」「家庭の生活習慣」領域が支援必要領域であった。

ステップ3　支援必要と考えられた行動，領域を優先順位基準に照らしてみると，「他に危険を及ぼすこと」に該当する行動，領域として「放課後等デイサービスにおける対人関係」，指導員を叩く行動が該当すると考えた。そこで，指導員は，保護者と相談の結果，Mの「放課後等デイサービスにおける対人関係」領域に介入することを決定した。

ステップ4，5　Mのサービス利用時6日間，指導員がMの様子を観察すると，Mは指導員の指示を拒否し，指導員やサービス利用の他児童に対しても暴言・暴行を行っていた。Mは，指導員と目が合うたびに，指導員に対して「蹴る」という行動を実施した。指導員と保護者で相談の結果，介入する問題行動をMの「指導員と目が合うと指導員を蹴る」に設定した。指導員は，Mと目が合って蹴られると，その場を去るという対応をしていた。

ステップ6　指導員が，「指導員と目が合うと指導員を蹴る」行動に関して，

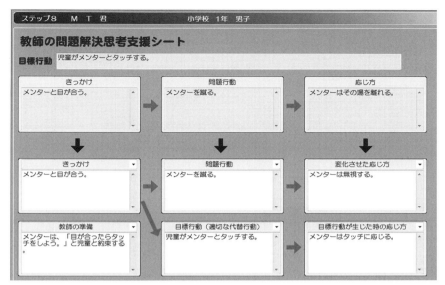

図2　Mの教師の問題解決思考支援シート（「メンター」とは相談員を指す））

　MASによって機能分析を実施した結果，「自己刺激機能」15点，「逃避・回避機能」0点，「注目要求機能」6点，「もの・活動要求機能」0点で「自己刺激機能」が仮定された。

　ステップ7，8　指導員は，Mの「指導員と目が合うと指導員を蹴る」行動を「自己刺激機能」ととらえ，この問題行動の機能を減ずること，他の社会的に適切な代替行動を形成すること，を考えた。そこで，指導員は，Mと「目が合ったらタッチをする」行動を約束して遂行することとした。図2にMの「教師の問題解決思考支援シート」を示す。

　ステップ9　5日間（月曜日から金曜日）の指導員介入の結果，Mは指導員と目が合うたびにタッチをした。同時にMが指導員を「蹴る」行動は減少した。また，タッチ後，Mは，指導員と笑顔で会話をするようになり，Mの関心のある話をした。また，Mが困ったとき，指導員に尋ねにきたりする行動があった。

　ステップ10　指導員の介入の結果，Mの「指導員を蹴る」行動は見られなく

第10章　障害児・者福祉　191

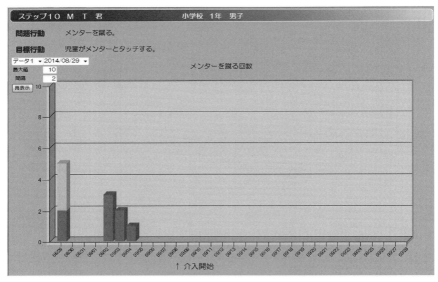

図3　Mの介入前後の「蹴る」行動の出現頻度

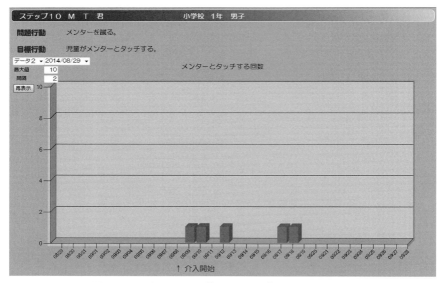

図4　Mの介入前後の「タッチする」行動の出現頻度

なった（図3）。また，Mの代替行動である「タッチ」行動が形成された（図4）。以上のことから，Mの「指導員を蹴る」行動は，「自己刺激機能」であり，指導員の10ステップによる介入は「指導員を蹴る」行動の消去に有効であったといえる。指導員のMの「指導員を蹴る」行動に対する個別支援は成功した。

　以上，放課後等デイサービスにおいて，児童の問題行動を個別支援によって問題行動が改善した事例を紹介した。障害児・者福祉のサービスの向上は，法的整備と個別支援計画による支援により可能となる。

〔参考・引用文献〕

Durand, V. M. (1990) Severe behavior problems : a functional communication training approach. New York : Guilford Press.

小林重雄（1984）行動療法による治療，祐宗省三・春木豊・小林重雄編著『新版　行動療法入門―臨床のための理論と技法―』川島書店，pp. 149-157

小林重雄（1997）「シングルケース」スタディの方法論―その意義と活用の上のポイント―，『看護研究』30（1），pp. 37-46

小林重雄（2001）行動療法，小林重雄監修・編著『心理学概論』コレール社，pp. 201-210

小林正幸・小野昌彦（2005）『教師のための不登校サポートマニュアル―不登校ゼロへの挑戦―』明治図書出版

小野昌彦（2006）『不登校ゼロの達成』明治図書出版

小野昌彦（2007a）行動療法の基本，』小野昌彦・奥田健次・柘植雅義編『発達障害・不登校の事例に学ぶ行動療法を生かした支援の実際』pp. 20-27

小野昌彦（2007b）広汎性発達障害の子どもへの包括的支援，小野・奥田・柘植編，上掲，pp. 123-135

小野昌彦（2012）『児童・生徒の問題行動解決ツール―教師のための10ステップ実践ガイド―』風間書房

社会福祉法人全国社会福祉協議会「社会福祉の制度　障害児・者福祉について」（http://www.shakyo.or.jp/seido/shougai.html，最終アクセス日：2015年12月23日）

WAM NET『『障害者総合支援法』制定までの経緯と概要について」（http://www.wam.go.jp/content/wamnet/pcpub/top/appContents/wamnet_shofuku_explain.html，最終アクセス日：2015年12月23日）

第11章

経済の視点から見た医療政策

遠藤　久夫

1　経済状況と医療

▶ 医療サービスの特徴と公的医療保険制度

　医療サービスを需要することは自動車を購入することやレストランで食事をすることといくつかの点で異なっている。第一には，医療サービスの内容を患者が正しく評価することが難しいこと（医師−患者間の情報の非対象性）。第二は，医療サービスがいつ必要になるか，その際どのくらい費用がかかるのかが予測不可能である（需要の不確実性）。第三には医療は健康や生命に直接影響を及ぼすサービスであるから，所得や居住地に関係なく誰でも必要な医療サービスを需要することができるべきであるという社会的規範の存在（アクセスの公平性の確保）。これらの特徴があるため，一般の財・サービスの供給のように市場原理にすべて委ねることは難しいと考えられている。そのため，医療サービスの供給にはさまざまな規制が課せられている。患者が医療の内容を適切に評価できないという「情報の非対象性」から生ずる問題を回避するために，①医療の質を担保するための医療者の免許制や医療機関の施設基準が設けられており，②不適当な価格形成が生じないように診療報酬や薬価の公定価格化が行われている。「需要の不確実性」に対処するために，日本では医療費の支払いに公的医療保険が導入されている。保険は事前に一定額の保険料を支払っていれば，予測困難な支出であっても対応することが可能である。保険には任意加入である私的保険と強制加入の公的保険があるが，日本では公的医療保険制度が医療保障制度の根幹をなしており，私的な医療保険はその補完的な存在にすぎない。

194　第Ⅱ部　福祉の現状と課題

公的保険であること，すなわち強制加入である理由の一つは「消費者主権の限界」から生ずる問題を回避するためである。自分は健康だから保険に入らなくても大丈夫だという人でも不幸にして高額の医療費を払わなければならない場合もある。したがって保険の加入を人々の自由な選択に委ねる（消費者主権）ことが必ずしも望ましいとは限らないのである。医療保険が強制加入であるさらに重要な理由は，「医療アクセスの公平性の確保」に見出せる。任意加入を前提とする私的医療保険では病気になる可能性が高い人ほど高い保険料を払わなければ保険制度が維持できない。なぜか。もし病気がちの人（高リスク者）と健康な人（低リスク者）に同額の保険料を課したとすると，低リスク者はその保険から脱退して保険加入者に占める低リスク者の割合が高いため保険料が安い保険を探して加入するだろう。一方，低リスク者が脱退して高リスク者だけになった保険では，保険財政を維持するために保険料を引き上げなくてはならない。このようなメカニズムが働いて私的保険ではリスクの大きさに応じた保険料が設定されないと保険制度が維持できないことになる。私的保険である生命保険で加入年齢が高い（死亡のリスクが高い）人ほど保険料が高くなるのはこの理由による。医療の高リスク者は高齢者が多いので，私的保険であれば，平均すれば経済力は低いにもかかわらず，私的保険であれば高い保険料を負担しなければならない。しかし，高齢者の平均所得は若人より少ないので，医療へのアクセスの公平という視点から問題がある。これに対して，強制加入を前提とする公的医療保険では，保険料をリスクに対応させるのではなく所得に対応させている（応能負担）。これにより所得格差により医療アクセスに不公正が生ずることを回避させているのである。多くの先進国で公的な医療保障制度が存在するのはこのような理由による。

▶ 公的医療保険財政の課題

　このように公的医療保障制度は国民が医療サービスを適切に需要する上で重要な機能をもっているが，同時に次のような財源に関する問題があることに留意する必要がある。その前に，国民医療費の最近の財源構成を見てみよう。社会保険料が50％，公費（税）35％，患者自己負担15％という比率である。公的医療保険であれば財源は社会保険料が中心であるべきだが，公費（税）の割合

も大きい。社会保険料の主な負担者は所得のある人（とサラリーマンの場合は雇用主）であるが，現役を引退した高齢者が多いため，社会保険料だけで賄うのが難しく公費の投入が避けられないのである。日本の公的医療保険の特徴の一つは，複数の保険制度が併存している点にある。被用者保険（サラリーマンが加入）として，大企業の被用者が加入する組合管掌健康保険（組合健保）と中小企業の被用者が加入する全国健康保険協会管掌健康保険（協会けんぽ）があり，地域保険（居住者が加入）として自営業者や無職の人が加入する「国民健康保険」（国保）がある。加入者の中に医療需要が大きい高齢者の比率が高く，加入者の平均所得が低い保険者ほど保険財政は厳しい。したがって高齢者の比率の多い国保の財政が最も苦しく，中小企業の被用者を対象とした協会けんぽは国保に次いで財政が苦しい。よって，国民皆保険制度を維持するために国保を中心に公費の投入が行われているのである。このように公的医療保険は社会保険料と公費で運営されているため，①少子高齢化による人口構成の変化と②財政収支（ひいては経済成長）による影響を強く受けることになる。厚生労働省は，生産労働人口（15〜64歳人口）／高齢者人口（65歳以上人口）の値は2005年では3.27であるが2025年には1.95になると推計している。つまり現在は高齢者1人を現役世代3人が支えているが，20年後には高齢者1人を現役世代2人で支えることになる。また日本の1人あたりの医療費は，70歳以上の高齢者は70歳未満の人の5倍弱である。よって，日本は今後増え続ける医療費を減少する現役世代で負担することになる。特に社会保険料は原則として所得のある人から徴収するため，主な負担者は現役世代である。そのため医療費の増加に対して保険料率を引き上げて対応するという戦略には自ずと限界がある。それでは公費の拡大により増加する医療費を賄うという戦略はどうか。

　この戦略の実行に大きく立ちはだかるのは日本の大きな財政赤字である。2009年のGDPに占める国債発行残高の割合は日本が174％と先進国中最も高い（次いでイタリア114％，米国78％，フランス76％，ドイツ66％の順）。したがって，医療費の増加を公費の拡大によって賄う戦略は容易でなく，増税を視野に入れた国民負担の引き上げとのかねあいで考えざるをえない。

2   経済成長と医療費の関係

▶ 経済成長が国民医療費に及ぼす影響

　図1は1961年度から2006年度にかけての国民医療費の対国民所得比の推移（グラフ右側のスケール）と国民医療費の変化率と1年前の国民所得変化率の推移（グラフ左側のスケール）を示したものである。まず国民医療費の対国民所得比の動向を見てみよう。1960年代では3〜4％であったものが2005年度には9％程度に上昇している。年代ごとに見ると高度経済成長期は4％程度であったものが，その後石油危機を経て経済成長が鈍化した1970年代後半には6％程度に上昇した。1980年代は6％程度で推移し，バブル経済（1987〜1990年）の好況期にはやや低下したものの，バブルが崩壊した1990年代の不況期には再び上昇傾向を示した。2000年代に入ると上昇傾向がやや鈍化している。このように国民医療費の対国民所得比は，経済の成長期には低い値を示し，経済の低迷期には高い値を示すため，国民医療費の増加率は所得水準とあまり関係なく，分母である国民所得の変化率の影響だけが反映しているように見える。しかし，それは正しくない。結論からいえば，経済成長の状況に応じて医療費をコントロールするためのさまざまな施策が展開されてきたのである。

▶ 経済成長と医療政策

① 高度経済成長と医療拡張期

　1961年に国民皆保険制が確立し，1973年は福祉元年（老人医療の自己負担無料化などが実施される）と呼ばれたように，1960年代，1970年代は医療保険制度の拡充，医療提供体制の整備が積極的に行われた時期であり，国民医療費の増加率（年率平均18.7％）は高い水準であった。これは高度経済成長に裏づけられた国民所得の高い増加率（年率平均15.3％）が背景にあった。医療保険制度と医療提供体制に分けて見ると医療拡充期には次のような政策が行われた。

（医療保険政策）

ⅰ）患者自己負担の引き下げ

　1961年に国民皆保険体制が確立し，それまで人口の約3分の1が無保険状態

第11章　経済の視点から見た医療政策　**197**

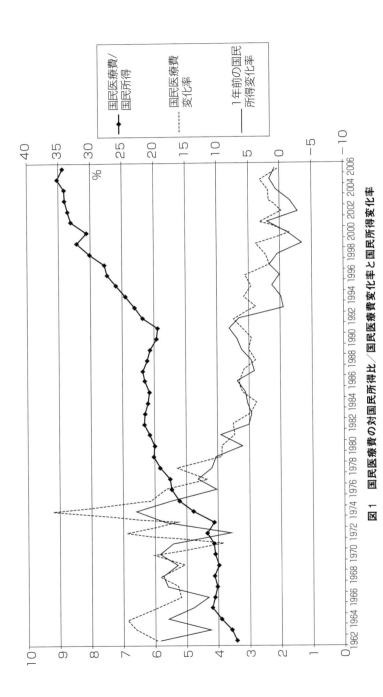

図1 国民医療費の対国民所得比／国民医療費変化率と国民所得変化率

であったが，これにより国民の医療費自己負担は大きく軽減された。しかし，被用者保険本人の自己負担は少額であったものの，国保加入者と被用者保険加入者の家族の自己負担は5割と高水準であった。しかし，1968年には国保加入者は3割自己負担に引き下げられ，福祉元年と呼ばれた1973年には老人医療の自己負担が無料化され，同時に被用者保険の家族の自己負担率は5割から3割に引き下げられた。また患者の自己負担額が一定額を超過する場合，超過部分が事後的に保険から給付される高額療養費が導入されたのも1973年であった。これにより患者は高額な医療費自己負担から免れることになった。この時期の一連の自己負担率の引き下げにより国民医療費は増加し，同時に国民医療費に占める患者自己負担の割合は1960年度の30.0％から1980年度の11.0％へと低下した。

ⅱ）高い診療報酬改定率

　保険診療を行った医療機関が保険者から受け取る報酬を診療報酬という。保険診療ではすべての医療サービスに公定価格が設定されており，2年に1回改定される。この改定率が高ければ医療機関の収益率は高くなる。1967年から1981年までに行われた改定の平均改定率は11.8％であり，この間の高い物価上昇率を考慮しても高水準だったといえる。

ⅲ）診療報酬支払い方式は出来高払いが主流

　保険者が医療機関に対して診療報酬を支払う方式には大別して出来高払い方式と包括払い方式がある。出来高払い方式とは，医療機関が提供した医療サービスの量にそれぞれの公定価格を掛けた金額を診療報酬として支払う方式である。この方式は医療機関に財政上のリスクが生じにくいため，医療サービスの選択の自由度が高まるというメリットがある反面，過剰な医療が行われて医療費の増加をもたらすというデメリットがある。1960年代，70年代は，診療報酬支払い方式のほとんどが出来高払い方式であった。高い診療報酬の改定率と出来高払い方式により，この時期の医療は「儲かる」事業となり，これを原資として民間病院を中心に施設数，病床数ともに急速に増加していった。

（医療提供体制の管理政策）

　患者自己負担の引き下げにより増加した需要の受け皿として，医療提供体制の拡充が必要となったため，高い診療報酬改定率と出来高払い方式の全面採用

という保険制度上の対応以外にも次のような政策が実施された。

ⅰ）医学部の定員増

　医療サービスの提供を行う上で重要なインプットとして医師がある。国民皆保険制度が確立した1960年代以降，医師不足が徐々に顕在化していった。事実，人口あたりの医師数は先進国の中でかなり少なかった。そこで1974年に「1県1医大」構想が打ち出され，これにより各都道府県の医科大学，医学部の整備が進み，1981年には医学部のない県がなくなった。これにより1970年に4,380人だった医学部の定員が1981年には8,280人と倍増し，その結果，人口10万人対医師数は1975年の118人から1984年には150人を超えた。

ⅱ）民間病院を中心とした病床拡大

　1950年に医療法人制度が設けられ，1960年には民間医療機関を対象に融資を行う医療金融公庫（現在は福祉医療機構）が設立されたことにより民間病院の資金調達が容易になった。1962年に公的病院に対しては病床数の上限規制が課せられていたため，1960年代，70年代には民間病院が病院数，病床数を拡大させていった。

　②　経済の低成長と医療の効率化政策

　安定成長に移行した1980年代は国民所得の増加率の低下（年率平均5.8％）が顕著となったため，これに対応して医療費の増加を抑制する政策転換が行われた。その結果，国民医療費は年率平均6.1％と国民所得の増加率とほぼ同水準まで低下した。1990年代はバブル経済の崩壊により急速に景気の後退が生じた時期で，国民所得の増加率は年率平均2％程度まで低下した。一方，国民医療費の増加率は4.5％程度までしか低下しなかったため，平均して2％ポイント以上の乖離が生じた。しかし，2000年代に入ると次のような国民医療費の増加率は年率平均1.1％にまで低下した。1980年代以降にとられた医療費抑制策は以下のようなものである。

（保険制度）

ⅰ）自己負担率の引き上げ

　1973年の老人医費無料化により老人医療費の高騰が顕著になったため，1983年から老人にも自己負担（定額負担）が課せられた。さらに2001年からは老人に対して定率負担（1割）が適用され，現役並みの所得のある人は2002年から

２割負担，2006年から３割負担となった。さらに2008年からは70〜74歳は２割負担（現役並み所得者は３割）に引き上げられた。一方，被用者保険本人は少額の定額負担であったが1984年から１割負担に，1997年には２割負担となり，2003年には国保と給付率を統一するとして３割負担に引き上げられた。このような，1980年代以降の自己負担の引き上げにより国民医療費に占める患者自己負担の割合も上昇し，1980年度に11.0％であったものが，1990年度12.1％，2000年度14.8％，2006年度14.4％と上昇した。

ⅱ）診療報酬の改定率の鈍化

　診療報酬の改定率も経済成長率および物価上昇率の鈍化を反映して，1984〜1996年の９回の改定の平均値は3.4％，1997〜2008年の７回の改定の平均値は0.4％と大きく低下した（1967〜1981年の平均改定率は11.8％）。このうち2002年と2006年の改定率はマイナスとなった。診療報酬の伸び悩みにより急性期病院を中心に収益が悪化した。病院運営実態分析調査によれば，2008年の赤字病院の割合は76.2％に上っている。

ⅲ）入院医療に広がる包括払い方式

　出来高払い方式は過剰な投薬や治療を誘発する可能性があるため入院医療に対して包括払い方式が導入されていった。1990年には慢性期の高齢者の入院を対象とした特例許可老人病棟が設立され，その入院報酬について１日あたりの包括払い方式が適用された。その後，特例許可老人病棟が療養病床に変更され，現在は入院料，検査，投薬，注射，処置等が１日単位で包括されている。一方，急性期の患者を対象とした一般病床においても，2003年から診断群分類別（DPC）包括払い方式が導入された。これは入院料，検査，投薬，注射，処置等が包括された報酬が診断群（病状）ごとに金額が決められて，１日単位で支払われる方式である。2010年からは一般病床の半分程度がDPC対象病院となる予定である。

（医療提供体制の管理政策）

ⅰ）医学部定員の抑制

　「１県１医大」政策により医師数が増加すると患者の受療機会が増えて，医療費の増加につながるとして医学部の定員削減が行われた。医学部定員は1981〜1984年の各年8,280人を最高に，徐々に削減され，2003〜2007年には各年7,625

人とピーク時から 8 ％削減された。

ⅱ）医療計画による病床規制

　1970年代を通じて民間病院を中心に病院や病床の量的拡大が行われたが，病床数の増加と医療費との間に正の相関が見られたことや，日本の人口あたりの病床数がOECD諸国と比較して多いことなどを理由に1985年に地域医療計画が導入された。これは都道府県ごとに医療計画を策定し，二次医療圏（医療が完結できる単位として決められた地域）単位で必要病床数を上回る病院の開設や増床に対して規制を行うものである。これにより，一時「駆け込み増床」により病床は大幅に増加したものの，その後，病床の増加はストップした。病院病床数は1992年168.7万床をピークに年々減少し，2007年には162.0万床まで減少した。しかし，人口あたりの病床数はOECD主要国と比較していまだ高い水準であり，一部は社会的入院（医学的には入院の必要はないが家庭の介護力不足などから行われる入院）の温床となっていると指摘されている。

ⅲ）病院（病床）の機能分化

　医療計画による病床数の規制と並行して行われたのが病院・病床の機能を急性期と慢性期とに分離する政策である。それまでの病院の病床は基本的には急性疾患の患者を対象としていたが，疾病構造が急性疾患から慢性疾患へシフトしていったことや高齢化による社会的入院の増加などで長期入院患者が増加した。慢性疾患をもった長期入院患者の療養環境として急性期病院は必ずしも望ましい場所でなく，また急性期病院に長期入院することは医療費の増加をもたらすことにもつながる。そのような理由で，1983年に慢性期の老人の入院を対象とした特例許可老人病棟が設けられた。その後，老人のみならず広く長期療養を必要とする患者を対象とする療養型病床群が1992年に設けられ，さらに2000年からは主として急性期の患者を扱う一般病床と慢性期の患者を扱う療養病床とに再編成された。一般病床から老人病棟や療養病床への移行は病院の自由意思で行われたが，診療報酬や補助金による政策誘導が行われたため民間病院を主体に急速に拡大した。2007年時点では療養病床は34.3万床（全病院の21.2％）であり，療養病床の 9 割は民間病院である。政府は社会的入院の解消のためこの療養病床を削減しようと計画した。

3 医療費抑制策の再検討

▶ 医療費抑制策の特徴

これまでの考察から以下のことがいえる。

① 日本では経済成長の状況に連動して国民医療費を管理してきたと考えられる。

② 経済成長率の鈍化と医療費の伸び率の変化には時間的にギャップがあり，経済成長率と医療費伸び率の乖離が明確になると医療費の上昇を抑制する医療費抑制策（政府は医療費適正化政策と呼ぶ）が強化されてきた。

③ 国民医療費／国民所得の比率は1960年代では４％であったが2000年代には９％に上昇している。これは，1970年代後半の安定成長期への移行過程で経済成長率と医療費増加率の乖離が生じた時期に２％ポイント上昇し，また，バブル崩壊に続く1990年代の「失われた10年」と呼ばれた不況期に乖離が生じたため３％ポイント上昇したことになる。

④ 1980年代以降に展開された医療費抑制策は，患者自己負担の引き上げ，診療報酬の引き上げ率の鈍化，包括支払い方式の拡大，医師育成の抑制，病床規制，病床の機能分化の推進，と総合的なアプローチであった。

▶ 医療費抑制策の再検討

　このように政府は医療費の伸び率が経済成長率と大きく乖離しないように医療費を管理してきたといえる。そして，それはおおむね「成功」してきたといえる。しかし，このような経済成長主導型，財政主導型の医療政策は，経済成長が低迷すると医療の質の低下，医療へのアクセス制限といった問題を引き起こしかねない。2000年以降，これが現実のものとなった。2000年以降の医療費の伸び率は年率平均で1.5％程度と国民皆保険成立以来の最低水準となった。これは景気の急速な落ち込みに加え，財政再建の視点から社会保障費（医療の公費部分はこれに含まれる）の自然増分を毎年2,200億円削減する政府の方針が打ち出され，これらの影響を受けたためである。この時期にとられた医療費抑制策は次のようなものであった。2001年に高齢者自己負担をそれまでの定額制か

第11章　経済の視点から見た医療政策　**203**

ら1割の定率制に変更，被用者本人の自己負担率を2割から3割に引き上げた。2002年と2006年の診療報酬改定はマイナス改定であった。このような抑制策は，医師の新臨床研修制度発足に伴う混乱や医事訴訟の多発などの医師環境の変化とともに急性期病院の勤務医不足，地方における特定の診療科の閉鎖などの深刻な医療問題を引き起こす重要な要因の一つとなったと考えられる。このことは社会的，政治的に注目されるようになり，政権交代をもたらした2009年の衆議院選挙では医療を含む社会保障制度の再構築が重要な政策課題となり，医療費抑制策は見直されることとなった。たとえば，勤務医不足や過疎地の医師不足への対策として医学部定員の大幅な増加に舵を切り，医学部定員は2009年度8,486人，2010年度8,855人と過去の最大定員である8,280人を上回ることとなった。さらに新政権は医師養成数を現状の1.5倍を目標としている。また，社会保障費自然増分の2,200億円削減も撤廃されることとなり，採算が悪かった急性期病院に対して診療報酬を大幅に増額するといった方針も示された。

▶ 医療財政の長期的課題

　経済成長率から大きく乖離しないように国民医療費を管理する政策はある意味では正しいといえる。しかし，日本は高齢化率（65歳以上人口／全人口）が世界最高であるにもかかわらず，国民医療費の対GDP比はOECD加入国中22位と主要国の中で最下位である。このような状況の下で経済成長率が低下すれば，医療制度は国民の期待に応えられなくなる。不幸にして1990年代後半以降，日本のGDPの増加率は米国やEU5か国を下回り，それに伴う医療費抑制策の影響で医療制度の歪みが見られるようになった。現在，政治状況の変化もあり医療費抑制策の見直しの気運が高まっている。そのことは大いに歓迎すべきである。しかし，この問題の解決は非常に難しいのである。改めて日本の医療を取り巻く環境を整理してみよう。

① 現在，世界第1位の高齢社会であり，高齢者1人を3人の現役世代が支えているが，2025年には高齢者1人を2人で支えることになる。

② 国民医療費の対GDP比はOECD主要国中で最下位である。

③ 国債発行残高の対GDP比の値は先進諸国中ダントツの第1位であり，財政再建は避けて通れない。

④　1990年代中期以降の経済成長率は，欧米諸国と比較して低水準である。

⑤　国民の医療への期待はきわめて高く，医療水準の低下は政治問題化しかねない。

　長期的な視点からは，このような条件の下，複雑なパズルを解かねばならない。それがいかに難しい作業か想像できよう。自明なことは，高齢化が進む中，現在と同様の医療水準，医療アクセスの公平性を維持していくためには，より多くの医療費が必要になるということである。経済の低成長，生産労働人口の減少，巨額の財政赤字という条件下で，増える医療費を誰がどれだけ負担するのかという厳しい選択を避けて通るわけにはいかないのである。

第11章　経済の視点から見た医療政策　205

第12章

社会正義の実現と個人の自由をめぐる問題
―〈個人の尊重〉をめぐる2つの視点，その対立を超えて―

岡野　　浩

1　自由な社会の基本原則…「他者危害の原則」

　「人類が個人的に，または集団的に，誰かの行動の自由に正当に干渉し得る唯一の目的は，自己防衛である。文明社会の成員に対し，彼の意思に反して正当に権力を行使し得る唯一の目的は，他人に対する危害の防止である」

　これは19世紀イギリスの哲学者 J. S. ミル（1806－1873）が，その『自由論』の中で述べた一節である（ミル，邦訳1975年，p. 224）。

　「他人に危害を加えない限りにおいては，個人の行動は束縛されてはならない」という考え方は，一般に「他者危害の原則」と呼ばれ，個人の思想，心情等が多様化した今日にあってなお，社会生活を送る上での〈基本的了解事項〉として広く認められている数少ない規範の一つといえよう。

　しかし，国家や地域社会といった共同体の一員として社会生活を営む上では，私たちはこうした〈消極的規制〉のみではなく，公共の福祉という観点からも，より〈積極的な貢献〉が求められることになる。自らが属する共同体から一定の保護や社会的サービスを受け，これに対する〈応分の負担〉を負うということ自体は，もとより当然の義務ということにもなるが，しかし，「どこまでが義務となり，また権利となりうるか」については，確定的な答えが与えられているわけではないのである。

2 「個人の尊重」をめぐる2つの視点—ロールズ対ノージック—

　共同社会における個人の自由とそれを制約する社会的義務について考える上で，ここに一つの興味深い論争がある。J. ロールズ（1921–2002）とR. ノージック（1938–2002），現代アメリカの政治思想を語る上では欠くことのできないこの2人の思想家は共に〈個人の尊重〉を訴えながらも，両者の見解は真向から対立する。

　ロールズの基本的な考え方は，その『正義論』冒頭の次の一節の中に端的に示されている。

　「真理が思想体系の第一の徳であるように，正義は社会制度の第一の徳である。理論は如何に優美で無駄のないものであろうとも，もしそれが真理に反するなら拒否されるか修正されなくてはならない。これと同様に法や制度は如何に効率的で整然たるものであろうとも，もしそれが正義に反するならば，改革されるか撤廃されなくてはならない。社会全体の福祉でさえ侵すことの出来ない正義に基礎付けられた不可侵性を全ての人間は有しているのである」

　いわゆる「最大幸福」としての〈社会全体の福祉〉の名の下に，ともすればそれを構成する〈個人の福祉〉が等閑にされかねない，として功利主義[1]の考え方を批判するロールズは，社会を，その全構成員によって営まれる〈相互利益を目指す共同の冒険事業〉と呼ぶ。そして，この「冒険事業」の在り方を根本において規定し，方向づけるものが「正義の原理」にほかならない。したがって社会の全構成員に対して権利と義務を割り当て，社会的活動の結果としてもたらされる利得と，またそのための負担の適正な配分の指針となる「正義の原理」は，社会の〈全成員が同意し，納得して受け容れられるもの〉でなければならない。

　「正義の原理」を構想するにあたってロールズは古典的な社会契約論[2]の考え方にその想を求めている。その理由は，統治とその正当性の根拠を，統治に服すことになる共同体の全成員の〈合意〉に求める社会契約論の発想の内に，「正義」の概念の本質的部分をなす「公正さ（fairness）」の理念を見て取ったからである。そこでロールズは以下に見るように社会契約論の考え方を大胆に換

骨奪胎する独自の〈手続き〉によって「正義の原理」の導出を行っている。

　ロールズは古典的な「社会契約論」に共通して見られる「自然状態」（国家的な法秩序成立以前の状態）という設定を，自らの利益の増進に関心をもつ人々が自分たちの共同体の根本的なルールを〈前もって〉定めるために討議し，選択する場として読み替え，これを「原初状態（original position）」と呼ぶ。つまり，この「原初状態」における討議を通じて〈全員の合意〉が得られるもののみが，「正義の原理」ということになるのである。

　しかしこうした場合，誰もが予測しうるように，討議の参加者は誰でも自分にとって少しでも有利になる原理の採用を求めようとするはずである。そこで，ロールズは「原初状態」に次の3つの制約を課している。

① 〈情報面〉の制約

　　無知のヴェール（the veil of ignorance）……自分にだけ有利なルールを提案できぬように，誰も自分の境遇や社会的地位，資産や生まれつきの才能等について自分がどれほど恵まれているか，すべての情報を奪われている。

② 〈動機面〉の制約

　　討議の参加者は，他人の利害には関心をもたず，自分の生活条件の改善だけをめざし，そのために誰もが欲するであろう〈良きもの〉（社会的な基本財……自由，機会，所得，富そして自尊心等）を冷静に，また合理的に追求する。

③ ルールの備えるべき〈形式〉についての制約

　　この討議によって決定されるルールは，あらゆる場合に例外なく妥当する普遍性をもち，相対立する複数の要求を適切に処理しうる最終的な判断基準（規範）として，その社会の全構成員が納得して受け容れうるものでなければならない。

　これらの制約が示すようにロールズは討議の場から「公正さ」を欠くような結果を生じうるであろうあらゆる要素を〈予め〉排除することによって，「正義の原理」の「公正さ」を担保しようとする。そしてこうした〈特異な思考実験〉の結果として導出されるものが次の「正義の二原理」である。

　第一原理……各人は基本的自由に対する平等の権利をもつべきである。その基本的自由は，他の人々の同様な自由と両立しうる限りにおいて最大限

広範囲に渉る自由でなければならない。

第二原理……社会的経済的不平等は次の2条件を満たさねばならない。

① それらの不平等が最も不遇な立場にある人の期待便益を最大化すること（→「格差原理」）

② 公正な機会均等という条件の下で，すべての人に開かれている職務や地位に付随するものでしかないこと（→「公正な機会均等原理」）

先の厳重な制約の下で討議が行われる場合，まずどのような地位，境遇に在るとしても，自らの人生を自分の意志で決めることができるためには，可能な限り各人の「自由」が認められねばならない，この点に関しては全員の一致が得られるであろう。次にそうした「基本的自由」が与えられているとしても，それぞれの資質，能力，機会等に応じて社会的活動を行った結果として，社会的，経済的不平等が生じるであろうことも当然予測される。そこでロールズはこのようにきわめて不確実な選択状況においては，予測される最悪の事態を最大限改善しうるような〈保守的な戦略〉（いわゆる「マキシミンルール」）が採用されざるをえないという観点から，社会的経済的不平等に対する制約原理として，出発点における不平等の是正を図る「公正な機会均等原理」と社会的格差の是正，調整を図る「格差原理」とが採用されることになると考えるのである。

「正義の原理」の中でも，特に社会的経済的不平等は，その社会において最も不利な立場に置かれた人々にとって最大の利益をもたらすものである限りにおいて許容されるとする「格差原理」の解釈をめぐっては，多くの議論を招くことになった。特に注目すべき点は，ロールズがこの「格差原理」を，伝統的な「友愛（fraternity）」についての解釈を与えるものとしていることである。

「格差原理は，友愛の自然な意味，すなわち，そのことが暮し向きのあまり良くない他者にとっての利益とならないならば，自ら進んでより大きな利益を得ようとは思わない，という考え，と一致するように思われる」（ロールズ，邦訳1979，p. 179）。

つまりロールズは，それまでその実現を期待することが困難であるとも考えられてきた〈心情や感情の絆〉としての「友愛」を，「格差原理」として解釈し直すことにより，現実の社会制度，政策を通じて実現できる〈実行可能な基準〉，すなわち法的強制力をもって具体的な権利・義務関係を規定しうる原理

に加えることが可能であると考えたのである。

　このように個人の「基本的自由」を最大限に尊重しつつ，同時に，社会的弱者の救済を恵まれた者の当然の義務として，いわば〈合理的〉に根拠づけることに成功したロールズの議論は，今日の福祉政策を支える基本的原理を提示する試みの一つとしても一定の説得力をもつものといえる。しかし，こうした「正義の原理」を通じて構想されるきわめて理想主義的・平等主義的色彩の濃い社会像に対しては，自由主義的観点から強い懸念を抱く人々により厳しい批判が浴びせられることになる。というのも「正義の原理」に基づく社会が現実のものとなれば，その社会は，いわば「愛が正義の名の下に強制される社会」として，個人の自由に対する重大な侵害を含みうるとも考えられるからである。

　こうしたロールズの姿勢を「正義の名の下に，再分配という形で個人の財産権に対する侵害を容認する本質的に邪悪なもの」と見て，いわゆる「自由至上主義（libertarianism）」の立場から批判を展開したのが R. ノージックである。

　ノージックの基本的な立場は，『アナーキー・国家・ユートピア』序文中の次の一節によく示されている。

　「国家についての本書の主な結論は次の諸点にある。暴力，盗み，詐欺からの保護，契約の執行に限定される最小国家は正当と見なされる。それ以上の拡張国家はすべて，特定のことを行うように強制されないという人々の権利を侵害し，不当であると見なされる」

　生命や財産権の侵害からの保護だけにその権限が限定される，「最小国家（minimal state）」（いわゆる「小さな政府」の極限形態）のみを正当と認めるノージックにおいて，〈個人の尊重〉という視点はあくまで社会全体の目的追求を監視し，これを厳しく規制する「横からの〔付随的〕制約（side constraint）」とされる。したがって「勤労収入への課税は強制労働とかわりがない」と考えるノージックの立場から見れば，個人の自由の確保のみならず，社会的経済的格差の是正をも〈社会全体で追求すべき目的〉と考えるロールズの構想するような「拡張国家（extensive state）」は，社会の構成員に高い税や預金を義務づけることによって「正義の名の下に，再分配という形で個人の財産権に対する侵害を容認する」不当なものと見なされるのである。

　財の分配における正義は，もっぱら分配の歴史的経緯の正当性（取得の経緯

210　第Ⅱ部　福祉の現状と課題

に不正がなかったかどうか）のみによって決定されると考えるノージックに対して，ロールズは，物的，金銭的資産のみならず，さまざまな才能をも含めてそれらの財が特定の個人に帰属するに至る歴史的，運命的なめぐり合わせを，道徳的見地から見れば単に〈恣意的（arbitrary）で不当なもの〉と考え，これらをあたかも社会全体の〈共有資産〉であるかのように語っている。両者の対立の根底にはこうした〈財の所有〉に関する考え方の大きな隔たりが存在することは確かである。しかしそれとともにノージックにおけるように〈制度的，積極的弱者救済策〉に対して強い〈抵抗感〉が示されることの背景には，古くから法学や哲学の領域のみならず基本的な道徳観（あるいは，常識）としても広く共有されてきた〈ある考え方〉が存在することも指摘されなければならないであろう。それは道徳的義務をその性格の上から２つの種類（以下に見るように「消極的義務」と「積極的義務」等として）に分類しようとする考え方にほかならない。

　私たちは先に引用したノージックの言葉の中にもそれを見て取ることがきる。ノージックが「友愛」を制度的に実現しようとするような国家の在り方を批判する重要なポイントは，そうした「拡張国家」が「特定のことを行うように強制されないという人々の権利」を侵害するものである点にある。自由至上主義のノージックといえども，決して社会的弱者に対する援助や救済を不要であると考えているわけではない。むしろその必要を認めつつノージックは，それらがあくまで〈ヴォランタリーな相互扶助〉や〈慈善〉を通じて行われるべきものであり，「正義」の名の下に制度的に強制されるようなことがあってはならないと考えるのである。ここには他者に対する危害，契約の不履行，財産権の侵害など社会の存立そのものを脅かしかねない価値の侵害に対しては法的強制力をもって厳しく規制することが必要であり，またそのことが道徳的にも是認される（他者危害の禁止等……不作為〈～してはならない〉と命ずるもの→消極的義務）が，それ以上の積極的価値の実現（他者の幸福への配慮等……作為〈～をすべきだ〉と命ずるもの→積極的義務）に関しては，あくまで個人の裁量に任されねばならず，これを法的，制度的に強制することはできないという考え方が暗黙の内に働いていると見ることができるのである。

　こうした〈義務の二分法〉は，ヨーロッパにおいてはすでに古代ストア派以

来，その意味や呼称を変えながら連綿と受け継がれてきたものであり，今日私たちが貧困や飢餓等で苦しむ人々を目の当たりにして，強い同情を感じ，援助や救済の必要を認めながらも，それが当然の〈権利〉として要求されるような場面に直面する場合には，何か割り切れぬような〈違和感〉を感じずにはいられないということのうちにもその名残を見て取ることができよう。

このように考えれば，ロールズに対するノージックの批判も，必ずしも非情で，利己的な〈強者の論理〉とばかり見なすわけにはいかないことになるのである。しかし，ではいかなる〈制度的な財の再分配〉もなしに，ただ〈ヴォランタリーな相互扶助〉や〈慈善〉のみによって社会的な弱者に対する援助や救済がなされうるかといえば，それはきわめて困難といわねばならないであろう。ノージックの考える国家像に最も近く，先進国中では極端に〈小さな政府〉であるアメリカ合衆国においてすら，メディケア（高齢者公的医療保険），メディケイド（低所得者・身体障害者公的医療保険）等の社会的弱者に対する最小限の制度的救済策を設けており，歴史的にもイギリスの〈救貧法〉をも含め，なんらかの形で富裕層から貧困層への財の移転（再分配）を制度的に義務づけることのないような統治機構を見出すことは困難といってよいからである。

はたしてロールズとノージック，この両者の対立を超える視点，すなわち個人の権利を尊重しつつ，また同時に，行き過ぎた格差を是正し，社会的弱者の制度的救済ができるような視点を獲得することは可能であろうか。

このように問う私たちにとって一つの手がかりとなることは，互いに対立し合うロールズとノージック，両者が共にそれぞれにおける〈個人の不可侵〉という視点の原点としてI. カント（1724-1804）の「人間の尊厳」をめぐる思想を取り上げ，中でも特に，人間を「目的自体そのもの」として尊重しなければならないと説いたカントの考え方を共に自らの立場として引き継ごうとしている点である。個人の侵すべからざる権利の確保を，「正義の原理」に基づいて制度的，積極的に実現しようとするロールズと，いかなる場合においても個人は他の目的達成のための手段として利用されてはならないとして，不正義の排除という消極的義務の遂行を超えたいかなる制度的，積極的社会政策に対しても反対するノージック，実は対立し合うこの両者の立場に相当する考え方を私たちは共にカントの社会哲学，特に道徳的義務としての「公民的状態」（強制

力をもった実定的法秩序としての）の確立と幸福への配慮をめぐる議論の内に見て取ることができる。そこで以下では最も洗練されたかたちで社会契約論を展開したことでも知られるカントにおいて，人間を「目的自体そのもの」として尊重するとはどのようなことを意味しているのか，またその道徳的，制度的実現をめぐる〈二つの義務〉の関係に焦点を当て，その思想の中に〈共同社会における個人の責務と自由〉について考える手がかりを探ってみたい。

3 国家は国民の「幸福」を約束するものではない
―カントにおける法秩序の形成と「幸福」をめぐる問題―

　人間は他の人々と避けがたく共存していかざるをえない以上，不当な侵害から〈自らのもの〉（生命，財産，そして自由）を守るためにも，共同の利害の下に「合意」を形成し，「公民的状態」の確立へと向かわなければならない。こうした「合意」を通じて「国民自身が自らを国家へと構成する行為」をカントは「根源的契約」[3]と呼ぶ。この契約を通じて「公共体（＝国家）」の成員となることで，国民はその「野蛮で無法則な自由」を全面的に放棄し，その代わりに法的状態において「市民的自由」を獲得することになるのである。

　このようにして形成される共同体が各人の同意に基づくものである以上，「法の普遍的原理」[4]の下で公法に従うことは〈自由〉を意味する。そして「立法権」「執行権」「司法権」の三権の統一による法秩序の確立の内に「国家の安寧」（das Heil des Staats）が成り立つことになる。ここで注目すべきことは，「安寧」という言葉が，国民の〈幸福〉を意味するものではないことをカントが強調している点である。

　「そうではなく，この言葉によって意味されているものは，当の体制が，法の諸原理と最高度に合致している状態なのであり，そういう状態に向かって努力するよう理性は定言的命法[5]を通じてわれわれを拘束しているのである」（カント，邦訳1972，p. 456）。

　カントは国家が国民の〈幸福〉を約束する（国民に〈幸福〉とは何かを示し，その実現へと導く）ものではないこと，またあってはならないことを指摘する。

　「幸福の原理が国法においてもどのような悪を引き起こすかと言えば，それはこの原理が――仮令幸福の原理なるものを唱導する人が，如何に善意ある意

第12章　社会正義の実現と個人の自由をめぐる問題　**213**

見を持つにせよ——，道徳においてなすのと同様である。統治者は自分の考えだけに従って国民を幸福にしようとするから独裁者になるのである」（カント，邦訳1950，pp. 164-165）。

　カントにおいて「自然状態」から「公民的状態」への移行は道徳的に不可避のものとされる以上，「公民的状態」を確立し，各成員間の外的行為を規制，統制することは，道徳的価値の〈外的，制度的な実現〉という意味をももつことになる。しかしながらこれは，道徳的義務の一面の遂行にすぎない。というのは，カントもまた伝統に従い，道徳的義務に２つの区分を設け，上述の法的義務の実現とともに徳の義務の重要な働きについて語っているからである。

　〇カントにおける〈二つの義務〉の区分

　　完全義務……状況を問わずあらゆる場合に例外なく妥当する狭義の厳格な
　　　　義務。特定の権利・義務という形で行為を規定するもの（→法の義務）
　　不完全義務……権利・義務という形に対応するわけではなく，状況に応じ
　　　　て柔軟な適用の可能な功績的義務（→徳の義務）[6]

　法の義務の下では，自分の行為に対してどのような目的を立てるかはとりあえず各人の自由な意志に委ねられており，法の普遍的原理の下で各人の自由が共存しうることだけが問題となる。しかし道徳という観点においては，〈善き目的〉の実現が徳の義務として求められることになる。万人の自由が普遍的法則にしたがって共存しうるように外的に行為することを命ずる法の義務の下にあっては，自由を妨害し法を毀損する者に対しては，「外的な強制」を加えることが道徳的にも認められる。しかし，目的を立てることそのものについては「外的な強制」は不可能である。なぜなら，ある行為を人に強制することは可能であっても，その行為をその人自身の目的とするように強制することは不可能であるからである。つまり，人は自ら目的とすることなしには，いかなる目的ももつことはできない以上，徳の義務の遂行は，いかなる「外的な強制」にもよらず，ただ自らの内なる理性の命ずるところに従うこと（「自由な自己強制」）によってのみ可能となるのである。

　自らの内なる理性の命ずるところに，自ら従うという〈自律（Autonomie）〉という点に，無条件的な価値である「尊厳」を見出し，人間を「目的自体そのもの」と規定するカントは「人間一般（…人格の内なる人間性）を自らの目的と

214　第Ⅱ部　福祉の現状と課題

することこそ，それ自体において人間の義務である」として，徳の義務の〈内容〉を次のように規定している。

　　自分の完全性……自分の能力（自然素質）の陶冶→「自分に対する不完全義務」
　　他人の幸福……他の人々の幸福，したがってその人たちの倫理的に許容可能な限りでの目的を，自らの目的とすること→「他人に対する不完全義務」

　法の義務における場合とは異なり，自らの〈善き本分〉をつくすために，また〈他者の幸福〉に寄与するために，具体的に何を，また，どれだけのことをなすべきかを道徳法則は一義的に規定することはできない（ロールズにおけるように，「友愛」を制度的に実現することが原理的に困難であるのはそのためである）。したがって，法の義務が，人と人との関係を特定の権利・義務関係によって，外的に，いわば一義的にも規定しうるものであるのに対して，徳の義務にあっては，「誰に対して，何を，どこまでなすべきか」は，どこまでも個々人の判断に任されており，そこに認められる「活動の余地（latitudo）」ゆえに，徳の義務によって構成される人と人との関係は，いわば〈特定されざる関係〉という性格を有することになるのである。徳の義務の下での人と人との関係の在り方をカントは，ある人から受けた親切に対して，他の人に対して「同じような世話」をすることが返礼としての意味をもちうるような緩やかで，限定的でない広がりとして描き出している。実定法の下での契約関係に見られるように，法の義務によって構成されるものは，「権利」と「義務」によって規定される，特定の個人間の〈限定的な相互関係〉である。これに対し〈特定されざる〉徳の義務によって示唆されるものは，いわば直線的な相互関係を超えた，〈不特定〉の，それゆえにこそ，いわば〈無限の円環〉をなすような相互関係と見ることができる。

　カントは人間の道徳性がすべて法の義務だけに制限され，しかもこの義務が完璧に遂行されるとすれば，徳の義務などは〈どうでもよいもの（Adiaphora）〉となり，その方が世界一般の安寧（Wohl）にとっては好ましいのではないかと自らに問い，これに対し次のような興味深い答えを残している。

　「この場合にはやはり少なくとも，世界のある偉大なる道徳的装飾である人

間愛というものが欠けることになろう。ところがこの人間愛こそは，利益を勘定に入れなくとも，それだけで世界を一つの美しき道徳的全体としてその全く完全な姿で表現するのに必要とされるものである」（カント，邦訳1972, p. 624）

　この一節に示されているように，徳の義務の遂行を通じて私たちは，そのつど，自らの属する世界を〈一つの美しき道徳的全体〉として描き出しているのである。とすれば，法の義務に対する徳の義務の関係が，またその意義も明らかとなろう。すなわち「不完全義務」である徳の義務は，「完全義務」である法の義務に対して，具体的な権利・義務関係を規定する実定法秩序の確立と維持，さらにはその不断の改良がなされていく上で，そのつどの道徳的判断を通じ一つの〈世界像〉を提供することによって，〈より善き社会〉の構築に向け，いわばその〈土壌〉となり，また〈指針〉ともなりうるものと見ることができるのである[7]（その意味では〈慈善〉や〈ヴォランタリーな相互扶助〉は，ノージックの考えるように，制度的な社会政策と分けられるものではなく，むしろこれを支え，育てるためにも不可欠のものといえよう）。

　最高の統治形態を「最も快適な生活を確保する形態」ではなく，「市民にとって法が最大限保証されている形態」とするカントにとって，「公民的状態」によって確保されるべき「公共の福祉」とは，「法律によって全ての人に自由を保障するような法体制」に留まるものである。しかしまた一方で国家は，その成員がそれぞれの仕方で市民的自由を行使することによって自らの幸福を追求しうるための〈前提〉となる基礎的な条件整備を行う責務を負うものでもある。ゆえにカントも，政府には富裕層に対して，市民的自由の行使自体が困難な人々のための拠出を義務づける権能が賦与されている，として貧困者や孤児など社会的弱者の「生きる権利（das Recht zu leben）」に対する公共体の果たすべき役割について論じている。

　どのような形で，また，どこまでの醵出を行い，またそのための負担を誰がどのような形で負うことが正当と認められるか？

　この問題に対して，法的にも道徳的にも確定的な答えを与えることが困難なのは，具体的な権利・義務関係を規定する制度上の解決が求められている以上，そこには「生きる権利」の〈内容〉に関する規定（したがってまた，この「権利」に対応する「義務」の〈内容〉に関する規定）が不可欠となるからである。たしか

216　第Ⅱ部　福祉の現状と課題

に徳の義務の内容となる幸福像は，個々人がそれぞれの経験を通じてのみ形成しうるものである以上，具体的な権利・義務関係を「外的な強制力」をもって規定する法制度を確立していくためには，〈公共の福祉〉をめざす各成員間の徳義務の協働（いわば，相互の〈世界観〉の擦り合わせ）により，そのつど一定のコンセンサスをつくり上げ，これを不断に改良していくことが求められることはもとよりである。このように社会制度の不断の改良を求める〈共同の努力〉（その成果は，社会制度へと結実する）を根底において支えているものが，徳の義務，すなわち，道徳法則の下での「自由な自己強制」でもあるとすれば，私たちは「外的な強制力」をもつ法の義務に服するとともに，その向上と発展への積極的関与を，誰からも強制されることなく，自ら義務として引き受けなければならない，ということになるのである。

1）「功利主義」とは，人間のすべての行為は「快」を求め「苦痛」を避けようとする自然から与えられた傾向性によって説明可能であり，利害が及びうる人々の〈幸福の最大量〉の実現を，あらゆる人間の行為の唯一適切で普遍的な目的とする「最大幸福原理（the greatest happiness principle）」によって知られる考え方。その代表者としては，J. ベンサム（1748-1832）やJ. S. ミル（1806-1873）がいる。
2）社会契約論とは，国家という共同体が成立する以前に人々が自由で独立した生活を営んでいる状態（この状態を一般に「自然状態」と呼ぶ）を設定し，こうした状態において個人が避けがたく直面する不都合（利害の対立や生命・財産の危機等）を解消するために，人々が全員一致の合意である社会契約を媒介に共同体（→国家）を設立する，という構成をもち，この合意により個人は国家とその制定する実定法の支配下に置かれる代わりに，共同体の一員としての市民的自由や諸権利を獲得するという考え方。代表する思想家としては，J. ロック（1632-1704），J. J. ルソー（1712-1778），I. カント（1724-1805）等がいる。
3）ただし，カントにおいてはこの「契約」は，歴史的な事実ではなく，あくまでそれに従ってのみ国家の正当性が考えられうるような「理念」を意味するものである。その意味では，国家的な社会制度の〈中に〉くらす私たちは，常に，すでに「契約後の存在」ということになるかもしれない（『世界の名著32　カント』所収「人倫の形而上学」p. 453）。
4）「汝の意志の自由な行使が普遍的法則に従って，何人の自由とも両立し得るような仕方で外的に行為せよ」（カント，邦訳1972，p. 355）。
5）カントがその道徳哲学において示した道徳の最高原理。その範式の一つ「汝の人格の中にも他の全ての人の人格の中にもある人間性を，汝が常に同時に，目的として用い，決して単に手段としてのみ用いないように行為せよ」を，ロールズ，ノージック

第12章　社会正義の実現と個人の自由をめぐる問題　**217**

両者が引用している点は重要である。『世界の名著32　カント』所収「人倫の形而上学の基礎付け」pp. 266-274を参照。

6）遂行できなくとも責められることはないが，実現できれば功績となるような行為を命ずるもの。

7）S. V. プーフェンドルフ（1632-1694）は，道徳的義務を「完全義務」と「不完全義務」とに分け，前者が「社会の存在」のために奉仕するものであるのに対して，後者は「社会の善き存在」のために奉仕するものと規定している。

〔引用文献〕

カント，I.（1950）『啓蒙とは何か』（篠田英雄訳）岩波文庫

カント，I.（1972）『世界の名著32　カント』（野田又夫責任編集）中央公論社

ノージック，ロバート（1985）『アナーキー・国家・ユートピア―国家の正当性とその限界―（上・下）』（嶋津格訳）木鐸社

ミル，J. S.（1975）『世界の名著49　ベンサム，J. S. ミル』（関嘉彦責任編集）中公バックス

ロールズ，ジョン（1979）『正義論』（矢島鈞次監訳）紀伊国屋書店

ロールズ，ジョン（1979）分配における正義―若干の補遺―，『公正としての正義』（田中成明編訳）木鐸社

第Ⅲ部
希望のもてる社会をめざして
―3.11以降の社会と福祉―

▶ 「絆」現象を問い直す

岡野浩　今回，版を改めるにあたって，新たにみなさんとお話をする機会を
得ました。3.11以降の福祉をテーマにすることの意味ですが，あのような非
常に大きな出来事があると，それを通じて私たちがくらしている社会，あるい
は人と人とのかかわり方のありようが，拡大鏡のようにデフォルメされて表れ
てくることがあると思います。大変な騒ぎの中で，たくさんの人がいろいろな
ことを思って，危機感をもっていろいろな行動をしていくわけです。その中で，
被災地の問題が他人事ではないという意識もそのときには共有されたような気
がします。直接被害は受けていない，直接自分の身内があああした惨状の中に身
を置いていない人にとっても，じっとしていられないような，とても大きな出
来事でした。そういう思いは，当時かなり共有されたのではないでしょうか。

　今はだいぶ月日が経って，そのときの気持ちは後退しているようなところが
ありますが，そのときに感じられた，ある種自分たちがその中にいるという社
会のありようをもう一度なんとかつかみ直さなければいけないという意識が非
常に強く共有された気がしています。

　具体的な出来事として，「何を」と言うのはなかなか難しいのですが，最も
強く印象に残ったのは，自分たちが住んでいる社会のつながりをもう一度なん
とかつかみ直そうという非常に切迫した思いです。社会の形をとらえ直すとい
う意識がいろいろな形で表れてきたと思います。

　あのときに強く言われた「絆」という言葉に対していろいろな印象をもたれ
た方がいると思います。まず酒井先生に伺いたいのですが，「絆」という言葉
の印象，あるいはそれの意味するものはいかがでしょうか。

酒井潔　その前に，社会におけるつながりをもう一度つかみ直そうとする切
迫した意識といいますが，はたしてどれだけの人がそういう意識をもっていた
でしょうか。私は必ずしも楽観していなくて，それらの多くの場合はかけ声で

終わっていたのではないでしょうか。それを持続的な課題として，あるいは自分の意思としてもっている人は，むしろ少ないのではないかと，やや悲観的に思っています。

今の岡野先生の問題提起ですが，「絆」というのは非常に美しい言葉ですが，これはメディアから来たようなところもあるかと思います。「絆」はもちろん，いい言葉であるということには誰も反対しないと思いますが，3.11が起きたとき，人々は帰宅ができなくて，みんな家族と連絡を取り合った。改めて家族との絆，離れたところにいる肉親との絆の大切さを改めて確認した。そういう文脈でやや情緒的に語られたのではないかと思います。

私が関心をもっている家族福祉の観点から申しますと，できあがった絆のある人にとっての「絆をもう一度」ということを繰り返し言っているに過ぎないのです。3.11のときに，確認すべき絆のない人たち，たとえば単身家庭の人たちはどうだったのか。もっと言えば，望まない理由で路上生活をしている人たち，つまり帰るべき物理的な家さえもない，その人たちはどうだったのか。ましてや，ケータイなどで連絡を取り合う相手もいない，帰宅したいと思っても帰るところもない，そういう人たちはどうだったのか。そういう問題はまったく忘れ去られていた。非常に偏った場面で「絆」という言葉が使われていたと思います。

私はむしろ「連帯」という言葉のほうがふさわしかったと思います。たとえば，3.11後，思いもかけなかったような人から連絡が入ってきました。あるドイツの友人はギムナジウム[1]の教員をしているのですが，そこで生徒たちがチャリティコンサートを開いてお金を集めたので送りたい，と言ってくれました。それは「絆」というより，むしろ「連帯」だと思います。遠い日本の人たちの痛みを自分たちの痛みとして，自分たちに何ができるか。「自分にはこういう絆がある」「自分にはこういう家族がいる」ということではなく，「家族もいない」「知り合いもいない」，でも，遠いところの人たちが苦しんでいる痛みは自分のものでもある。そういう連帯です。

一方，私がちょっと危惧するのは，TwitterとかFacebookなどのSNSでつながって，ボランティアの呼びかけなどには，どんどん人が立ち上がってくる。これはある意味では連帯のきっかけになりうるかもしれないけれども，自分と

第Ⅲ部　希望のもてる社会をめざして　221

違う考えの人に対してはどうか。すぐ炎上します。意見の違う人に対しては呵責ない攻撃が加えられる。ですから，自分と違う価値観や好みを認めることが「連帯」だと思います。自分の仲間内だけで集まろうとか，自分と趣味や思想がいっしょの人たちだけで何か勢いをつける。そういうものは，かえって新しい差別化をつくると思います。

そういう意味でも，3.11で見られた擬似「絆」現象には，私もいろいろなことを考えさせられました。何よりも，私たちの意識が，異なった意見，異なった価値観，あるいは異なったライフスタイルに対したときはどうなのか。その点では，16世紀，17世紀に「寛容」という精神がいわれたときから，状況はまったく変わっていない。寛容ということは非常に大事だと思っています。

▶ 二極化する社会の中で

大迫正晴　今，酒井先生から，寛容，あるいは社会の「包摂」の芽生えみたいなものもある一方で，包摂できないものに対してはどうなのか，というご意見がありました。ホームレスの人たちは，仕事がない，住宅，あるいはその住宅を借りるだけのストックがない。それを相談できるかかわりがない。そういう状況にホームレスの人たちはいます。一方，今回の被災者の人たちも，一瞬で雇用を失ってしまった。あるいは，住宅やストックを一気に失ってしまった。親族を失ったり，関係を失ったりして孤立してしまう。そうした意味では，被災者の人たちもホームレスの人たちも同じ状況です。このように学生たちに投げかけると，みんな，とても混乱します。同じではないと主張する人たちが必ずいます。

被災者など自分たちの理解できるものに対しては限りなくやさしくなれる。でも，自分たちの想像が及ばない，理解ができない，たとえばホームレスの人たちに対しては厳しくなる。ホームレスの人は仕事を好き勝手に辞めたからではないか。あるいは，母子世帯は貧困だというけれども，勝手に離婚したからではないか。あるいは，児童養護施設に子どもが預けられるのは，親の責任。そういう，「自己責任」を追及できると考える人たちには徹底して追及する。そのへんが今回3.11ではっきり見えてきたのではないかと感じています。

酒井　「自己責任」という感覚の源には，もしかしたら儒教的な要素もある

かもしれません。

大迫　3.11みたいな出来事が起こったときに，日本人の中にある「因果応報」「自業自得」の情念と，「自己責任」という言葉が一致して表出したということではないでしょうか。

生活保護に関して言うと，法的に問題はなくとも，不正だと1回レッテルを張られたら，徹底して叩かれてしまう。それは，生活に困窮するということがどういう状況かということを想像したり理解したりするようなプロセスが構築できていないからだと考えられます。ある意味での二極化が，3.11以降の社会全体に共有されてしまったのではないでしょうか。

年収2000万円以上の人たちは増え，200万円以下の人たちも増え，その中間層は減ってきていますから，貧しい者はより貧困に，豊かなものはより豊かにという，すべてが二極構造化していくような社会へ突入したことが背景にあって生み出されてきているとも考えられます。

岡野　自分が理解できるものに対して非常に情感を込め，傾斜し，共感したり同情したりする傾向が強くなることと同時に，理解のできないもの，自分たちの尺度の中ではマイナスに属するようなものに対しては非常に厳しくなって酷になる。その二極構造はたしかにいろいろな面で出てきている気がします。

税の問題を学生と考えるときに，「応能負担」と「応益負担」という話が大枠として出てきます。学生に意見を聞きますと，ギブアンドテイクのサービスの提供ということで，応益負担は非常に理解がしやすいのです。しかし，応能負担については理解を得にくい。拠出した分が，なんらかの理由で自分の生活を支えることができない人の生活や医療を補助することに使われる。その，「なんらかの理由で自分の生活を支えられない」ということが理解できないのです。そして，生活保護の違法請求とか社会の一部で起きたことを拡大して，糾弾型の価値づけというか，排除が非常に強く働くような気がします。インターネットを見ていると，それが増幅されて共有されるようなことが起きやすい気がします。

一方で，「絆」という言葉で示されるような，ある種漠然とした，情感的な傾斜が非常に強く語られると，同時に他方では，非常に冷たいというか，厳しい排除が行われている。そういう面はたしかに見て取れます。

第Ⅲ部　希望のもてる社会をめざして　**223**

酒井　「絆」という言葉が使われたとき，哲学の言葉で言えば，それは一種の「還元」[2]がなされた「絆」なのです。つまり，「絆」といっても，実際にはいろいろな「絆」があるはずなのに，いわゆる標準的で想定可能な「絆」でしかないので，想定外の「絆」に対しては拒否感をもつ。そういうところがかえって強く出てきているのではないかというご意見ですね。

　大迫　ホームレスの人たちは，日頃インスタントラーメンを1個買って，それを昼食べて，夜はその汁でご飯を炊いて食べている人が少なくありません。しかし，3.11のとき，一般の人たちが非常食として買い占めをしたことによって，ホームレスの人たちには一つも手に入らなくなり，非常に困ってしまったといいます。でも，コンビニやスーパーに1個のラーメンを求めて並ぶホームレスの人たちを尻目に，お金がある人は次々に箱買いして持ち帰る。自分がよければそれでよく，目の前の困っている人には思いいたさない。そういうようなことがあらゆるところで当たり前になり，普遍化していったということなのでしょうね。

▶ 「自己責任」の行方

　池上千寿子　「自己責任」や「自己決定」は，この5年間，特に気になっている言葉の一つです。HIV関係では，これは30年前からいわれてきていて，血液感染の人はお気の毒，理解できる，なんとかしなければいけない。でも，性感染の人は自己責任，あんたの勝手でしょう，サポートなどする必要はない。「いい患者」「悪い患者」というような言い方で分断されてきたということがありました。それが少し緩和されてきたかなと思ったのですが，やはりここにきて，自己責任だし自己決定の問題ではないか，ということになってきました。

　でも，私たちが「性感染の予防行動を取るのがなぜ難しいか」ということを調査したときに見えてきたものは，自己決定ができているようでできていないということです。自己決定できるほど，私たちは本当に自立しているのでしょうか。私たちが「自分で決めた」と思っていることも，実は，ジェンダーや社会の価値観，環境などから影響を受けているわけです。

　そういう意味では，「自己決定」という言葉が広く使われるようになってきましたが，「自己決定とは何か」というところも今問われているでしょう。関

係性の中で，社会の存在としてあなたは決めているよね。その中であなたが責任を取れるのはどこですか，と言えば，実は，きわめて限られています。

3.11は，人は一人では生きられない，懸命に逃れた先でたまたまいっしょになった人たちとの「何か」がいかに大事かということを見せてくれたのだと思います。バーッと大変な勢いで何もかもが流れていく映像をみんなで見てしまったわけでしょう。そういう中で出てきた「絆」という言葉に対して，「家族の」と付いてしまうからうさん臭いものを感じたけれども，新たなつながり，遠くの家族より近くの他人，要するにそういう人のつながりという意味を見せてくれました。

新しい連帯というか，古い形を超えた「家族の多様性」とか，「性の多様性」とか，いろいろな「多様性」が存在することが重要だということは広がったのではないでしょうか。「ダイバーシティ（diversity）」とみんな言うでしょう。それを，ちゃんと先につながるものにしていかなければいけないのではないか，という気がします。

酒井　私も池上先生と同じ考えです。すべての場合についてきちんと主体的に判断し，何がベストかを他に影響されず自ら決定できる。つまり，主体的に物事を考え，自主的に行動できる人間になりなさい，と言われます。近代の哲学，特にデカルトやロックやカントの哲学は「自我」とか「個人」という考えです。つまり，独立していて，自己同一性をもっていて，自発性をもつ。そういうものが近代の民主主義社会，あるいは資本主義社会の単位となるわけです。

しかし，それは現実に合っていない。それらは近代の西洋から輸入された概念です。ヨーロッパでも，300年も経った'individual'という概念は金属疲労を起こしているのです。ましてや，私たちはまったく異なった歴史や思想，文化であるにもかかわらず，そういう宙に浮いたものをドグマチックに受け取ってきたわけです。だから，ずれがあって当然なのです。

もとへ戻りますと，誰も，いろいろなオルタナティブの中からベストな選択を主体的に実行することはできない。だから，できなかったとはいえ，おまえが全部悪いのだ，とすることは実態に合わないのです。福祉というものを，「私たちは自分で自分のことを主体的に判断し決定していく個人である」，そういうところから出発すると，一部の人たちからは，特に経済が悪くなってくる

と，自分のこともろくにできないようなやつをなぜおれたちが救わなければいけないのか，そういう議論が出てくるのです。

池上 「自己責任だから面倒を見なくてもいい」とするのなら，「病気は全部自業自得，自分がまいた種が自分に影響を及ぼしているのだから，医療のない社会でいいのですね」と言うと，たいていの人は「えっ，それは困る」と言います。医療は専門的な医療職の支えとケア，要するに周りの人たちの手当てで成り立つ。それはほかの福祉にも同じように当てはめられるでしょう。だから，生活保護はいらない，あんなのは自己責任だから放っておけ，と言うけれども，それと同じ理屈で言えば医療もいらなくなるよと言うと，それは困ると言いますね。

▶ 抱え込む家族

酒井 これは私の見解ですが，日本の社会は「何が善で何が悪か」「何が正義で何が不正であるか」よりは，「何が美しいか，美しくないか」。何がかっこよくて，かっこ悪いか。だから，病気にも「かっこいい病気」と「かっこ悪い病気」があって，かっこいい病気にはみんなワーッと行くけれども，かっこ悪い病気には見て見ぬふりをする。

池上 HIVへの差別に対して，日本とアメリカとで違うと思ったのは，家族の問題です。アメリカでよく見聞したのは，ゲイでHIVだというと，家族が追い出してしまうのです。でも，日本はセクシュアリティについてもそうですが，HIVについても本人がまず親に隠すのです。親に心配をかけたくない，迷惑をかけたくない。でも，けっきょく告知をする。そのときに，今度は家族が抱え込んでしまうのです。そうなると，「家族対社会」になってしまいます。だから，家族への告知をどうしたらいいのかということを本人がたいへん悩んでいるのです。このあたりは，ああ，日本的だなという感じがしました。

酒井 障害をもっている人の家族もそうですね。

池上 家族がそれをもってアイデンティティとする，みたいな。

大迫 家族の中に抱え込むことから，抱えきれない現実と直面せざるをえず，次のレベルに行かざるをえない現実があります。

小野昌彦 障害者の場合，障害者総合支援法ができました。その中でいろい

ろ練り直しがあって，最初は障害程度区分だったのですが，いろいろ批判が出てきて，けっきょく障害支援区分ということで，障害の多様な特性や心身の状態に合わせたサービスという流れに変わってきています。

大迫　ホームレスの問題でも，北九州などはホームレスの人たちについて知的障害の調査を行ったのです。そこでは，施設に入った人の5割が軽度の知的障害，あるいは精神，または発達障害という判定結果でした。北九州では逆に，それを突破口にしていこう，障害を表に出して制度を使っていこう，という動きが出てきています。

小野　家族が抱え込むということで言うと，日本の場合は不登校の問題を全部家族が抱え込むのです。一番大変なのは，不登校になってしまったことへの対応法というか，家族の問題を変えてもらおうとすると，すごく抵抗を受けるのです。

酒井　その問題に絡んでいるかもしれませんが，日本の社会は子どもを自分の持ち物と見る意識が，他の文化に比べて強いのではないでしょうか。だから，逆にいじめとか子どもの虐待がその負の面，ねじれとして出てくるのではないかという気がします。

大迫　私は障害者のお母さんと接する機会が多いのですが，「障害をもつ子どもを生んでしまった自分の責任」ということを言われますね。親からも夫からも暗黙裡に責められ，夫の家族からは「うちにはそういう人はいなかった」と言われる。だから，この子は自分が守らなければいけない。「自分のもの」というよりも，「自分が守らなければいけない」というところからスタートしたお母さんたちが多いですね。今回の総合支援法ではずいぶん変わってきましたから，そういう制度を積極的に利用してほしいですね。

池上　「子どもは自分のもの」というのは日本の伝統的な感じ方ではないと思います。「授かりもの」という言葉がありますでしょう。

酒井　でも，自分の子どもはかわいがるけれども，他人の子どもはかわいがらない。

池上　私もそれは感じますけど，実はそれはきわめて新しいことだろうと思います。日本の歴史の中の親子関係を見ていると，けっしてそうではない。特に，母親が「母子密着」とよくいわれるじゃないですか。何か問題があると，

第Ⅲ部　希望のもてる社会をめざして　227

母子密着が原因にされたりする。では，母子密着の背景にあるものは何かというと，夫婦間でも，子どもを生んだら「お母さん」としか認められないというか，「お母さん」としてしか居場所がないことです。そういう意味でも，からめ取られた関係の中で，個がいじめられて責任をもたされるのはとてもいやだなと感じます。

　岡野　やはりいろいろなものが混じり合った中で，日本は近代的な個人像を取り入れて付け焼き刃で使っているわけです。

　池上　ちょっと無理がありますよね。

▶ 家族関係は，今

　岡野　それと，私たちがイメージする「お父さんとお母さんと子ども」という家族像は，そんなに古いものではないですよね。核家族は現代の家族像です。「男性がサラリーマンで働いて，お母さんは専業主婦」という家族像は，戦後，高度経済成長期に浸透していったわけです。

　子どもは生むものか，授かりものかというのは根源的なお話で，授かりものといったのは，かつて関係性が地域社会にも開かれていて，職業ともかかわっていたころの話です。それが壊されてしまって，近代の閉じた個人家族ができていく。その中で，子どもは自分の家族の中に「帰属するもの」として考えるようになって，さらにはお母さんがすべて引き受けて守るという形で，そのことがマイナスの結果も生んでしまうところがある。不登校の問題や，発達障害がすごく増えたとかいわれていますが，そのことと家庭の在り方はかなり密接に関係しているのではないでしょうか。

　小野　たとえばですが，お母さんは家にいて，中3の子どもが9時半に盛り場に行くというのを容認して，担任の先生に，うちの子どもは出ていったのですと言う。でも，親を責めたと言われてしまうので，学校の先生はその保護者に注意できないのです。では，どうすればいいか。教えればいいのです。こうやって褒めたほうがいいとか，子どもとかかわるスキルを身につけるしか解決法はないのです。でも，今，そのスキルを学べる場がなくなってきているのが問題なのです。

　酒井　学校や行政が分厚くカバーしていても，一方で家族の関係性でいろい

228

ろ難しいことがあるわけですね。子どもは親の持ち物ではなくて社会全体で育てる。子どもが一番影響を受けるのは社会だと思います。不登校の問題も，親の権利とかが問題をややこしくしているので，とにかく子どもは社会の持ち物であると考える。

　プラトンが『国家』篇で言っていることですが，子どもは健康な男女がいっしょにいる中から生まれてくる。だから，子どもは誰が親で，誰の子どもかということはあまり大事なことではない。そうして生まれた子どもを共同体全体の財産としてみんなで育てるのが理想国家だというわけです。しかし，実際は，親が「子どもは社会全体で見ていこう」とはなかなか言えないですよね。だから，子どもと親と先生が三すくみの中で苦労しているのだと思います。

　小野　私の個人的な意見ですけれども，少年院へ行った子どもを見ていると，親でなくてもいいのですが，誰か1人，本当に真剣にその子のことを考えてくれる人が必要だと思います。実を言うと，それは誰でもいいのです。いじめによる自殺などを見ていても，誰でもいい，とにかく1人，本当に親身に考えてくれる人がそばにいたら，と思います。

　池上　私は，里親制度が日本に根づかないのはとても問題だと思っています。学校の先生は30人か40人の子を相手にしているわけでしょう。全員を平等に親身に考えるなんて，無理ですよ。そこまで求めたらパンクする。生めば自然に親になれるわけではない一方で，親になれない人たちがいて，今この子がいる環境は適切ではないと判断したら，里親のもとにアレンジする。そういうことができるシステムがあれば全然違ってくる。でも，日本は里親制度が根づいていませんね。家族の在り方は生物学的な父母が親でなくてもいいということを，もっと広く理解してもらいたいと思います。

　岡野　以前，非常に熱心な養護施設の映像を見たのですが，そこで育ったお子さんたちが社会に出て，いきいきと活動されていました。そのお子さんたちは，初対面の人たちから，「とてもいいご家庭で育ったのでしょうね」と言われる，と語っていました。そこの施設では，とても熱心で，きめ細かで愛情豊かな環境がつくられていたのだと思います。だから，必ずしも生みの父，生みの母がベストであるわけではない。

第Ⅲ部　希望のもてる社会をめざして　**229**

▶ 家庭から地域へ，地域から社会全体へ

　小野　2007年にユニセフが発表した世界の子どもの幸福度に関する調査では，「自分は孤独だ」と感じている子が，西欧の主な国では10％未満なのに，日本は29.8％と飛び抜けて高かったのです。世界の中で寂しいと思っている子どもの割合が一番高いのは日本なのです。これは厳然たる事実です。最も低いオランダでは2.9％でした。親戚でも地域の人でも，誰でも子どもの面倒を見なければいけないということがオランダではあるみたいなのです。

　ところが，日本の場合はそういうことが薄まって，かつ都市政策でベッドタウンというか，街と学校と病院しかないみたいな不自然な街をつくります。だから，誰もいないのです。おじいちゃん，おばあちゃんはいない。公園も何もない。本当にベッドタウン，帰ってきて寝るだけ。だから，注意する人は誰もいない。必要なものはあるけれども，子どもを見てくれる人はいない。

　池上　家族がいても孤食しているでしょう。独りでご飯を食べている。塾の往復の電車の中でパンを食べて終わりとか，あれをやっていたら，家族がいても寂しいですね。

　小野　いても孤独ですよね。

　池上　家族がいても，生存させてくれているだけでは，つながっているとはいえないでしょう。

　酒井　そういう家は多いです。これからは，社会で子どもを育てていくという発想にしていかないと，なかなか難しいと思います。

　池上　高齢者についても，地域医療とか家族に戻せとか言っているけれども，これは絶対に無理。私の個人的なことですが，母の介護をやってみて，とことん無理だということがわかりました。ベッドがあっても，スタッフ，つまり人がいないのです。みんなが高齢化していったときに，誰も何もやってくれない。それで家族に戻そうなんて，それはまったく無理です。捨てられるという感じしかしないのです。なんとかしなければならない。

　岡野　それは，基本的には財政の問題から起こったわけです。施設介護の費用と家庭介護の費用を考えて，施設介護の場合には一定のサービスは削りようがなく設定されてしまうから，そこからお金も試算される。日本の経済はとてもそれに耐えられない。ならば家庭で。家庭の場合は訪問介護，訪問医療とい

う形になってくる。しかし，それで24時間カバーできるかというと，それをカバーできる介護保険ではない。では，どうするか。まったく方策がないのです。

　地域で高齢者を見るといっても，まったく知らない家族同士が孤立した家庭をつくっていったニュータウンで，いまさらお互いを訪問し合って，時間を融通し合って気にするということができるかというと，それも困難だという状況です。

　小野　今，学校でも「インクルーシブ教育システム」ということがいわれていますが，個別支援をできる人がいないのです。障害をもっている子どもを通常の学校に入れるといっても，できる人がいないのだから，まず予算をつけて，人をちゃんと育てて，それから受け入れないと大変なことになってしまいます。教育に関しては，家族代わりのきめ細かなことができる先生はまだいないのです。施設の職員の方々はされている場合もありますけれど。

　大迫　発達障害などでも，薬を出しただけで終わりにすると，その人の生活や状況についての理解がそこで止まってしまうじゃないですか。その生活状況の中でかかわり方ややり方を変えることで，その人が生きられたりするのだということが少しずつ広がってきているし，周りにいる人たちもそれがわかってきているのだと思います。

　今までの，医療や学校だけにお任せしている状況から，地域全体，社会全体へと少しずつ広げていく。それは酒井先生がおっしゃった，社会全体の責任としてもう一回動くチャンスなのではないでしょうか。私たち専門職は，家族が行っている介護レベルには到達できないところがあります。しかし，家族が気がつかないところで，さまざまな提案や変化をもたらすことはできると考えています。制度が広がっていく中で，有効に制度を活用していく人が増えていることも事実です。

　池上　日本は世界の先陣を切って高齢化社会へ来ているわけじゃないですか。これはすごい学びのチャンスというか，変えるチャンスです。HIVもそうですが，今，医療は技術的にものすごく進歩していて，たいていの急性の疾患は治ってしまう。あと残るものは，慢性と難病です。みんな病を抱えながら生きることが当たり前になってきているので，最後まで健康に生きるということを現実問題として多数の人が模索しはじめています。

第Ⅲ部　希望のもてる社会をめざして　231

行政に任せておいても，ベッドはあるけれども人がいない。では，どういうふうに人を育てたらいいのか。これはモデルがないから，日本がモデルになるしかないのです。これはすばらしいチャンスです。介護や子育てについても，同じ発想でできるんじゃないですか。

　小野　地域で共同体をつくるということですね。成功している例として，大分県の豊後高田市というところがあります。そこは学力が大分県の中でワースト１だったので，なんとかしなければいけないということでひねり出した案が，安心して子育てができるまちにしよう，ということでした。それでどうしたかというと，市民ボランティアを募ったのです。たとえば音楽をやっていた先生で退職した方がピアノ講座をやります。算数を教えるために校長先生が来てくれて算数講座をやる。そこのいろいろなボランティアで，自分の子どもの弱点を補う。そうすると，市民ボランティアでいろいろな人が助け合うことになって，今，人口が増えています。あそこなら安心して子どもを育てられると，若い世代が来ています。

▶ 草の根から進む「共生」

　岡野　鈴木公基先生がおっしゃっていたのですが，「社会全体」というと途方もなく大きくて，人間の尺度を超えてしまっているところがあって抽象化してしまうわけです。抽象化したものに対して，人間はあまり責任をもてない。だから，自分の身の回りで気がついたことにかかわっていくことで，閉じた家庭の殻が少しずつ開いて，苦しい中で閉じこもっていた子どもたちを少しずつ外に出してかかわっていくことができれば，社会とのつながりがしっかりできて，その子もしっかりと結ばれる。そういう心根がお子さんに対しても，ご老人の介護に対してもできれば，そういうものが本当の意味での「連帯」になっていって，そういうネットワークができていけば非常にいいと思います。

　夜中までうろついていたために子どもが被害に遭った事件では，ネット上で，親は何をやっているのだという厳しい批判がありました。子どもが夜遊びにいくのに，その親御さんは直接何も言えなかったようです。でも，その親御さんもいきなりそうなったわけではなくて，その親御さんが親になっていく中で孤立していくというプロセスがあったわけです。自分で選んで，頑なで閉じた無

232

責任な親になったかというと，けっしてそうとも言い切れないわけです。だから，具体的な場面でそういうふうにしていた枠組みを少しずつ溶かしていくような働きかけをしていくしかないということですね。

　小野　そういうことを家でやれないのなら，学校のカリキュラムに入れてやる。それぐらい大きいことをやらないと，また今言われたような事例が出てくると思います。

　岡野　笑い話で，今の学生はしょうがない，大学で学生のレベルが下がったという話が出ると，今度は高校にいくわけです。高校でしっかりやってくれていないと大学の教員は言うけれども，高校に行くと，今度は中学でしっかり学ぶ姿勢をつくっていないと言います。そうすると，中学では，小学校で学校へ行って勉強するという形をつくっていない。小学校へ行くと，幼稚園・保育所で集団でおとなしく言うことを聞いて課題をこなすことができていない。ずっと先送りしていって，最後は家庭教育だというのですが，その家庭教育が今言ったような問題を抱えてしまっているわけです。孤立した家族が十分に機能を果たせなくなっている。それを改善するには具体的な目の前の一つひとつのことをやっていくしかないのではないかという気がします。

　小野　中途半端なのです。家族の機能を取り戻させる方向に行くのか。それとも，家族をやめて，個々の教育でやるか。ちょうどその移行期で中途半端になっているのです，今の日本は。

　池上　選択は，ＡかＢかではなく，多様であっていいと思います。いろいろ包摂していくということもありだと思います。たとえば，地域の子どもたちや老人が，自分の特技を生かしていっしょにワイワイできる，大きな意味での「塾」みたいなものをどんどん育てていく。学校は学校，家庭は家庭で，やれる範囲のところはそれぞれそれなりに努力してやるけれど，でもいろんな「塾」もある。草の根の活動の中でその可能性が見えてきているのではないかという気がします。

▶ 寛容であるということ

　酒井　3.11以降，ある意味非常に情緒化して物事が語られています。もちろん，ポジティブな面もいろいろあるでしょう。しかし，情緒的に「人にやさ

第Ⅲ部　希望のもてる社会をめざして　233

しく」とか「癒し」とか，いろいろな人と仲良くやろうとか，考え方を受け入れよう，多様な生き方を認めようといわれていますが，そもそも寛容（toleration）という言葉は，特に17世紀に重要となった言葉です。非常に宗教対立が厳しくて，お互いに迫害したり殺し合ったりした，そういうときに出てきた言葉です。自分の宗教や価値観とは違うものを受け入れるというのは，ある意味の痛みを伴います。正直，いやなものです。でも，それを忍耐して受け入れる。それが「寛容」ということなのです。

　自分の考え方と違うから，正直，ちょっといやだ。でも，そこは我慢してつきあう。自分の耳には聞こえがよくないことでも，我慢して「いっしょに」と私たちが思えるのは，それが「正しいこと」だからです。聞き心地のいいもの，見てくれのいいものではなくて，「正しいもの」は何なのかを見ようというわけです。それにはお互いに我慢して譲り合うということも大事なのです。だから，当たり前のことかもしれませんが，「我慢」がキーワードになるでしょう。一種の忍耐を伴った「寛容」になると，今先生方がおっしゃったこともさらに動き出すのではないかという気がします。今の世の中には，「癒し」とか「やさしさ」だけではなくて，「我慢」も大切だという気がしています。

　小野　短期的な幸せというか，その場の欲求充足もありますけれども，長い目で見た幸せを考えれば，今だけちょっと我慢しなければいけない，でも，将来的にはこういうメリットがある。そういう考え方が必要になってきています。

　2010年に，文部科学省が「生徒指導提要」という生徒指導の基本方針を出しました。その中に，今酒井先生がおっしゃったことと重なると思うのですが，文科省の言い方では，子どもたちはこれからの国家をつくっていく担い手だというのです。いい国家をつくっていくためには寛容さを身につけなければいけない。だから，いやなことがあっても議論してちゃんとまとめていく。そういう国家をつくっていく形成者の一人として自覚をもつ。こういう表現で，今言ったみたいな，自分のわがまま以外のものを受け入れなさいということを示していて，それが徐々に浸透中です。

　大迫　よく「障害受容」とか「疾病受容」という言い方をしますね。これは個人の中のダイバーシティですね。個人のレベルのダイバーシティをどう支えていくのかというプロセスが一つあります。それから，その周辺の家族，先ほ

ど家族が抱え込んでしまうというところで，開いても大丈夫だという安心感も含めて提供していけるようにする。開いていくのにはエネルギーがいるから，そこをどうチャレンジできるようにするか。

　家族の中でのダイバーシティ，その次のレベルがコミュニティ，それから，行政レベルというか社会レベル。3層のレベルのダイバーシティがあるのではないでしょうか。そのへんを見通してみんなが理解できるようにする。理解できないから排除するわけですから，理解できるようにもっていくことが私たちの務めであると考えています。それが今回，差別の禁止，合理的配慮ということを法的に求めてくる動きも出ています。

　池上　人間は変われるのだということをもう少し実感してほしいと思います。つまり，「自己」といったときには，動かない自分が想定されていはしないか。それで「自分探し」とか「自己決定」とか。でも，人間は日々変わる。変われるからすばらしいのであって，昨日の私と今日の私と明日の私は違う。もう少し広くなっている。それこそ我慢ということも入ってくる。我慢できるというのはすごいじゃないか，我慢できるから変わることができるのだ。人は変わることがすばらしいということを理解する人が増えれば，寛容とか受容ということを受けとめてくれる人が増えるのではないでしょうか。あるいは，自分ができることは，今はこれだけだけど，次はこっちができるかもしれない，とか。

　大迫　自分にできることをまずやる。国のレベル，コミュニティ，あるいは地域レベル，自分のレベルでやるべきことをやっていくことだと思うのですが，ややもすると，他者に押し付けてしまうのです。自分たちで解決できるレベルのものは，自分たちできちんと解決していく。個人レベル，コミュニティレベルでも，責任をもつところは必要ではないかと思っています。

▶ 個から広げ，社会を変えていく

　岡野　本当の意味での寛容というもの，あるいは共生関係をつくり上げるということは，実はある種の柔軟さとか我慢とか，変わっていくことを受け入れられる勇気とか，それがいきいきとして生きていることだというところに話が収斂してきたと思います。

　社会が問題を問題として受け入れたということ自体が，すでに一歩進んで変

わりはじめているということです。その変わりはじめるということは，人のことを理解するということもそうであって，こいつはわからないよ，この在り方はなんとも納得いかないと思った時点で，すでにその人の在り方をなんらかの形でとらえようとしています。それまでの自分を少し超えているようなところが，もしかしたら兆しているかもしれない。そういう意味で，兆したものに対して臆病に己を閉じないという在り方がとても大事な気がしてまいりました。

そういう視点で，何か希望，期待あるいは課題という形で，それぞれの分野でお考えになっていることを，お一人ずつよろしいでしょうか。

池上　私たちの現場の話ですが，この5年ほどですごく変わってきたことに，HIV陽性と告知されて，私たちのケアとかカウンセリングのサービスを受けた人たちで，今度は自分たちが何かをしたいと言ってくる人がとても増えました。9月は，新しいボランティアさんの研修月間なのです。毎年20人ぐらい来るのですが，その中で，実はHIVをもっていて，自分もやってもらったからやる側に，という形でトレーニングを受ける方がどんどん増えてきました。これはものすごくうれしいことです。プログラムを提供する側と受ける側だったのが，パートナーになれたと思います。

人間は変わりうるし，パワーになっていく。感染を契機に知り合った人たちが手をつなぐということを現場で見ているので，たいへんありがたいなと思います。

小野　私のところにカウンセリングを受けにくるお母さんに最近言うのは，カウンセリングはコミュニケーションを取るということと，「内省」，自分自身を見つめるということです。いじめなどは外の部分を変えないといけないのですが，まず最初に自分が変われるところは何か，どうしてこういう問題が起こったのか，自分自身を見つめるのはつらいです。

いい先生や保護者は，あの子はこういう問題を起こして，私はこう考えて，こういうふうにしゃべったと，ちゃんと話せるのです。自分がやったこと，子どもがやったことで，それでいい結果が出たら，これでよかった。駄目だったら，こう考えているけれどもどうだろうかと，まずは自分自身で考えていただきたい。ささやかなことのようですけれども，一つのポイントになるのではないかという気がしました。

大迫 まず個から始まって，その中で変わり目が見えたときに次のステップへ行けるというのは，たしかにおっしゃるとおりだと思います。そういうプロセスで試行錯誤しながらネットワークを組んでいけると，もうワンランク上の支援ができるのではないでしょうか。

もう一つは，それを制度や仕組みにしていくことが得意な人たちがたくさんいるということです。そういう人たちとつきあっていくと，その次のレベルへ広げていただける。端緒は個人から始まり，そこからネットワークで広がり，その中でさらに広がって，また次のステップへ。

亡くなった私の先生がよく言っていたのですが，いろいろ言うけれども，人は信頼するに値する。信頼に値するのだから，とにかく続けなさい，と。そういう意味で言うと，信頼から始まるネットワークが広がっていく。本当にプリミティブな話になってしまうのですが，それが最大の強みになっていくような気がします。

酒井 「福祉」という語は「幸福」「幸せ」という意味ですよね。ですから，「福祉」は，近代の学問では主観的な，つまり客観的ではないこととして，まともな対象にはなっていなかった「幸福」というものを対象とする画期的な学問だと思います。人間の幸福というのは，社会の中でくらして自己実現していくわけです。そうすると，どうしても他者の中で自分の幸福を考えたり，実現したりする。その一番近くにあるものとして家族があって，その中で家族福祉というジャンルがあると思います。

幸せの形は一人ひとりなのです。「結婚」を例にすると，結婚しているのが幸せで，結婚していないのは不幸せ，あるいは結婚すべきであるとか，結婚は規格であって，結婚していないものは非規格であるという社会ではなくて，結婚，離婚，未婚，非婚，これらすべてが，いわば１：１：１：１であるような寛容な社会，開かれた社会になれば，と思います。

岡野 3.11のような大きな事件が起こったことで，二極化が進んできているというのが実情だと思います。その中で，かなり強烈に見えてきていることがあります。新たなる共生関係，これは「連帯」と呼ぶこともできると思いますが，それをつくるために一番大事なのは何か。酒井先生がおっしゃる「寛容」も一つの答えだと思います。人間が本当に寛容になるにはどうしたらいい

第Ⅲ部　希望のもてる社会をめざして　237

かというと，やはり自分自身をもう一度見つめ直す余裕をもてるということです。自己責任をめぐる議論もそうですが，おそらくそういうことを頑なに信じてしまう若者がいるとしたら，やはりどこかに不安があるわけです。それはたしかなものだから，それにすがっていないと，それ以外のものは何もない。おそらくはそれに代わるようなものをつくっていけるような精神の健全さや元気を得る機会があれば，常に自分を見直していく。そうすることで，相手の声が聞こえるようになってくる。そういうきっかけがいろいろな面であれば，希望はもてるのではないかと思います。

　今日はたくさんのご意見をいただくことができました。ありがとうございました。

1）Gymnasium〔独〕ドイツに見られる中等教育機関。日本の中等教育学校（中高一貫校）に相当する。
2）ここでは，思考の対象からその個別的・偶然的な要素を捨象し，その一般的・本質的な性質を抽出することを指す。

推薦図書

▶各章の執筆者から，さらに深く学びたいという読者のために参考となる文献を紹介する。

▶読者が入手しやすいように，できるかぎり，書店等で購入可能であり，比較的最近刊行されたものに限定した。

【第Ⅰ部】

内田樹（2007）『下流志向―学ばない子どもたち　働かない若者たち―』講談社

川本隆史責任編集（1998）『岩波新・哲学講義6　共に生きる』岩波書店

権丈善一（2001）『再分配政策の政治経済学―日本の社会保障と医療―』慶應義塾大学出版会

小松美彦（2004）『脳死・臓器移植の本当の話』PHP新書

小松美彦・市野川容孝・田中智彦編（2010）『いのちの選択―今，考えたい脳死・臓器移植―』岩波ブックレット

佐藤秀雄（1997）『ODAの世界―国際社会の中の日本を考える―』日本図書刊行会

広井良典（2006）『持続可能な福祉社会―「もうひとつの日本」の構想―』ちくま新書

藤林泰・長瀬理英編著（2002）『ODAをどう変えればいいのか』コモンズ

山田昌弘（2004）『希望格差社会―「負け組」の絶望感が日本を引き裂く―』筑摩書房

ユヌス，ムハマド（2008）『貧困のない世界を創る―ソーシャル・ビジネスと新しい資本主義―』（猪熊弘子訳）早川書房

【第Ⅱ部・第1章】

阿部彩（2008）『子どもの貧困―日本の不公平を考える―』岩波新書

岩田正美（2000）『ホームレス／現代社会／福祉国家―「生きていく場所」をめぐって―』明石書店

岩田正美（2007）『現代の貧困―ワーキングプア／ホームレス／生活保護―』ちくま新書

大山典宏（2008）『生活保護vsワーキングプア―若者に広がる貧困―』PHP新書

川村匡由編著（2004）『社会保障論　第4版』ミネルヴァ書房

北村年子（1997）『「ホームレス」襲撃事件―大阪・道頓堀川　"弱者いじめ"の連鎖を断つ―』太郎次郎社

小玉徹・中村健吾・都留民子・平川茂（2003）『欧米のホームレス問題（上)』，中村健吾・中山徹・岡本祥浩・都留民子・平川茂編著（2004）『欧米のホームレス問

題（下）』法律文化社

駒村康平（2009）『大貧困社会』角川 SSC 新書

中川清（2007）『現代の生活問題』放送大学教育振興会

湯浅誠（2008）『反貧困―「すべり台社会」からの脱出―』岩波新書

【第Ⅱ部・第2章】

エイズ＆ソサエティ研究会議（2001）『エイズを知る』角川 one テーマ21

菊池修（2008）『Monster』リトルモア

シルツ，ランディ（1991）『そしてエイズは蔓延した　上・下』（曽田能宗訳）草思社

ソンダク，スーザン（1992）『新版　隠喩としての病い・エイズとその隠喩』（富山太
　　佳夫訳）みすず書房

ピオット，ピーター（2015）『No Time to Lose―エボラとエイズと国際政治―』（宮
　　田一雄・大村朋子・樽井正義訳）慶應義塾大学出版会

ブラウン，レベッカ（2001）『体の贈り物』（柴田元幸訳）マガジンハウス

ベアリーヌ・ド・ピンク著，長谷川博史編（2005）『熊夫人の告白』ポット出版

宮田一雄（1992）『ピープル・ウィズ・エイズ―〈ルポ〉これまでのアメリカ，これ
　　からの日本　エイズの時代を生きる―』太郎次郎社

宮田一雄（2000）『エイズ・デイズ―危機と闘う人びと―』平凡社新書

宮田一雄（2003）『世界はエイズとどう闘ってきたのか―危機の20年を歩く―』ポッ
　　ト出版

【第Ⅱ部・第3章】

一番ヶ瀬康子・小川政亮・河合克義・佐野英司・本間信吾（1999）『日本の福祉を築
　　いて127年―養育院の解体は福祉の後退―』萌文社

大場昇（2007）『やがて私の時代が来る―小笠原登伝―』皓星社

小澤利男（2006）『老年医学の先駆者たち―老年医学を学び，研修する人々のために
　　―』ライフ・サイエンス

小澤利男（2009）『老年医学と老年学―老・病・死を考える―』ライフ・サイエンス

小澤利男・江藤文夫・高橋龍太郎編著（1999）『高齢者の生活機能評価ガイド』医歯
　　薬出版

柴田博（2004）社会老年学のあり方，『老年社会科学』26（3），pp. 351-358

柴田博・長田久雄編（2003）『老いのこころを知る』ぎょうせい

高橋龍太郎（2008）高齢者ケアと高齢者総合機能評価（CGA），佐藤智編集代表『明
　　日の在宅医療4　高齢者ケアと在宅医療』中央法規出版

並河正晃（2002）『老年者ケアを科学する―いま，なぜ腹臥位療法なのか―』医学書
　　院

藤野豊編（2003〜2004）『近現代日本ハンセン病問題資料集成　戦後編（1〜10）』不
　　二出版

【第Ⅱ部・第4〜5章】

池田潔（1964）『自由と規律―イギリスの学校生活―』岩波新書

一番ヶ瀬康子編著（2007）『新・社会福祉とは何か　第3版』ミネルヴァ書房

岩田正美（2007）『現代の貧困―ワーキングプア／ホームレス／生活保護―』ちくま新書

岩田正美（2008）『社会的排除―参加の欠如・不確かな帰属―』有斐閣 insight

岩田正美・上野谷加代子・藤村正之（1999）『ウェルビーイング・タウン社会福祉入門』有斐閣アルマ

上野千鶴子・大熊由紀子・大沢真理・神野直彦・副田義也編（2008）『ケア　その思想と実践3　ケアされること』岩波書店

内田義彦（1971）『社会認識の歩み』岩波新書

冷水豊編著（2002）『老いと社会―制度・臨床への老年学的アプローチ―』有斐閣アルマ

相馬雪香（2002）『あなたは子どもに何を伝え残しますか』祥伝社

トフラー，アルビン（1982）『第三の波』（徳岡孝夫監訳）中公文庫

【第Ⅱ部・第6章】

アリエス，フィリップ（2006）『死と歴史―西欧中世から近代へ―　新装版』（伊藤晃・成瀬駒男訳）みすず書房

エリクソン，E. H. & エリクソン，J. M. & キヴニック，H. Q.(1997)『老年期―生き生きしたかかわりあい―』（朝長正徳・朝長梨枝子訳）みすず書房

サートン，メイ（1995）『今かくあれども』（武田尚子訳）みすず書房

サートン，メイ（2004）『82歳の日記』（中村輝子訳）みすず書房

ジャンケレヴィッチ，V.(1978)『死』（仲澤紀雄訳）みすず書房

新村拓（1991）『老いと看取りの社会史』法政大学出版局

フリーダン，ベティ（1995）『老いの泉（上・下）』（山本博子・寺澤恵美子訳）西村書店

ボーヴォワール，シモーヌ・ド（1972）『老い（上・下）』（朝吹三吉訳）人文書院

マクドナルド，バーバラ&リッチ，シンシア（1994）『私の目を見て―レズビアンが語るエイジズム（高齢者差別）―』（寺沢恵美子，山本博子，久保とし子，N・ミナイ訳）原柳舎

山折哲雄・島田裕巳（2008）『日本人の「死」はどこにいったのか』朝日新聞出版

【第Ⅱ部・第7章】

戒能民江編著（2013）『危機をのりこえる女たち―DV 法10年，支援の新地平へ―』信山社出版

桑原洋子（1995）『女性と福祉』信山社出版

推薦図書　**241**

社会福祉保障研究所編（1993）『女性と社会保障』東京大学出版会

杉本貴代栄（1997）『女性化する福祉社会』勁草書房

杉本貴代栄編著（1997）『福祉社会のなかのジェンダー―福祉の現場のフェミニスト
　　実践を求めて―』ミネルヴァ書房

橋本宏子（1996）『女性福祉を学ぶ―自立と共生のために―』ミネルヴァ書房

林千代（1992）『母子寮の戦後史―もう一つの女たちの暮らし―』ドメス出版

林千代編，婦人福祉研究会著（1995）『現代の売買春と女性―人権としての婦人保護
　　事業をもとめて―』ドメス出版

林千代編著（2004）『女性福祉とは何か―その必要性と提言―』ミネルヴァ書房

林千代編著（2008）『「婦人保護事業」五〇年』ドメス出版

【第Ⅱ部・第8章】

相澤譲治・栗山直子編著（2002）『家族福祉論』勁草書房

一番ヶ瀬康子編著（2007）『新・社会福祉とは何か　第3版』ミネルヴァ書房

春日キスヨ（1989）『父子家庭を生きる―男と親の間―』勁草書房

川村匡由編著（2008）『家族福祉論』ミネルヴァ書房

厚生労働省（2014）『厚生労働白書　平成26年版』ぎょうせい

社会福祉の動向編集委員会（2008）『社会福祉の動向　2009』中央法規出版

庄司洋子・松原康雄・山縣文治編（1998）『家族・児童福祉』有斐閣

東京都（2014）『2014　社会福祉の手引』

畠中宗一編（2006）『よくわかる家族福祉　第2版』ミネルヴァ書房

四方壽雄編著（1999）『家族の崩壊』ミネルヴァ書房

【第Ⅱ部・第9章】

小野善郎編著（2006）『子どもの福祉とメンタルヘルス―児童福祉領域における子ど
　　もの精神保健への取り組み―』明石書店

柏女霊峰（2001）『現代児童福祉論　第4版』誠信書房

金子智栄子編著（2006）『子どもの発達理解とカウンセリング』樹村房

香山リカ（2008）『親子という病』講談社現代新書

児童相談所を考える会（1998）『児童相談所で出会った子どもたち』ミネルヴァ書房

髙橋重宏・山縣文治・才村純編（2007）『子ども家庭福祉とソーシャルワーク　第3
　　版』有斐閣

西澤哲・龍野陽子・大島剛・佐藤修策・羽下大信・下田僚・菅野泰蔵・川畑隆
　　（2001）『子どもたちのいま』星和書店

長谷川眞人編著（2005）『全国の児童相談所＋児童養護施設で利用されている子ども
　　の権利ノート―子どもの権利擁護の現状と課題　日本福祉大学長谷川ゼミナール
　　の研究報告―』三学出版

無藤隆・安藤智子編（2008）『子育て支援の心理学―家庭・園・地域で育てる―』有

斐閣

山脇由貴子（2004）『出会いを求める少女たち—子どものこころカウンセリング—』
信山社出版

【第Ⅱ部・第10章】

伊藤健次・飯田和也・橋本敏・青木秀子編（1996）『障害をもつ子どもの保育』みら
い

井上肇・野口勝己編（2002）『現代児童福祉学　第2版』医歯薬出版

岩本隆茂・川俣甲子夫（1990）『シングル・ケース研究法—新しい実験計画法とその
応用—』勁草書房

小野昌彦（2006）『不登校ゼロの達成』明治図書出版

国立大学教育実践研究関連センター協議会教育臨床部会編（2007）『新しい実践を創
造する学校カウンセリング入門』東洋館出版社

小林重雄編著（2000）『実践入門　福祉カウンセリング—福祉実践に生かすカウンセ
リングの技法—』川島書店

小林重雄・園山繁樹・内田一成編著（2002）『福祉臨床心理学』コレール社

小林正幸・小野昌彦（2005）『教師のための不登校サポートマニュアル—不登校ゼロ
への挑戦—』明治図書出版

長畑正道・小林重雄編著（2000）『行動障害の理解と援助』コレール社

山本淳一・加藤哲文編著（1997）『応用行動分析学入門—障害児者のコミュニケーシ
ョン行動の実現を目指す—』学苑社

【第Ⅱ部・第11章】

池上直己・遠藤久夫編著（2005）『医療保険・診療報酬制度』勁草書房

医療保険制度研究会編（2005）『目で見る医療保険白書—医療保障の現状と課題〈平
成17年版〉—』ぎょうせい

遠藤久夫（2005）医療制度のガバナンス—医療制度運営における計画原理と市場原理
—，『季刊社会保障研究』41（3）

遠藤久夫（2005）医療保険制度改革の課題と展望，国立社会保障・人口問題研究所編
『社会保障制度改革—日本と諸外国の選択—』東京大学出版会

厚生労働省編（2007）『平成19年度版　厚生労働白書—医療構造改革の目指すもの—』

国立社会保障・人口問題研究所編（2009）『社会保障財源の制度分析』東京大学出版
会

健康保険組合連合会編（2009）『社会保障年鑑　2009年版』東洋経済新報社

田中滋・二木立編著（2007）『医療制度改革の国際比較』勁草書房

西村周三・田中滋・遠藤久夫編著（2006）『医療経済学の基礎理論と論点』勁草書房

OECD編著（2005）『世界の医療制度改革—質の良い効率的な医療システムに向けて
—』（阿萬哲也訳）明石書店

推薦図書　243

【第Ⅱ部・第12章】

ウォルツァー，マイケル（1996）『解釈としての社会批判―暮らしに根ざした批判の流儀―』（大川正彦・川本隆史訳）風行社

川本隆史（1995）『現代倫理学の冒険―社会理論のネットワーキングへ―』創文社

カント，イマヌエル（1950）『啓蒙とは何か』（篠田英雄訳）岩波文庫

カント，イマヌエル（1972）『世界の名著32　カント』（野田又夫責任編集）中央公論社

セン，アマルティア（1999）『不平等の再検討―潜在能力と自由―』（池本幸生・野上裕生・佐藤仁訳）岩波書店

ノージック，ロバート（1985）『アナーキー・国家・ユートピア―国家の正当性とその限界―（上・下）』（嶋津格訳）木鐸社

マッキンタイア，アラスデア（1993）『美徳なき時代』（篠崎栄訳）みすず書房

ロールズ，ジョン（1979）『公正としての正義』（田中成明編訳）木鐸社

ロールズ，ジョン（1979）『正義論』（矢島鈞次監訳）紀伊国屋書店

ロールズ，ジョン（2006）『万民の法』（中山竜一訳）岩波書店

初版あとがき

「福祉」という言葉は，あまり人を引き付ける〈魅力〉をもたない。大学の授業シラバスの中で「福祉」というテーマに目を留め，心引かれるものを感じる若者はむしろ少数派であろう。

「福祉」は，言葉の上では「幸福」を意味するものではある。しかし今日，この言葉が明るい，たしかな希望と共に語られることはめったにない。むしろ私たちは，生活上のさまざまな困難に対する不安や危機感，あるいは，焦燥感をもってこの言葉に向かい合うことになるのが一般である。

「福祉」という言葉によって多くの人がイメージするものは，いわゆる〈福祉施設〉や〈社会福祉事業〉，あるいは役所の〈福祉課窓口〉等，なんらかの事情で公的なサービスを受けざるをえぬ状況（いわゆる〈破目〉）に陥った場合に初めてかかわることになるものであり，巷間よく「福祉の世話にだけはなりたくない」といわれるように，できるならかかわらずに済ませたい事柄ということにもなろう。

しかし，本書を通読されることでご理解いただけるように，「福祉」の領野は，社会の一部の人々，あるいは，人生の一時期にのみ直面するような生活問題に限られるものではない。むしろその問題圏は年齢，性別を問わず，他の人々と避けがたくかかわりつつ社会生活を営むすべての人，その人生のあらゆる局面に及ぶものであり，誰もが〈当事者〉として（単なる〈傍観者〉としてではなく），そのすべての問題に対して日々なんらかの形で〈自らの態度決定〉を迫られているものと見ることができるのである。

にもかかわらず，昨今の〈年金不安〉や〈医療崩壊〉，あるいは〈雇用不安〉等の話題がメディアを賑わすことでもない限りは，多くの人々がその日常において「福祉」をめぐる問題を，ほとんど自身とは無縁のことのように感じ，生活しているのには，少なくとも以下のような理由があるように思われる。

まず一つには，「福祉」という言葉が文字どおり，「幸福」あるいは「安寧」等として理解されたとしても，ある人にとっては〈望むべき快の最大量〉であ

ったり，またある人にとっては〈不幸（……不快，不安）のない状態〉等々，きわめて漠然として広範な含意をもつ〈幸福〉という概念を，日々念頭に置きつつ生活したり，事あるごとに想起するといった習慣がないことは，むしろ自然で，当たり前のことといえよう。

　また他方において，上述のように「福祉」という言葉に対して現実には多くの人々があまり〈ありがたくないイメージ〉をもっているとすれば，老いや病，あるいは失業，また不慮の事故や災害等，いわゆる人生の〈負の局面〉については，たとえそれらに対して常日頃からなんらかの形で備えをしておくことが賢明な生き方であることは認めていても，それらが自分自身にとって切迫した問題となる以前には，あまり思い悩むことなく，〈健全な楽観〉の内に身を置くことは，人生を楽しむ上での知恵の一つと見ることもできるからである。

　しかしながら，今日多くの人々にとって「福祉」をめぐる諸問題があたかも〈他人事〉のように，実感の乏しいものとなっていることの背景には，いま一つのいささか厄介で，しかも根の深い問題があるように思われる。それは近年，少なくともわが国においては，いわゆる「社会性の意識」あるいは「社会的感覚」とでも呼ばれるべきものが著しく衰微していることである。

　すでに言い古されてきたことではあるが，戦後60年，わが国の産業構造の劇的な変化を背景とした人口の都市集中，またそれに伴う地方農村の過疎化等によって伝統的な村落や町屋に代表されるような地域共同体が失われ，そしてまた昨今の雇用関係の変化に伴い，かつての村や町に代わり多くの人々の〈共生の場〉ともなってきた〈日本の会社〉という特異な共生圏もその姿を大きく変えることになった。人々に帰属感を与え，共同性を実感する場となっていたものが次第に失われつつある中で，失われたかつての共同体に代わりうる，新たなる連帯や社会的紐帯の創出を求めて，近年さまざまな「共生論」の試みがなされていることは周知のとおりである。

　人は好むと好まざるとを問わず，なんらかの社会的な共生関係，それは家族であり，地域社会，広くは国家や民族等の中に産み落とされ，その具体的な関係性の中で育まれつつ，その関係性を〈自らのもの〉にすることを通じて，世界を，そして自己自身を形成することになる。しかし今，私たちがくらす〈この社会〉は，はたして，こうした〈自己形成〉（それは同時に，各人それぞれにお

ける〈社会像の形成〉でもあるのでなければならない）のための十分な〈土壌〉たりえているであろうか。

　少なくともわが国の現状を見る限り，そこには〈この社会〉が，それ自身を常に，新たに再生していくためには欠くことのできない何かが欠けている，逆に言えば，そうした社会の不断の再生を困難にするようななんらかのメカニズムが働いているように思われてならないのである。紙幅の関係上ここではその一端を述べるにとどめざるをえないが，それは，個人と社会との関係についての理解，そこに〈ある根本的な変化〉が生じていることである。一言で言えばそれは，個人があらゆる社会関係の〈基点〉，あるいは〈創始者〉と見なされるようになったことである。つまり，今日では個人こそが，自らと社会とのかかわり方を，〈自己の価値観〉を拠り所に，判断し，選択する関係性の主体（基点，創始者）であり，社会とは，したがって，社会的関係とは，こうした自立した主体間の意志・行為を調整することによって，最大限の〈幸福〉（……福祉）を追求するための〈手段〉として意味をもつものに過ぎない，という考え方が，少なくとも理屈の上ではごく当たり前のものとして一般に共有され，広く深く浸透するようになったことである。

　歴史的，伝統的な共同性とその紐帯の〈喪失〉（それは，今日では〈家族の在り方〉にまで及ぶ）を旧弊からの〈解放〉ととらえる視点に立てば，あらゆる社会的関係性の〈基点〉であり，いわゆる〈自己決定〉，〈自己責任〉の主体である〈自由で自立的な個人〉こそが，古き〈因習〉や〈しがらみ〉に囚われることなく，よりよい社会的関係を新たに構築しうるとも考えられるのであるが，はたしてそれは本当に可能なのであろうか。むしろそこには社会的共同性の本質にかかわる〈ある困難〉が横たわっているようにも思われるのである。それはこの場合に想定されている〈自由で自立的な個人〉とは，結局のところ，ただひたすらに自分自身にとって〈善きもの〉（最も広義での〈快適さ〉）を追求する理知的な功利計算の主体としての個人（すなわち，〈この私〉……もとより，こうした私は，通俗的な意味での利己主義者のみを意味するものではなく，いわゆる利他的な博愛主義者もまた含まれうる。いずれにしても，そうした姿勢を〈自分自身で〉選び取っていることが重要なのである）ということになり，したがって，そうした個人にとっては，社会も，また自己の社会との関係も，結局のところは自らにと

初版あとがき　**247**

って〈好ましい状態〉の実現のために有用な手段（……環境）として，功利的に設定され，要請されるものに過ぎず，この点で，本質的に相対化されたもの（個々人の〈価値観〉次第）とならざるをえない，ということである。つまり，私たちはそれぞれの〈思い〉のままに，いわば〈白紙の状態〉から，個々人の功利計算の擦り合わせを通じて，〈暫定的な共通利害の体系〉としての社会を構想，構築していかざるをえないということになるのである。

　しかし，そのようなかたちで構想される〈新たなる社会〉は，それがあくまで個々人の〈多様な価値観〉を前提とした自覚的で自由な選択に基づくものであり，その意味ではいわば〈自由参加の集合体〉である限り，そこに見出されるものは，どこまでも〈便宜的な帰属感〉と〈限定的で相対化された紐帯〉以上のものではなく，もはやかつての伝統社会に見られたような〈濃密な帰属感〉や〈自明性を伴った強固な紐帯，連帯感〉等は望むべくもないということになるのである。これを伝統社会の〈因習〉や〈しがらみ〉からの〈解放〉と見ることは，もとより可能であり，それが今日の一般的な見方でもあるが，〈共生の場〉としての社会が，任意加入のクラブや趣味の同好会とは本質的に異なるのは，まさにこうした帰属感や紐帯に伴う〈自明性〉にあるのではないのだろうか。逆に言えば，こうした今日の〈新たなる社会像〉が伝統社会と決定的に異なっている点は，少なくとも論理的には，人間の〈社会的生〉という在り方そのものまでもが，いわば個人の〈自由裁量の対象〉（自主的，自覚的に選び取られるべきもの）とならざるをえない点であろう。とすればその結果として，こうした自主的な便宜共同体としての社会には，そのような選択を行わなかった者，あるいは行うことのできなかった者までをも包摂する，いわば〈無条件の社会的連帯〉という性質（そこに〈暴力〉や〈支配〉を見ることはもとより可能であるが）を求めることは困難となるのである。

　古来，少なくとも近代以前においては，人々の〈共生の場〉としての社会とは，常に，すでに，個々人の自覚的な選択に〈先立って〉存在し，そうした〈選択を超え〉，個々人の死後もまた当然のごとく，〈世代を超えて〉存続し続けるものとして実感されてきたものと言ってよいであろう。そして，好むと好まざるとを問わず，そうした社会の〈中で〉生を受け，育まれることによってこそ，その社会に対する帰属感にも，また，その社会の成員同士の相互扶助を

支える連帯感にも，個人の選択を超えた（いわば，選択以前の）〈確かさ（……自明性）〉が伴うことになったのである。

　今日私たちがくらす〈この社会〉が，もはやこのような意味での社会とは程遠いものとなったことは，近年のわが国における社会保障費の「応能負担」と「応益負担」とをめぐる議論の内にも見て取ることができよう。その社会の中の〈持てる者〉（社会的強者）が，〈持たざる者〉（社会的弱者）を助け，応分の負担を担うことを〈当然のこと〉とする「応能負担」という考え方は，共同体の下での相互扶助を当然とする〈連帯の意識〉なくしては理解困難なものである。これに対して，「応益負担」という考え方は，そうした〈連帯の意識〉を必要とはしない。それは市場での商取引と同じように，受益と負担の個人決済という形で，あくまで〈個人ベース〉で理解できるきわめてシンプルな構造をもっている。前者のような在り方をむしろ不公平とする〈実感〉が共有され，しだいに後者へとその舵を切りつつある社会は，はたして〈共同体〉という名に値するだけの〈統合性〉をもちうるのであろうか。たしかに，一種のリスクヘッジとしての相互扶助システムを備えた社会という在り方は，功利計算に基づく〈便宜的共同体〉においても可能であろう。しかし，予想される最悪の状態を最大限改善しようとする「マキシミン・ルール」が，現実には多くの人々の行動を規定しているわけではないように，そのような社会を選択すること自体が，各人の〈自由裁量〉とされざるをえない以上，もはや私たちがくらす〈この社会〉が，互いに助け合うことを〈当然のこと〉とするような強い紐帯をもった社会的な連帯（→共同体）を築き上げることなどほとんど不可能であるようにも見えるのである。

　しかし，必ずしも希望がないわけではない。私たちが〈社会的統合〉としての共同体を改めて築き直すための方法があるとすれば，それはやはり〈この社会〉にくらす少しでも多くの人々が「福祉」をめぐる諸問題をわがこととして〈実感〉する（必ずしも個々の問題を直接，わが身で体験することはなくとも，そうした問題を自らが属する〈この社会〉の問題としてとらえ，一つひとつの問題に目を向け，判断を下すべき〈当事者〉として自らを改めて意識する）機会をもつことであろう。そして，各人それぞれが〈この社会〉の姿を改めて描き直すという経験（空間的にも，時間的にも……過去，現在，そして未来……他の人々と避けがたくかかわり，

共に在る，その在り方を改めてとらえ直し〈我がもの〉とすること，すなわち〈この社会〉を再解釈すること）を重ねることによって，私たちは自らを〈この社会〉の一員として改めて自覚し，徐々にではあるが自らの内に〈社会的意識〉（社会的感覚）を育てていくことができるのではないか。筆者がこのようなささやかな希望をもちえたのは，1999年の開講以来早11年，すでに1,500名を超える受講者を得たこの講義を通じて，幸運にも学生たちの創意に富み，意欲溢れるレポートや答案に出会うことができたからである。20歳前後の学生の手になるものではあるが，時には専門の講義担当者も深く心を動かされるような実体験に基づく考察や，思わず舌を巻くような独創的でユニークな提案を目にするとき，こうした若者たちがさらなる研鑽を積み，少しでも多く社会に出て活躍してくれたらと願わずにはいられない。本書が大学という限られた空間を超え，より多くの方々にとって，私たちが共にくらす〈この社会〉，その現状と行く末について改めて思いをめぐらす一つの機会となりえたならば，執筆者一同これに優る喜びはない。

　本書の土台である「福祉」講義が，学生たちにとって〈この社会〉の現状を認識するとともに，そのあるべき姿について考えるよき機会となりえたのは，ひとえに各分野それぞれの専門領域で日々激務にあたりながらも，本講義の趣旨に賛同し，限られた時間の中できわめて密度の濃い講義をしてくださった講師の方々のお蔭である。ここに開講から今日までお世話になった全講師のお名前を挙げ，深甚の感謝を捧げる次第である。

池上千寿子，岩田正美，遠藤久夫，大迫正晴，奥川幸子，小野昌彦，
佐々木能章，新保美香，鈴木公基，高橋龍太郎，武井かおる，樽井正義，
中川純男，長藤葉子，馬場純子，林千代，平田俊博，堀千鶴子，松尾直博，
湯本和子
　　　　　　　　　　　　　　　　　　　　　　　　　（五十音順，敬称略）

（本書の校正中，2010年4月7日，中川純男先生（慶應義塾大学教授）が癌のため急逝された。御享年61歳。深い哀悼の意を表し，謹んで御霊の御冥福をお祈り申し上げる）

また，本書刊行にあたっては，当初より編者の相談に乗り，東洋館出版社への橋渡しをしてくださったばかりか，座談会では快く司会をお引き受けくださった小野昌彦先生（宮崎大学大学院教育学研究科教授），また本書の企画段階から編集の全過程を通じて編者に根気よくおつきあいくださり，面倒な作業を見事な手際で進めてくださった東洋館出版社編集部の大場亨さんにはこの場を借りて改めてあつくお礼申し上げる。

　2010年春

編　者

改訂版あとがき

　2010年の初版出版から，5年の月日が過ぎた。わずかに5年，しかしそれは私たちがくらすこの社会を根底から揺り動かすような劇的な出来事（2011年の東日本大震災と原発事故，またそれに伴う特別税の導入に代表される大規模な復興政策，政権交代による経済財政政策の転換，消費増税，さらには南シナ海，東シナ海およびわが国近海での政治的，軍事的緊張の高まりを背景とした安全保障法制の見直し等）と，それらに対処すべくまさに国論を二分するような激しい議論とが繰り返される5年間でもあった（もとより議論はまだその緒に就いたばかりであるが）。私たちは今，戦後70年を迎え，おそらくはこれまで以上に，最も切実な仕方で，改めて〈私たちが共にくらすこの社会の在り方〉について，多方面にわたり根本的に考えることを求められているのではないだろうか。本書は，『考える福祉』初版出版以来の制度，法律，社会的事象の変化等を反映させた改訂版であるが，その基本的視点，問題意識に変更はない。

　「人と人とが共にくらす社会，そのあるべき姿とはどのようなものなのか」。本書を手に取られる方が，こうした問題意識を共にし，〈この社会の現実の姿〉に，さらにはその〈あるべき姿〉について改めて思いを馳せる一つの手がかりになることができれば，本書の眼目は十分に果たされたことになろう。

　本書の土台である「福祉」講義が，学生たちにとって〈この社会〉の現状を認識するとともに，そのあるべき姿について考えるよき機会となりえたのは，ひとえに各分野それぞれの専門領域で日々激務にあたりながらも，本講義の趣旨に賛同し，限られた時間の中できわめて密度の濃い講義をしてくださった講師の方々のお蔭である。ここに開講から今日までお世話になった全講師のお名前を挙げ，深甚の感謝を捧げる次第である。

　池上千寿子，石井冨美子，岩田正美，遠藤久夫，大迫正晴，奥川幸子，
　小野昌彦，佐々木能章，新保美香，鈴木公基，鈴木力，高橋龍太郎，

武井かおる，樽井正義，中川純男，長藤葉子，馬場純子，林千代，平田俊博，堀千鶴子，松尾直博，湯本和子　　　　　　　　　　　　　　（五十音順，敬称略）

(旧版の校正中，2010年4月7日，中川純男先生（慶應義塾大学教授）が癌のため急逝された。御享年61歳。深い哀悼の意を表し，謹んで御霊の御冥福をお祈り申し上げる)
(平成24年度より総合基礎科目「福祉A/B」で，「児童福祉，養護教育」をテーマに新たに講師に加わっていただいた鈴木力先生（関東学院大学准教授）が平成25年9月8日，食道癌のため御逝去された。享年49歳。深い哀悼の意を表し，謹んで御霊の御冥福をお祈り申し上げる)

　本出版にあたり玉稿をお寄せいただいた先生方，また初版以来，細かな調整作業も含め編集全般にわたりお世話になった東洋館出版社編集部の大場亨氏にはあつくお礼申し上げます。

　2015年盛夏

編　者

索　　引

〔ア　行〕

アセスメント　69, 98, 99
いえ　70, 74
生きる権利　158, 172, 216
育児　34, 86, 133, 134, 146-149, 151-153, 155
医師不足　200, 204
依存欲求　169
医療　7, 10, 26, 37, 38, 45, 46, 54, 62, 65, 66, 68, 69, 72, 74-76, 79, 81, 89-92, 94, 95, 103-106, 109, 120, 150, 181, 182, 194, 195, 199, 200, 202-205, 223, 226, 231
医療アクセス　195, 205
医療から介護へ　89, 102
医療サービス　69, 76, 103, 194, 195, 199, 200
医療ソーシャルワーカー　114, 119, 123
医療の効率化政策　200
医療費負担　4, 31, 37, 117
医療費抑制策　200, 203, 204
医療保険　6, 39, 46, 65, 88, 96, 97, 194, 195, 197
インクルージョン　90, 102, 183
引導渡し　124
ウィルキンソン, R.　32
ウイルス　53-55, 57, 58, 60, 62
姨捨山　121
エイズ　12, 52-57, 60-63
エリクソン, E. H.　162
延命技術　120

〔カ　行〕

老い　107, 114-120, 123, 124
老いの座　115, 117
老いの姿　118
オイルショック（石油危機）　88, 115, 119, 197
応益負担　176, 223
応能負担　176, 195, 223
オペラント行動　187
親　16, 33, 34, 37, 46, 85, 114, 115, 118, 122, 142, 143, 145, 147, 149-152, 165, 167-170, 172, 173, 222, 226-229, 232, 233

介護　18, 34, 37, 39, 61, 78-80, 84, 86, 90-92, 94-98, 103-106, 109-112, 116, 124, 130, 133, 134, 144, 153, 176, 178, 179, 181, 230, 232
外国人労働者　46, 111, 112
介護支援サービス　95, 99
介護保険　39, 65, 67, 69, 74, 78, 79, 89, 94-99, 102-104, 109-112, 120, 124, 230
介護保険法　79, 80, 88, 89, 91, 94, 95, 97, 99, 103, 108, 116
介護問題　46, 79, 86, 94
介護予防支援　99, 102
改正臓器移植法　15-18
階層化　2
開発途上国　9-11, 13, 87
カウンセリング　61, 170, 236
核家族　37, 42, 81, 84, 85, 119, 142, 147,

255

167, 228

格差　31, 32, 38, 82–84, 109, 127, 129, 132, 134, 143, 145, 195, 209, 210, 212

格差原理　209

拡張国家　210, 211

家事　68, 86, 106, 134, 148, 149, 151, 152, 155

河川敷　30, 43, 50, 51

家族　3, 14518, 21, 24, 32, 36, 43, 48, 50, 51, 53, 65, 80, 81, 84586, 94, 98, 104, 105, 108, 109, 111, 114–117, 122, 131, 132, 140, 142–144, 146, 147, 150, 151, 153, 154, 156, 165, 167, 170, 172, 178, 182, 187, 199, 221, 225–231, 233–235, 237

家族福祉　143, 144, 150, 153, 156, 221, 237

片親家庭　143, 144, 151, 153, 156

価値観の多様化　146, 167

家庭環境　140, 165, 166

家庭内暴力　37, 135

からだ　70, 74

カリタス　22

環境アセスメント　11

関係の回復　48

患者自己負担　195, 197, 199, 201, 203

完全義務　214, 216

感染経路　53, 54, 56, 62

カント, I.　7, 8, 145, 212–216, 225

寛容　222, 233–235, 237, 238

管理政策　199, 201

絆　72, 123, 139, 209, 220–225

規制緩和　112

基礎年金　6, 46

義務　19, 22, 24, 25, 84, 121, 159, 172, 206, 207, 209, 210, 213–217

義務の二分法　211

客観的評価　187

救護法　81, 87

急性期病院　201, 202, 204

救貧法　22, 23, 212

給付　5, 6, 40, 47, 95, 96, 99, 176, 180, 199

教育格差　37

共助　105, 106

共生　4, 7, 21, 25, 139, 144, 154, 156, 183, 232, 235, 237

競争原理　112

共同生活援助　176, 177, 180, 181

共同体　12, 21, 24, 121, 144, 206–208, 213, 229, 232

京都会議　9

居宅介護支援　99, 101, 102

組合管掌健康保険（組合健保）　6, 196

クライエント・センタード療法　183

グループホーム　102, 108, 177, 180, 181

グローバル化　12

ケア・サポート　60, 62

ケアホーム　176, 177, 180, 181

ケアマネジャー　67–69, 74, 99, 105

経済成長率　201, 203–205

経済的困窮　38, 87

血液製剤　54

結婚　21, 30, 34, 36, 86, 144–149, 156, 237

健康寿命　106, 107, 125

原初状態　208

憲法　7, 39, 40, 90–92, 127

権利　14, 19, 24, 25, 40, 47, 59, 60, 122, 142, 144, 145, 154, 158, 161, 163, 172, 183, 206–212, 214–217, 229

合意　16, 21, 111, 135, 207, 208, 213

公益性　17

高額療養費　199

後期高齢者医療制度　69, 71, 76, 117,

118
公共の福祉　7, 206, 216, 217
公私の役割分担　4
公衆衛生　47, 55
公助　105, 106
公正さ　207, 208
公正な機会均等　209
公正な機会均等原理　209
厚生年金　6, 88, 91
厚生労働省　35, 36, 40, 43, 44, 65, 106,
　130, 139, 141, 150, 163, 164, 166, 173,
　190, 196
抗体検査　57
公的医療保険制度　194
公的サービス　160, 163, 165
行動　37, 58, 59, 86, 162, 169, 184–193,
　206, 220
行動アセスメント　185, 186
行動療法　174, 183–187
高度経済成長　2, 31, 81, 84, 86, 114,
　116, 119, 131, 151, 197, 228
幸福　12, 19–21, 24, 25, 59, 90, 142–144,
　149, 153, 154, 156, 158, 167, 211, 213–
　217, 230, 237
公平性　4, 6, 75, 76, 194, 195, 205
公民的状態　8, 212–214, 216
功利主義　207
高齢者医療　68–72, 75, 114
高齢社会　78–81, 83, 86–90, 92, 104,
　114, 204
高齢社会対策基本法　90–92
高齢者虐待防止法　89, 91, 108
高齢者世帯　42, 152
高齢者総合機能評価　66, 68–71, 74
抗 HIV 薬（剤）　52, 60
ゴールドプラン　88, 89
国際貢献　10
国債発行残高　196, 204

国民医療費　195, 197–201, 203, 204
国民皆年金　88
国民皆保険　2, 196, 197, 200, 203
国民健康保険（国保）　6, 196, 199, 201
国民健康保険法　88, 91
国民所得　5, 197, 198, 200, 203
国民生活基礎調査　32, 35
国民負担率　5
こころ　70, 74
個人の尊重　7, 90, 127, 207, 210
互助　105, 106
国家　8, 22, 24, 39, 127, 146, 206, 208,
　210–213, 216, 234
国家の安寧　213
孤独死　48, 80
個別支援　174, 183, 187, 193, 231
個別支援計画　174, 183, 184, 188, 189,
　193
ゴミ屋敷　120
根源的契約　213
コンドーム　56, 58, 59

〔サ　行〕

サービス付き高齢者向け住宅　65, 66,
　105
サービス・ニーズ　94
最小国家　210
財政赤字　196, 205
財政再建　203, 204
最大幸福　207
在宅医療　65, 66, 75
在宅死　119
在宅生活限界点　106
最低生活　40, 41, 47, 124
再分配　4–6, 210, 212
シェーピング法　187
ジェンダー　59, 127, 128, 130, 131, 133,
　135, 146–148, 154, 224

索　引　257

自己責任　39, 48, 54, 138, 222-224, 226, 238

自己負担率　199, 200, 204

自助　5, 11, 23, 34, 105, 106

市場原理　194

施設介護支援　99

施設から在宅へ　89, 101

慈善　22, 23, 211, 212, 216

自然状態　208, 214

失業　4, 23, 31, 33, 35, 37-39, 42-44, 46, 49, 50, 132

失業率　42

実体概念　159

児童相談所　163-166, 173

児童福祉法　129, 159, 160, 162, 166, 176, 179

児童扶養手当　160

死の選択（判断）　17

社会契約論　207, 208, 213

社会事業　23

社会正義　18

社会的弱者　23, 55, 62, 210-212, 216

社会的入院　88, 94, 202

社会的無権利状態　47

社会的文化的偏見　155

社会福祉　20, 21, 24, 25, 38, 42, 73, 86, 88, 91, 129-135, 138, 139

社会福祉事務所　120

社会保険料　36, 195, 196

社会保障　2, 4-6, 36, 39, 40, 43, 46, 47, 81, 88, 89, 95, 103, 107, 109, 112, 124

社会保障制度　3-6, 31, 32, 39, 40, 42, 43, 47, 89, 103, 115, 119, 204

自由　5-7, 18, 23, 86, 138, 139, 156, 167, 199, 206-210, 213, 214, 216

自由至上主義　210, 211

住民登録　47

就労移行支援　176, 180, 181

就労継続支援　176, 180, 181

就労支援　48, 176

恤救規則　81, 87

出産　34, 86, 133, 138, 140

出生率　81, 83, 85

主夫　149

障害基礎年金　45

障害児　153, 166, 174, 176, 179, 181, 182, 190, 193

障害者基本法　174, 175, 177, 183

障害者自立支援法　175-177, 179

障害福祉　46, 174, 176-179, 182, 183

状況　2-4, 8, 12, 15, 17, 18, 22, 23, 25, 36, 37, 43, 47, 59, 62, 79, 90, 98, 99, 101, 109, 110, 115, 118-120, 123, 127, 129, 132, 138-141, 144, 150, 151, 155, 161, 166, 167, 169, 179, 185, 188, 189, 197, 203, 204, 214, 222, 223, 231

少子・高齢化社会　2

少子化　83

少子高齢化　83, 105, 109, 196

承認欲求　169

少年法　161

ショートステイ　101, 176, 180, 181

自律　120, 214

自立訓練　176, 180, 181

自立支援　40, 42, 89, 101, 162, 163, 166, 176, 178-181

自立支援センター　48

人権　23, 25, 39, 55, 60-62, 90, 105, 127, 134, 135, 138, 141, 177, 183

人口置換水準　83

心臓死　16

身体の自己所有　14

信頼感　162

心理的密着　168

診療報酬　71, 194, 199, 201-204

診療報酬支払い方式　199

心理療法　170, 183
ストレス　153, 170
性感染　54, 55, 58, 59, 62, 224
正義の原理　207-210, 212
『正義論』　207
性行為　55, 57, 58
性差別　127, 129, 132-135
生産年齢人口　81, 82
生死観　114
精神分析　183
生存権　7, 11, 40, 90
生体間移植　15
成年後見制度　108, 178, 180
性の健康　58-60
性別役割分業観　132
性別役割分担　147, 151
性暴力　59, 130, 133
セーフティネット　36, 39, 40, 42-44,
　46, 47, 124, 150
セクシュアリティ　59, 133, 226
絶対的貧困　32, 33
全国健康保険協会管掌健康保険　196
臓器移植　13, 15, 16, 18
臓器移植法　14-18
臓器売買　15
相互性の原理　20, 24
相互扶助　21, 23, 87, 211, 212, 216
ソーシャルアクション　135
ソーシャルワーカー　71, 74

〔タ　行〕

対人援助職トレーナー　115
ダイバーシティ　225, 234, 235
他者危害の原則　206
多重債務　44, 48
団塊世代　114, 116, 118, 124
男女共同参画社会基本法　127
男女雇用機会均等法　147

地域コミュニティの崩壊　167
地域社会　38, 42, 43, 90, 119, 120, 155,
　206, 228
地域包括ケアシステム　79, 90, 102-
　106, 124
地域密着型サービス　96, 99-103, 108
チーム医療　74, 75
地球温暖化　8
地球環境問題　8
知的障害者福祉法　129, 175
超高齢社会　83, 94, 103, 114
長寿　79, 83, 107, 125, 127
長寿社会　79, 90
デイサービス　67, 101
低所得　31, 32, 40, 91, 98, 104, 212
出来高払い　199, 201
徳の義務　214-217
特別児童扶養手当　160
特別養護老人ホーム　75, 79, 88, 94,
　100, 104, 123
ドナー　14-16
トリートメント　185

〔ナ　行〕

人間愛　216
人間の尊厳　25, 212
認知症　94, 97, 100, 101, 103-105, 108,
　109
認知症高齢者ケア　108
年少人口　81-83
脳死　14-18
脳死臓器移植　14, 18
脳死判定　14, 17, 18
ノージック，R.　207, 210-212, 216
ノーマライゼーション　90, 102

〔ハ　行〕

売春　55, 133, 138-140

索　引　**259**

売春防止法　129, 130, 138–141

派遣社員　32, 36, 46

発達　159, 161, 162, 165–167, 169, 172–174, 179, 182

発達心理学　161

バブル経済　2, 35, 36, 197, 200

バブル崩壊　31, 36, 40, 46, 203

バリアフリー　91

ハンセン病　73, 74

非正規雇用　6, 32, 36, 43, 44, 46

日雇い　44, 50, 51

病院死　119

被用者保険　196, 199, 201

病床規制　202, 203

貧困　12, 22, 23, 31–40, 43, 44, 46, 48, 49, 81, 87, 129, 132–134, 212, 216, 222, 223

貧困線　33, 35

不安　2–4, 8, 13, 18, 51, 66, 108, 110, 169, 170, 238

不安定就労　44, 132

フィールドワーク　50, 117

不完全義務　214–216

福祉　4, 5, 7, 19–25, 37–40, 42, 44, 45, 47, 51, 66, 68, 69, 74–76, 78, 80, 81, 87–90, 94, 95, 101, 104–106, 109, 112, 119, 144, 146, 150, 154, 163, 165, 166, 170, 172, 174, 175, 177, 179, 181, 182, 187, 207, 210, 220, 225, 226, 237

福祉元年　197, 199

福祉事務所　30, 50, 51, 120, 130, 140, 163-165

福祉の市場化　112

父子家庭　143, 144, 148–156

父子世帯支援対策事業　153

婦人相談所　132, 133, 135, 138–140

婦人保護事業　130, 132–134, 140

婦人保護施設　135, 138, 139

負担　4–9, 12, 13, 15, 17, 21, 22, 24, 30, 36, 39, 46, 65, 88, 94–99, 103–105, 107, 109, 111, 112, 134, 151, 167, 176, 195–197, 199–201, 203, 205, 207, 216

普通の人　51

不適応行動　184

不登校　153, 227–229

負のスパイラル　37

扶養観　114, 121

平均寿命　79, 83, 86, 94, 106, 107

放課後等デイサービス　174, 179, 181, 182, 187–190, 193

包括的医療　66

法の義務　214–217

訪問介護　101, 102, 104, 105, 110, 112, 177, 180, 181, 230

ホームヘルパー　67, 68, 119

ホームヘルプサービス　101, 176

ホームレス　31, 42–51, 73, 222, 224, 227

保健所　57, 163, 164

保険と税の渾然一体　5, 6

保険料　24, 39, 95–98, 102, 109, 194–196

保護　23, 38, 40–42, 48, 59, 86, 103, 129, 139–141, 162, 163, 165, 166, 168, 206, 210

母子　129, 134, 135, 139, 140, 150, 151, 153, 154, 166, 227, 228

母子及び寡婦福祉法　129, 150

母子家庭　143, 144, 150, 151, 153–156

母子感染　60

母子世帯　42, 129, 133, 150–152, 222

母子福祉事業　130, 132

母子寮　139

ボランティア　5, 21, 101, 104–106, 163, 221, 232, 236

〔マ 行〕

マイノリティ　143, 144, 150, 155, 156
マキシミンルール　209
マジョリティ　144-146, 150, 156
慢性疾患　53, 60, 61, 63, 65, 66, 68, 69,
　　74, 76, 202
ミーンズテスト　40
ミル，J. S.　206
民生委員　120
無償資金協力　10, 11
無知のヴェール　208
メディケア　212
免疫　53, 56, 60
目的概念　159
目的自体そのもの　212-214

〔ヤ 行〕

薬害　54
友愛　23, 209, 211, 215
有償資金協力　10, 11
豊かな社会　31, 90
要介護認定　67, 96, 98, 100, 108
横からの〔付随的〕制約　210
予防　31, 39, 52-60, 62, 63, 68, 79, 88,
　　89, 95, 96, 98-107, 125, 224

〔ラ 行〕

ライフサイクル　33-35, 86
ライフスタイル　84, 86, 222
ラウントリー，B. S.　33, 34, 39
烙印　23, 54
リーマン・ショック　32, 35, 36, 44, 51
利己主義　21
離婚　37, 44, 133, 139-141, 145, 146,
　　149-151, 156, 222, 237
リスクの分散　4-6
利他主義　22
リハビリテーション　67-72, 74, 75, 95,

　　101, 105
療養病床　65, 72, 201, 202
連帯　4, 21, 90, 221, 222, 225, 232, 237
レスポンデント行動　187
劣等処遇の原則　23
レッドリボンキャンペーン　12
老人医療　65, 88, 114-118, 197, 199,
　　200
老人観　114
老人福祉法　80, 81, 87-89, 91, 94, 115,
　　116, 129
老人ホーム　65, 66, 70, 88, 103
老人保健法　80, 87, 88, 91, 94, 116
老衰　124, 125
労働保険　39
老年科医　69-72
老年後期　117
老年人口　79, 81-84, 88
老齢基礎年金　45, 46
老齢厚生年金　46
ロールズ，J.　207-212, 215
路上　43, 44, 46-48, 51, 221
ロック，J.　14, 225

〔ワ 行〕

ワンペアレント・ファミリー　143,
　　144, 153, 154

〔英 字〕

DV 防止法　129, 140, 141
HIV　12, 52-63, 224, 226, 231, 236
JICA　11
ODA　10, 11
PLHIV　63
PWA　63
QOL　69, 107
Warren　69

■ 執筆者紹介 (五十音順)

池上千寿子 (いけがみ ちずこ) 　第Ⅱ部第2章，第Ⅲ部
特定非営利活動法人ぷれいす東京理事

石井富美子 (いしい とみこ) 　コラム④
立正大学名誉教授

遠藤　久夫 (えんどう ひさお) 　第Ⅱ部第11章
学習院大学経済学部経営学科教授

大迫　正晴 (おおさこ まさはる) 　第Ⅱ部第1章，コラム①，第Ⅲ部
社会福祉法人大田幸陽会理事，さわやかワークセンター所長

岡野　　浩 (おかの ひろし) 　第Ⅰ部，第Ⅱ部第12章，第Ⅲ部，〔編者〕
学習院大学文学部哲学科講師

奥川　幸子 (おくがわ さちこ) 　第Ⅱ部第6章
対人援助職トレーナー

小野　昌彦 (おの まさひこ) 　第Ⅱ部第10章，第Ⅲ部
明治学院大学心理学部教育発達学科教授

酒井　　潔 (さかい きよし) 　第Ⅱ部第8章，第Ⅲ部，〔編者〕
学習院大学文学部哲学科教授

鈴木　公基 (すずき こうき) 　第Ⅱ部第9章
関東学院大学教育学部こども発達学科准教授

高橋龍太郎（たかはし りゅうたろう）　第Ⅱ部第3章
東京都健康長寿医療センター研究所前副所長

武井かおる（たけい かおる）　コラム③
横浜市鶴見区女性福祉相談員

馬場　純子（ばば じゅんこ）　第Ⅱ部第4, 5章
専修大学人間科学部社会学科教授

林　　千代（はやし ちよ）　コラム②
社会福祉法人わかくさ会理事長

堀　　千鶴子（ほり ちづこ）　第Ⅱ部第7章
城西国際大学福祉総合学部福祉総合学科教授

改訂　考える福祉

2016（平成28）年5月3日　　　初版第1刷発行

編　者	酒　井　　　潔
	岡　野　　　浩
発行者	錦　織　圭　之　介
発行所	株式会社　東　洋　館　出　版　社

〒113-0021　東京都文京区本駒込5丁目16番7号
営業部　電話 03-3823-9206　FAX 03-3823-9208
編集部　電話 03-3823-9207　FAX 03-3823-9209
振　替　00180-7-96823
URL　http://www.toyokan.co.jp
印刷・製本　藤原印刷株式会社

ISBN978-4-491-03223-8　　　　　　　Printed in Japan

JCOPY　<㈳出版者著作権管理機構委託出版物>
本書の無断複写は著作権法上での例外を除き禁じられています。複写される場合は，
そのつど事前に，㈳出版者著作権管理機構（電話 03-3513-6969，FAX 03-3513-6979，
e-mail：info@jcopy.or.jp）の許諾を得てください。